ケアの現場・地域で活用できる 回想法実践事例集

つながりの場をつくる 47 の取り組み

野村豊子 ＝編集代表

伊波和恵・内野聖子・菅寛子・萩原裕子・本間萌 ＝編集

中央法規

はじめに

　本書は、これまでに回想や回想法の体験を積み重ねてきた方々だけでなく、これから始めたい方、興味や関心をもっている方にも読んでいただきたいという思いを込めて編集しました。人としての尊厳を守りながら、回想や回想法に参加する方々がしみじみと過去を懐かしみ、思いに共感し、時に問題や課題を解決するなど、その人生を豊かにした47の実践事例が集まっています。事例をお読みいただくことで、回想法の技法や実施方法だけに意識を向けるのではなく、参加した方やその語りに思いをはせて、対人援助の中心となる「人」をいかに大事にするかということについて、改めて襟を正して考える機会となるでしょう。編集代表の野村は、常々、回想法の実施者は「相手の人生につれ添う半歩下がった同行者」であると述べています。47の実践事例からは、それぞれの実施者の「同行者」としての豊かな経験が伝わってきます。

　前著、『Q&Aでわかる回想法ハンドブック──「よい聴き手」であり続けるために』（中央法規出版、2011年）発行後の約10年を振り返りながら、どのような内容を盛り込んだらよいかを編集委員を中心に議論を重ねた結果、以下のような構成としました。

　PART1では、「回想法」についてわかりやすく解説しています。回想法についてこれから学びたいという方は、ぜひ、PART 1 からお読みください。すでに実践の経験がある方は、PART2の事例からお読みいただくのもよいと思います。各事例を読み進めるなかで、適宜、PART 1 に戻り、基本を確認しながら理解を深めていただきたいと考えています。

　PART2では、47の実践事例を4つの分野に分けて紹介しています。興味のあるところから読み進めてみてください。すべてを読み終えたときには、回想を活かした実践のバリエーションの豊かさに驚かされ、自然に回想法の世界に誘われることでしょう。

　PART 2 の【1】では、病院、施設などでさまざまな対象者に行われた回想法や回想を活かした取り組みを紹介しています。回想法の基本を学んだ実施者それぞれの工夫を知ることができると同時に、回想の力をケアに活かすことの意味と責任を改めて考えさせられます。

【2】では、地域で行われる回想法のなかでも、ケアやQOLの向上を目的として展開された事例を紹介しています。地域の元気な高齢者、施設入居者、介護予防事業利用者、閉じこもりがちな方、軽度認知症の方、遺族や被災者などさまざまな対象者に対して、それぞれの場で回想の力がどのように活かされているか、思いをはせながらお読みください。

　【3】では、地域における取り組みのなかでも、博物館や認知症カフェなどで行われた回想法、家族のつながりがもたらされた回想法、コロナ禍におけるオンラインでの実践など、地域で「人」や「時」をつなぐことを目的として行われた事例を紹介しています。地域での回想法の展開の豊かさを感じることができます。

　【4】では、ケア現場の職員やボランティアグループへの研修、介護福祉士養成課程や大学院などの教育に回想法を活用した「回想法を学ぶ、伝える」事例を紹介しています。回想法の今後の展開や質の担保には、教育や研修も大切です。これらの取り組みをていねいに紹介することも、本書の目的の1つと考えています。

　なお、すべての事例について、回想や回想法に参加した方、語った内容、語られた思いに対し倫理的配慮を行っております。所属機関や団体の倫理要綱を遵守することはもちろんのこと、語られた言葉を最大限に尊重しつつ、匿名にしたり、記号化するなど、個人が特定されることのないよう努めました。また、事例の具体的な紹介においては、生き生きとした個人の写真や描画、作品などが有効ではありますが、それらは、語り手が聴き手だけに見せてくださった大切なものであることを編集委員会で改めて確認し、掲載を見送ったものも数多くあったことを付記させていただきます。

　本書の編集においては、できるだけわかりやすく、具体的に表現することで、事例の内容がイメージできるよう工夫しました。本文中の専門用語にはマーカーを引き、巻末に用語解説をつけたほか、回想の力を現場に活かしたいと考えている読者の方の背中をそっと押す役割を果たせるように、事例の目的や実施者としての学び、実施にあたっての留意点をていねいに記述しています。そして、47すべての事例の最後に、編集代表の野村によるコメントを添えています。これは、執筆者への期待を込めたメッセージでもあります。なお、実践のなかで、回想法の考え方、実施方法、評価の仕方などに迷いが生じた際には、前掲の『Q&Aでわかる回想法ハンドブック』に詳しく書かれていま

すので、そちらを参考にしてください。

　本書を通して、読者の皆さまのそれぞれの「場」で、回想の力を活かした取り組みを行うためのヒントを得て、その「時」をじっくりと体感していただき、回想法に魅了される仲間がますます増えることを願っています。

　最後に、エネルギッシュ、かつ、ユニークで、魅力あふれる47の取り組みをお寄せくださった事例執筆者に、心から感謝申し上げます。また、十数年来、執筆者・編集委員に「半歩下がって」寄り添ってくださっている中央法規出版の須貝牧子氏に心よりお礼申し上げます。

2022年7月　集うことの豊かさを再確認する夏に

編集委員一同

目次

④ 回想法を学ぶ、伝える

PART 1

回想法の基本と応用

1 │ 「回想する」ということ

　人は人生という長い道のりを歩み、ふと立ち止まり、時には過ぎ去った昔の体験や出来事、折にふれて出会った人々の姿、訪れた村、町、山、川、森などの風景や自然の移ろい、聴き覚えのある声や歌のメロディー、舌鼓を打って味わったおいしい食べ物などを数限りなく思い浮かべます。懐かしさがこみあげ、楽しいざわめきや情景とともに、生きてきたこと、また人に助けられ支え合ってきたことなどに思いをはせ、多くの場面が走馬燈のように駆け巡ります。

　この過ぎ去った思い出を回想する行為については、約半世紀前まではどちらかというと否定的にとらえられがちでした。今でも日常的なさまざまな場面で、例えば、「今のことはわからないのに、昔のことばかり何度も繰り返して本当に困る」という言葉を聞いたことはありませんか。時には「まるで幼児返りといってもいい様子」と批判的な意味合いさえも含んでいます。

　1960年代の初め、アメリカの精神科医、R. N. バトラーは、否定的にとらえられがちであった回想するという行為の価値観を変え、特に高齢者ケアのなかで再評価し、その意義を明らかにしました。「ライフレヴューは自然に生じるものであり、普遍的な精神過程である。その特徴は、過去の経験、なかでも未解決の葛藤の再現を意識へと徐々によみがえらせるものである。（ライフレヴューを通じて）これらの再現された経験や争いを見渡したうえで、再統合することができる」[1] と示しました。

　人が過去を振り返ることは、ごく自然な行為でありながら、高齢者が過去を振り返るという同じ行為は「現在からの逃避」などと否定的に見られがちでもありました。否定的に見ていると、今、目の前で昔の思い出を語っている高齢者が、喜びにあふれ、力がみなぎる様子を仕草や表情にあらわしたとしても、その意義を認めることができません。バトラーの功績は高齢者の回想の意味を認め直した、ということのみならず、回想を聴く側の「老い」への認識をも変えるものだということができるでしょう。高齢者の昔の話を聴く側に生じるその人への想いと、語る人にとっての意味を認める行為とが重なり合い、相手の尊厳への確信が生まれます。そして聴き手は、語り手との関係性を通して、聴き手自身の老いへの不安ととまどいにごく自然に向き合うこともできるのではないでしょうか。

　このバトラーの提言は、高齢者の保健・医療・福祉にかかわる専門職に大きな反響をもって受け止められました。また、専門職の職域を越え、ボランティアや介護家族にも広がりを見せていきました。バトラーの提言から半世紀以上を経て、現在、日本においても多面的な広がりを見せています。

2 │ 回想法とは何か？

PART1では、次の7つの切り口を軸にして回想法の基本と応用について示し、現状の課題と今後の可能性を見ていきます。

表1　回想法をとらえる7つの問いかけ

What	回想法とは何か？
Who	誰が行うのか？
Whom	誰に対して行うのか？
Where	どのような場で行うのか？
When	どのような時に行うのか？
Why	なぜ、どのような意図で行うのか？
How	どのような方法で行うのか？

1 回想法とライフレヴュー

人生の折々の経験や出来事が、1人でいる時や誰かと話している時、グループで過ごしている時等、時と場を問わず、さまざまな機会にごく自然に思い出される心的過程を「回想」とすれば、ライフレヴューは、回想のなかの特殊な領域ともいえます。ライフレヴューにおいては、自分なりに、言い換えれば、自分のゴールに向けて、想起する記憶を編集し、一定の調和のとれた総合体へと組み直していくことに重きがおかれています。

この回想法とライフレヴューを区別し、傘を例にそれぞれをわかりやすく比較し、説明しているのが、老年看護学分野のI. バーンサイドとB. K. ハイトです。ライフレヴューは、「思い出すこと」という傘の下の異なる2つの方法として取り上げられています（図1）。

2 構造的ライフレヴュー

ハイトは、ライフレヴューの方法として、構造的ライフレヴューを提唱しています。それは、人生の段階をいくつかの時期に区切り、語り手がそれぞれの時期の回想を振り返り、見直しも含めて、過ごしてきた人

図1　回想法とライフレヴューに関する傘理論（バーンサイドとハイトによる）

生の全体にかかわる評価を選び取ることを特徴としています。回想の「よい聴き手」としての要素は共感的・受容的であること、ケアリング、自己一致、肯定的な見方等があげられます。

　構造的ライフレヴューの質問例を表2に示します。通常、構造的ライフレヴューは、5回ほどの継続的な機会をもち、語り手の意向にあわせて、写真等を用いて回想を聴きます。

　回想に類似する概念として、ライフレヴュー、語り、口述史、自伝などがあります。これらの概念は、それぞれが自己内、他者との関係性において展開し、また、過去・現在・未来の時の推移の要素を含むという点で共通していると見ることもできます。さらに、その表現形態は、記述・記録などの文章表記と口頭での表現が相互に組み合わされて行われるものもあれば、どちらか一方のみの表現手段で行われるものもあります。

表2　構造的ライフレヴューの質問例

発達段階	質　問　例
児童期	・ご両親はどんな方ですか？ ・ご自分の家の雰囲気はどうでしたか？ ・いつも大事にされていたと思われますか？ ・家族の中でどなたがあなたとよく似ていましたか？　どんなところが似ていましたか？
青年期	・10代の頃のことを思い出していただきたいのですが、その頃のことで真っ先に思い出されることは何ですか？ ・学校にはいらっしゃいましたか？ ・ご自分にとって学校に通うのは、どのような目的や意味がありましたか？ ・全部合わせ考えてみて、10代の頃はお幸せでしたか？
成人期	・人生の中で願っていたことをなさったと思われますか？ ・20代のときから現在まで考えていただいて、最も重要な出来事は何でしたか？ ・あなたはどんなタイプの方ですか？　喜びは何でしょうか？ ・ご自分は責任感が強いと思われますか？ ・次の世代の助けをされたと思われますか？
まとめ	・総じてどんな人生を送っていらっしゃったと思いますか？ ・もしすべてが同じだとしたら、もう一度今までの人生をお過ごしになりたいですか？ ・今の暮らしで最も大事にされていることは何でしょうか？ ・お齢を召すことで何かご心配がありますか？

出典：Haight, B. K., The therapeutic role of a structured life review process in homebound elderly subjects, Journal of Gerontology, 43 (2), pp. 40-44, 1986.（野村豊子訳）

3 回想法・ライフレヴューの歴史的展開

　回想法の実践や研究について、その歴史的展開を示したものが表3です。

　バトラーによって回想法が提唱されて以来、1960年代から現在までの回想法の実践・研究両面に関する動向を見てみると、1960年代は、バトラーによる回想法の提唱に始まり、急速に臨床・実践の場に広がり、さまざまな職種が多くの場で回想法の応用を試みた草創期といえます。方法では、グループ回想法と個人回想法のうち、この時期の臨床・実践はグループ回想法に力点がおかれています。また、臨床・実践面の展開とともに、回想の機能に関する萌芽的な研究も行われ始めています。

　1970年代は、回想法やライフレヴューの概念化が検討され、多方面での実践への応

表3　回想法・ライフレヴューの歴史的展開

年代	回想法の歴史	認知症高齢者ケアへの活用
1960	バトラーによる高齢者の回想の見直し	萌芽的実践
1970	グループ回想法 多様な対象者層への活用	病院・施設内でのグループ回想法 実験群と統制群をおいた効果評価研究
1980	効果評価の重要性 先行業績の再検討	方法・構造に着目した効果評価研究 グループ回想法・ライフレヴューの展開
1990	回想の意義論・類型論 地域への応用 多面的な展開 質的研究の導入 ナラティヴ研究による理論・方法論の再検討	質的研究の導入と発展 効果評価の重視 個人ライフレヴュー・グループライフレヴューの展開 認知症高齢者からみたケアとナラティヴ研究の密接な関連
2000	研究法の精緻化、多側面の効果評価 回想法の倫理的側面の重要性	回想法・ライフレヴューの創造的展開とその認知症高齢者ケアへの応用
2010	諸外国・諸地域における言語、文化等を重視した展開 絵画療法・音楽療法等の応用 認知行動療法における活用 先行文献のシステマティックレヴューによる検証	パーソン・センタード・ケアの促進 地域における活発な展開 認知症高齢者自身の語る言葉と物語の重要性

今　　後

用も試みられました。認知症高齢者の心理・社会的アプローチとして導入されたのも、1970年代以後のことです。1980年代は、数々の文献レヴューが提示され、実践と研究の両側面において、密度の濃い検証が蓄積されています。具体的には、回想法とライフレヴューの理論的検討、さらに、臨床・実践の効果の検討、適用対象の拡大、臨床・実践方法の再検討などが展開されました。

　1990年代になると、1980年代の文献が再検討され、よりいっそうの論理的深化と、科学的な裏づけをもつ回想法・ライフレヴューの臨床・実践の方法が探究されるようになりました。また、バトラーやハイトをはじめ、世界各国の回想法やライフレヴューにかかわる研究・臨床実践・教育等に携わる関係者により「国際回想法・ライフレヴュー協会」が結成され、現在もその活動は学会として継続され、世界各国の新しい動向が報告されています。21世紀に入り、よりいっそう研究方法の精緻化や、多側面の効果評価の検証、回想法の倫理的側面の重要性が指摘され、現在では、民族・文化・言語の多様性の重視の元、他の療法の応用やシステマティックレヴューによる効果検証等、実践・研究の両側面が展開しています。

　ところで、1980年代から1990年代にかけて、回想法の研究史では、回想する人の語りに、多様なパターンやその人にとっての意味を見る視点が重要であるという指摘がさまざまな論者によってなされ、語り手の「語り」の内容や語る回想のストーリーの変化、それらの変化が呼び起こされる理由や根拠等に関心が寄せられ、議論が深められ、現在に至っています。回想は、単なる自伝的記憶の再現ではなく、何らかの価値基準に基づく再構成ではないかともいわれています。さらに、最近の自伝的記憶に関する諸研究においては、回想は、回想行為者が自らの個人的記憶のとおりだと信じているとしても、本当にあった過去の出来事とは異なっている場合があることも指摘されています。

4 回想の機能

　回想法の研究史において、とても重要な領域に回想機能に関する一連の研究の蓄積があります。

　表4は、さまざまな機能の名称そのものに加えて、実践上で、語る人がどのような意味づけをしているかに力点をおいて、そのうちのいくつかをまとめ直したものです。

　語り手の話（ここでは回想）を聴くとき、聴き手は自分のすでにある何らかのとらえ方や、概念整理の枠組みから解き放たれることはなかなかむずかしいものです。あるいは、限られているといってよいかもしれません。しかし、そのすでにある前提や形成された概念をとらえ方や分析の方法の1つとして用いると同時に、目の前の人が語るプロセスそのものに着目することが重要です。体験と物語は網の目のように交差しており、その交差自体が個別の人生の理解の仕方を示しているともいえます。回想を聴くという

表4　回想の多様な機能

- ・人生の意味および継続性の発見
- ・現在の問題解決および対処に役立つ
- ・人に知識や情報を教える役割となる
- ・自伝的な物語を提供する
- ・現在から逃避するために過去を懐古する
- ・過去の未解決の困難状況を強迫的に思い出す
- ・死に往くことを準備する
- ・特別の人との思い出を生きがいとする
- ・過去を否定し、継続している現在も否定する

出典：野村豊子著『回想法とライフレヴュー──その理論と技法』pp. 2-35、中央法規出版、1998年

ことは、その語りの大切さ、何物にも代えることのできないあり様を丸ごと理解して、目の前の「語り手」の力と表現されている文脈を学ぶことになります。

　後ほど「誰に対して行うのか（Whom）」で詳しく記しますが、ここで述べてきた回想の聴き方は、誰の回想を聴く場合にも基本的な姿勢となります。例えば、認知症が進行している人が深い思いを語るときには、健常な人が自己を開示する場合と同様に、ゆったりとした時の流れと、安心できる十分な信頼関係や落ち着くことのできる居場所が必要となります。そのような状況のなかで、認知症の人が思い思いに語る短い文章や言葉は、それ自体が振り返りであって、人生そのものであり、聴き手は、そのかけがえのない場面に立ち会わせてもらっているのだと思います。

3 ｜ 回想法は誰が行うのか？

1　回想法の役割をふまえて

　回想法は誰にでも開かれた方法としてとらえられます。誰が回想法を行うのかという問いは、バトラーが1960年代の始めに高齢者の回想の見方を変えたことを重視するならば、基本的に誰にでも備わっている力として考えることができます。

　しかし、人生を送るなかで昔のことを思い出すとき、「ああすればよかった」とか「もし繰り返すことができるならば、やり直したい」といった後悔や罪責感も生まれてきます。バトラーによれば、それが人生というものでしょう。もしも自分自身に向き合い、1人での回想が、とめどもなくあふれてくるときなどに、この後悔や罪責感が募る場合があっても不思議ではありません。また、自分のたどってきた道筋に何の満足も見

出さない人もいます。

　基本的には「誰にでもある回想するという力を、回想法という方法を用いることによって、語り手が過去を今に生かして一歩将来へと進むための手伝いをすること」が回想法の役割の1つではないかと考えます。

2　基本的な理念が貫かれたなかでの多面的な展開

　誰にでも開かれている回想法ですが、異なった人生を歩んできて今に至る、語り手の思いに心を寄せて聴くことは、簡単なことではありません。現在、多種類の回想法の研修が行われ、回想法を活用している専門職には、看護職・心理職・福祉職・介護職・理学療法士や作業療法士を含めたリハビリテーション関係職・医療職など、多面的な展開を見せています。加えて、高齢者自身・家族介護者・ボランティア・若い世代の人々などの、専門職ではない人たちからの関心も寄せられています。

　回想法の研修を幅広く考えていく方向と、より専門的にとらえていく両方向の取り組みが、日本だけではなく、世界各国で展開しています。どの国においても、現状のニーズを検討しながら、多面的に充実させてきた歴史とともに、人々、文化、社会、地域等に寄り添って歩むその基本的理念や姿勢が貫かれているととらえられます。今後も、多様な実践と精緻な検証により、国際的な広がりのなかで誰にでも開かれた方法として、いっそう充実した取り組みが行われていくであろうと期待されます。

4 ｜ 回想法は誰に対して行うのか？

　「回想法を誰に対して行うのか（Whom）」という問いは、「どのような方法で行うのか（How）」という問いと重ね合わせて考えることが実践的です。図2は、回想法はどのように行うかという方法への問いと、誰に対して行うのかという対象への問いについて、全体的にとらえたものです。回想法の方法を個人回想法とグループ回想法の2種類に分け、対象を特別のニーズをもつ高齢者と健常高齢者という2者に分けてあらわしています。また、図1で傘を例示して見てきたように、その方法として図2では、斜めに貫く線で、一般的回想法とライフレヴューを分けて考えることも示しています。

1　方法―個人回想法

　図2に示すように、回想法には大きく分けて個人回想法とグループ回想法があり、また、家族および夫婦を対象とした回想法も国内外を問わず実践が積み重ねられています。1対1で行う個人回想法では、施設内や病院内で行われる場合に加えて、自宅で暮

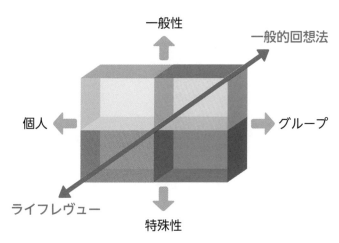

出典：野村豊子著『回想法とライフレヴュー──その理論と技法』p.9、中
　　　央法規出版、1998年

図2　回想法の方法と対象

らす高齢者や家族を訪問しながら行う訪問形式もあります。あらかじめ予定を決めて面
接のセッションを系統的に継続して行う場合が多いのですが、日常的なケアの場や家庭
で、折にふれて高齢者の思い出に耳を傾け、回想の意義をとらえ直し、さまざまな創意
工夫を加え、暮らしを豊かに彩る試みも大切です。

2　方法─グループ回想法

　グループ回想法はグループの力を活かす方法と回想法を相乗させた方法です。グルー
プ回想法では、メンバーおよびセッションの構成方法において、クローズド・グループ、
セミクローズド・グループ、オープン・グループの3種があります。

　クローズド・グループは、一定の複数メンバーと1名のリーダーによる計画的なグ
ループであり、多くはグループの特殊なニーズに基づいています。実施される期間や回
数は、現段階の文献や実施状況を見ると、5～6回から10数回までの短期間で行われる
ものが代表的です。

　オープン・グループでは、リーダーは多くの場合、一定ですが、メンバーのほうは各
回において出入り自由で、構造は緩やかです。

　セミクローズド・グループは、クローズド・グループとオープン・グループの中間に
位置し、メンバー構成などに多少の出入りがあります。

　回想のテーマや話題については、以上の3種のグループの形態に共通して、前もって
決めておく場合と、グループの展開に合わせてそのときに参加したメンバーが決めてい
く場合の両者があり、適切な方法を選択して行います。

また、グループダイナミクスの視点から見ると、クローズド・グループではオープン・グループに比べて仲間意識が強化されるとともに、グループの醸成する規範に安定性があり、グループの発達段階に沿った展開を予測しやすいともいえます。

3 対象

　誰に対して回想法が用いられてきたかという点では、回想法研究の蓄積のなかでは、次のような対象が示されてきました。例えば、在宅の一人暮らしの高齢者、家族と同居の高齢者、各施設に居住の高齢者、デイサービスセンター利用の高齢者、定年退職者、伴侶を亡くした高齢者、認知症高齢者、うつ病の疾患のある高齢者、外科的手術を目前に控えた高齢者、終末期ケアを受ける高齢者などです。これらの対象者の参加による回想法の個人やグループの実践は、その効果の検証も含めてさまざまな文献にあらわされてきました。文献に記述されていない例や、最近の試みを含めますと、さらに豊富な実践や臨床事例が積み重ねられていると考えられます。

　また、高齢者層とは異なる年齢層の人への回想法やライフレヴューも個人回想法・ライフレヴュー、およびグループ回想法・ライフレヴューという多彩な展開が試みられています。加えて、高齢者のみによるグループではなく、他の年齢層のメンバーも含めたグループにも豊富な実践例があります。

　国内の現況に見られる回想法の活用領域は、多様な施設や機関における認知症高齢者への心理・社会的アプローチ、地域および施設における介護予防のプログラム、地域に

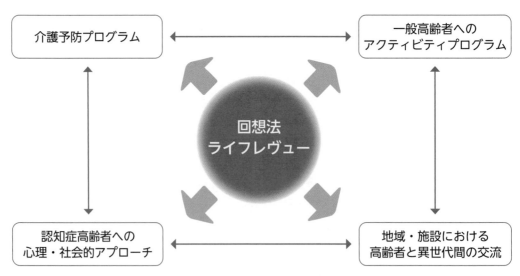

出典：野村豊子「回想法の実践と臨床評価の課題」『老年社会科学』第26巻第1号、pp.24-31、ワールドプランニング、2004年

図3　回想法の活用領域

おける高齢者の生きがい活動・世代間交流などの幅広い領域があり、今後もその領域は広がることが予測されます（図3）。とりわけ認知症高齢者への回想法については、従来から中等度・重度の人への活用が行われていましたが、最近では軽度の認知症高齢者やMCI（軽度認知障害）の高齢者に対する意義も重要視されています。

5 ┃ 回想法はどのような場で行うのか？

高齢者ケアにおける多くのアプローチがそうであったように、回想法もはじめは、施設・病院で取り入れられていたものが、その後、地域へと広がっていきました。施設、地域を含めて、国内で現在展開が見られる回想法の多様な場を示したものが図4です。

1 歴史的、国際的な広がり

歴史的に、また国際的に見ると、各国の保健・医療・福祉サービスや、それぞれの制度や施策の展開の推移によって、各国に見られる特徴を特定することは容易ではなく、社会的なニーズ、人材の育成、経済的な基盤等が複雑に交錯して今に至っていると考えられます。各国における特徴を特定することはむずかしいのですが、20年ほど前に行われた国際回想法・ライフレヴュー協会による調査の結果では、北米、ヨーロッパ、アジア、アフリカ、南米等極めて広範囲で展開されていることが示されています。さらに、各国や諸地域の文化的状況の影響や作用を受け、独自の創造的な内容が培われてい

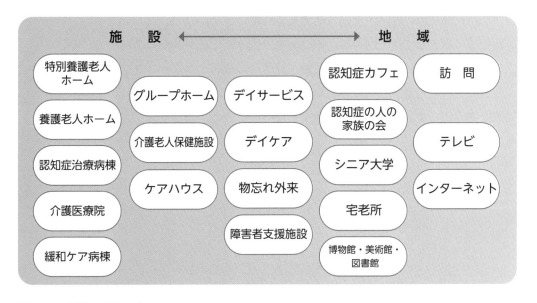

図4　回想法の活用の場

るということもできると思います。

2 国内での広がり

　国内においては、ここ20年程の経過のなかで本書の事例執筆者の豊かさにも示されているように、多様な地域や場面で展開されています。「場」の要素という点では、図4にあげた多様な福祉関係入所施設や医療機関、地域の在宅ケアの関係機関等の場において、どのような空間を活用するかを熟慮することも欠かせません。居室はいうまでもなく、すでに利用されているレクリエーションルーム、施設内喫茶室、食堂、中庭等、プライバシーに留意することをふまえて、どのような場が適切なのかということに関しては、参加者にとって、その特定の場のもつ意味をていねいに準備することも必要です。回想法やライフレヴューで、常に、最も重視される一人ひとりの尊厳、対人交流の形成や進展、情緒的な安定等について、十分に職員間や担当者間で配慮や検討を重ねることで、参加者にとって、生活や暮らしに彩りを添え、心地よい居場所を1つ増やすことにもつながります。参加した高齢者からは、「暮らしに楽しみができた」「ここに来て皆さんとお会いし、和やかにお話しするときは、気持ちがスーッとする」「大人の会が始まったみたい」「ここは生きがい、ね」等の言葉が寄せられています。

　さらに、最近では、地域の博物館、資料館、図書館、寺社等において、昔から用いられてきた日常の暮らしの道具や、地域の特別な行事や祭り等の催しにかかわる品々など、展示や保存されてきた数々の懐かしい物品が回想法のなかで活用されています。また、特別に回想法を学んだり実施したりすることを意図した会館や集会場も数は限られますが建設されています。このような場があることにより、高齢者の社会参加の機会や自然な世代間交流の展開が全国各地で見られています。

　回想法の場としては、例えば、その地域の人々の伝統や昔からの習わし、著名な歴史上の人物等の言い伝えや具体的な屋敷、庭園等の活用と重なり、さまざまな創意工夫により展開されています。場や環境の本来もつ力と参加者によって語られる回想が、相乗効果を生み出します。施設内や集会所等で行うときとは、また異なる得がたい体験となります。

6 | 回想法はどのような時に行うのか？

1 時間的な構造と枠組み

　回想法を1つのプログラムとして考えるとき、そのプログラムは定期開催か不定期開催か、継続回数は何回か、頻度はどのくらいか、時間はどのくらいの長さか、というような面接やグループの時間的な構造や枠組みの要素について、あらかじめ検討することが望まれます。精緻な効果評価を含めた回想法の臨床実践の検証では、時間的な構造の選択が先行文献の検討をふまえて、かつ、現状のニーズの把握を十分にふまえて、計画的に実施されます。回想法やライフレヴューの実践や研究の歴史が半世紀となった現在では、効果評価研究の文献レヴューが国際的に蓄積されており、国内においてもその検証が徐々に始まっています。

　ただし、時間的な要素に関しては、実際に展開しているさまざまな保健・医療・福祉サービスやプログラムの実態のなかで活用されていますので、回数、頻度、長さなどの時間的な要素の根拠を厳密に見極めることはむずかしいといえます。これは、時間的な要素だけではなく、回想法やライフレヴューの研究、実践全体にわたることですが、国内外において研究による検証と多様な実践の豊富な応用が相互に節度と倫理を伴い、発展してきているのが特筆されると考えます。

2 援助過程における時間的要素

　時間的な構造や枠組みとは異なり、どちらかというと見えにくい、あるいは、気をつけて理解しようとしないと把握することがむずかしいといえる「援助過程における時間的要素」も重要です。はじめて出会った時点から信頼関係が十分に形成されていなければ語り手の回想を聴くことは許されません。このことは、個人においても、またグループにおいても同じように基本的にいつも留意しておかなければならないことです。

　聴き手のあり方としては、語り手やグループの個々のメンバーの尊厳や語る自由をしっかりと保証して、安心できる環境、雰囲気を醸成することが前提です。グループ場面では、「グループカルチャー」「グループの天気」などともいいます。「十分な時」を得た始まりのあとには、語り手の心の窓が開いていく流れを理解し、語り手の全容を受け止めます。語られる回想の内容と過去と今の気持ちを傾聴し、聴き手である自分とグループであれば他のメンバーに、「あなたのお話とお気持ちは、しっかりと届いていますよ」というメッセージを含めた言語と非言語による共感等により、信頼関係は時間も味方にして築かれていきます。

回想法には多様な意義と多面的な効果があるといわれています。意義については「2 回想法とは何か？」でふれましたので、ここでは効果について示します。高齢者に対しては、個人・個人内面への効果、社会的・対人関係的・対外的世界への効果（表5）という2つの側面があります。

表5　回想法の多面的効果①　―高齢者への効果

個人・個人内面への効果	社会的・対人関係的・対外的世界への効果
①ライフレヴューを促し、過去からの問題の解決と再組織化および再統合を図る ②アイデンティティの形成に役立つ ③自己の連続性への確信を生み出す ④自分自身を快適にする ⑤訪れる死のサインに伴う不安を和らげる ⑥自尊感情を高める	①対人関係の進展を促す ②生活を活性化し、楽しみをつくる ③社会的習慣や社会的技術を取り戻し、新しい役割を担う ④世代間交流を促す ⑤新しい環境への適応を促す

出典：野村豊子著『回想法とライフレヴュー──その理論と技法』pp.2-5、中央法規出版、1998年

1 個人・個人内面への効果

回想法の個人・個人内面への効果としては、①ライフレヴューを促し、過去からの問題の解決と再組織化および再統合を図る、②アイデンティティの形成に役立つ、③自己の連続性への確信を生み出す、④自分自身を快適にする、⑤訪れる死のサインに伴う不安を和らげる、⑥自尊感情を高める、などがあります。

年を重ねていくときに、つらく、受け止めることがむずかしいといういまだ解決されていない過去が思い出されることもあります。場合によっては、やり残している課題に圧倒され、気分が沈みがちになることもあるでしょう。そのようなときに、今までの生き方に根づきながら振り返り、長い年月を通して積み重ねた経験や叡智、さらには、確かな継続性への実感に力を得ながら、自らの人生を統合させていくことを促します。また、自分は一体何者であるかという問いかけが自らのなかに発せられるときには、振り返り見つめ直すことで、自分が生きることや生活の主体である事実を確かな実感として受け止めることも促されます。

過去の記憶を想起して聴き手に語ることは、「以前、私はこんなことを体験した」という出来事と同時に、「過去にこんなことを体験した私がいて、今、それを話している

自分はその連続にある」ということを認識する行為ともいえます。加えて、すべての回想が幸せなものであるとは限りませんが、回想する過程は、自然に語り手を十分に満足させ、情緒面での安定を促します。

2 社会的・対人関係的・対外的世界への効果

　回想法の社会的・対人関係的・対外的世界への効果としては、①対人関係の進展を促す、②生活を活性化し、楽しみをつくる、③社会的習慣や社会的技術を取り戻し、新しい役割を担う、④世代間交流を促す、⑤新しい環境への適応を促す、などがあげられます。同時代を生きてきた人との共通の体験や、一方で豊富な独自の体験を互いに分かち合うひとときともなり、歴史の共有や心と心の交流を可能にし、グループ終了時も互いのサポートとなり得る関係に発展することもよく見られます。

　また、回想することは心の風景を豊かにし、それを他の人と共有し、若い世代に伝えることは生活に張りをもたらします。共通の体験を分かち合う回想法グループでは、以前から有している卓越した技術がごく自然に披露されるとともに、参加者の個性などによってグループ内の役割が形成されていきます。自らのさまざまな力を試す場として、1つの窓口、あるいはきっかけともなります。永年培われてきた高齢者の知識や叡智は、若い世代との交流で生かされ、先に進む勇気づけにもなります。さらに、高齢者同士のなかでも年齢には幅があり、歴史や出来事の体験に多様性を生みます。高齢者グループといっても、年齢の若いメンバーと年長の高齢者であるメンバーとの世代間交流もごく自然に行われます。

　これらの回想法の効果については、一般の高齢者に対しては、人生満足度スケール、自尊感情スケールなどの心理スケールを用い、さらに、最近では一人ひとりの回想の質的分析を通して検討されています。回想法には多様な効果があると考えられていますが、すべての人にこれらのすべての意味があるとは限らず、一人ひとりの高齢者にとって、回想の目的や意味は異なります。

3 多面的で多様な意義や効果

　回想法やライフレヴューの1つの特徴は、その意義や効果の多様性や多面性にあるといってもよいでしょう。筆者が、回想法やライフレヴューには多面的で多様な意義や効果があると提示したのは20数年前にさかのぼります。当時の国際回想法・ライフレヴュー協会の諸研究者や実践家からの多くの示唆と先行文献の検証、自分の実践経過や結果から得られた全容をまとめたものです。とりわけ、認知症高齢者への意義や効果（表6）をどのようにとらえるかということについて改めて見直すと、高齢者自身、職員、家族の3者についての検討が必要であることがわかりました。従来、認知症高齢者

表6　回想法の多面的効果②　―認知症高齢者への効果

①情動機能の回復
②意欲の向上
③発語回数の増加
④表情などの非言語的表現の豊かさの増加
⑤集中力の増大
⑥認知症の行動・心理症状（BPSD）の軽減
⑦社会的交流の促進
⑧支持的・共感的な対人関係の形成
⑨他者への関心の増大

出典：野村豊子著『回想法とライフレヴュー――その理論と技法』p.5、中央法規出版、1998年

への心理・社会的アプローチでは、職員や家族への効果は二次的・副次的なものととらえられがちでしたが、高齢者自身のQOLやwell-beingに対する影響という観点から見ると、職員および家族への効果を同時に検討することにより、実際的な高齢者への効果を把握することができます。

　認知症高齢者のQOLやwell-being、言い換えれば、その人らしさの発揮や生活の質は、周囲の職員や関係者の対応の方法に大きく影響を受けます。回想法グループや個人の回想の「よい聴き手」となり、過去の出来事や体験とそれらに伴うさまざまな思いや気持ちを聴くなかで、その人の人間像が全体として伝わってきます。時には、日常生活のさまざまな場面での独自の行動のもつ意味を改めて問い直し、共感的な理解を深めることにもつながります。よりその人に適した、今までに示されていないケアの方法が生み出されることも期待できます。

4 職員・家族への効果

　職員や家族への効果は、表7に示すように、認知症高齢者も含めて高齢者への効果と同時に検討することが望まれます。

　回想という行為は、一人ひとりの人間の過去と現在を橋渡しする機能を有しています。保健・福祉・医療関係の高齢者ケアにおいて、さまざまなサービスに携わる人は、その職種を問わず、高齢者の現在の状況が、その人の以前からの生活の継続性を実現しているかどうかに着目しています。そして、その継続性を保障する最適で有効な方法の1つは、回想のような高齢者自身のありのままの自己表現を通して、今、その人が何を必要としているのかを理解し、実際のケアにおいて、生かしていくことでしょう。回想法の職員への効果としては、①一人ひとりの高齢者の生活史や生き方に対する敬意の深まりとグループメンバーの社会性の再発見、②日常の接し方への具体的示唆、③仕事へ

表7　回想法の多面的効果③　―職員・家族への効果

職員への効果	介護家族への効果
①一人ひとりの高齢者の生活史や生き方に対する敬意の深まりとグループメンバーの社会性の再発見 ②日常の接し方への具体的示唆 ③仕事への意欲の向上 ④個別の高齢者に即したケアプランのための基礎的情報の拡大 ⑤世代間交流の進展	①日常では見られない活発な会話や生き生きとした表情から、対人関係能力などの再発見 ②具体的な会話や対応への示唆 ③家族の歴史の再確認 ④世代間交流の自然な進展

出典：野村豊子著『回想法とライフレヴュー──その理論と技法』pp.6-7、中央法規出版、1998年

の意欲の向上、④個別の高齢者に即したケアプランのための基礎的情報の拡大、⑤世代間交流の進展、など多岐にわたってあげられます。

　また、介護する家族にとって、今自分の目の前にいる父や母は、以前の自分たちを育ててくれた人と同じであるとは思いにくいものです。回想法は家族にとっても通常の介護場面では見られない高齢者の力を再認識できる機会であり、次のような効果があるといわれています。①日常では見られない活発な会話や生き生きとした表情から、対人関係能力などの再発見、②具体的な会話や対応への示唆、③家族の歴史の再確認、④世代間交流の自然な進展、などです。

　最近では在宅で軽度の認知症の高齢者を介護する家族に訪問してライフレヴューを行うことも試みられていますが、そのなかで介護者は次のように話しています。「保健・医療・福祉にかかわるさまざまな立場の人は、いつも自分のことを『認知症の夫を介護している家族介護者』というように見ている。私も夫の変化から話し始めていた。誰も私の人生に関心をもってくれる人はいなかった。人生の振り返りを夫から離れてあなたに話すとき、今までにない解放感を覚えた。夫に対して思ってはいけないことだとか、言葉には示せない体験だとかを言葉にすることによって、自分のなかで溜まっていたものが溶けたような気がする」[2]。ここには家族のライフレヴュー自体を語ってもらうことによる意義が示されています。

5　今後の展開

　回想法の意義や効果については、前述の多面的な効果に加えて、近年、人生の発達段階のなかで高齢期の前に位置する成人期・青年期・児童期の年齢層を含めて統合的に見直す試みが重視されています。世代間相互の交流を通して新しい価値を生み出していくさまざまなケアの提示のなかで、回想法やライフレヴューの基本的な考え方や方法が採

り入れられています。また、諸外国における回想法やライフレヴューの展開では、言語や国籍、民族の独自性を尊重し、かつさまざまな差異を超える幅広い実践のなかでの多様な意義についても興味深い報告が蓄積されています。

8 | 回想法はどのような方法で行うのか？

　回想法やライフレヴューの実際と方法は、1960年代のバトラーによる源流の提示以来、世界各国や日本国内において、多様性に富む豊かな実践方法が蓄積され、現在もさまざまなバリエーションが加わり、報告や紹介が続けられています。「回想法の6W1H」として述べてきた6Wの内容と重ね合わせて、最後にHow（どのような方法で行うのか？）を具体的に検討します。グループ回想法を実際に行う場合には、ニーズアセスメント、テーマ、材料・道具、プログラム構成とセッションの流れ、技能、リーダー、コ・リーダー、チームの役割、観察と記録、振り返り等の一連の援助方法と、さらに効果評価の方法を検討する必要があります。以下では、テーマの種類とその設定の方法、材料や道具について記します。

1 テーマの種類とその設定の方法

　回想法のテーマはトピックと呼ばれます。語られる回想の内容のきっかけとなる役割を果たすので、話題、契機あるいは主題などとも呼ばれています。バーンサイドは、回想法グループのテーマの具体的な定義を「リーダーあるいはメンバーが選んだグループの展開および会話の主題で、それは、回想法グループ1回ごとの方向を指し示す考えである」[3] としています。

　回想法のテーマには大きく分けて時系列テーマと非時系列テーマがあります。時系列テーマについては、表8に示したように人生の発達段階に沿うものや、歴史的な時間の経過に沿うものなどが想定され、一人ひとりの参加者の歴史、背景、ニーズや、グループ全体の構成、関係性の進展等をふまえたうえで、ていねいに話題の焦点として活用されます。

　非時系列的テーマについては、行事（正月、節分など）、昔の作業動作（田植え、機織りなど）、旅行、季節の変化、近隣のことなどがあります。

　回想のテーマは、参加者から最初に出されることもありますが、どのような場合でも前もって十分な予想と準備をすることが重要です。テーマを考える際には、参加する高齢者自身の課題、諸機能、聴き手との関係の質等について、また、グループにおいてはグループの発達段階などを深く考慮することが必要です。実際の個人回想法や回想法グ

表8　回想を促すテーマ例（成長の発達段階に沿うテーマ）

幼年期	いちばん最初に残っている思い出 家族生活……家族、両親、兄弟姉妹、祖父母、叔父、叔母、いとこ、じいや、ばあや、ねえや、親戚、食事、入浴、寝るのは誰と一緒　など 住んでいた家…… 　　周囲の景色や様子――町の中、畑に囲まれている農村、山が後方に見える、海に面している、大きな川が家のすぐそばを流れている、人声のよく聞こえる、静かな、にぎやかな、草いきれのする、雪の深い、陽射しの強い、穏やかなお天気の続く、潮風の強い　など 　　建物――大きな家、古い家、大きな黒い柱のある、入り口の部屋は、台所は、いつも寝ていた部屋は、家族と一緒に食事をするのは、台所、土間、いろり、2階、天井裏、お蔵、御不浄、外の御不浄、風呂、門、塀、井戸　など 遊び……家の中での遊び、家の外での遊び、男の子の遊び、女の子の遊び、ごっこ遊び、乗り物、はじめての自転車、水遊び、砂遊び　など 着物・洋服・髪型……普段着、よそゆき、足袋、帯、下駄、草履、靴、靴下、帽子、髪型、バリカン、坊主刈り 買い物・おやつ……小遣い、駄菓子屋、紙芝居　など
学童期	学校生活……先生、校長先生、友達、級長、授業（読み書き、算術、唱歌、科目の好き嫌い）、休み時間、運動会、学芸会、始業を知らせる鐘や板、お弁当、大震災、学童疎開、防空演習、叱られたこと　など 通学……学校に行く道、帰り道、一緒に通学する子　など 学校の建物……校舎、校庭、教室、黒板、白墨、黒板消し、机、いす、机の中　など 服装……制服、帽子、靴、ズック、カバン、手提げカバン、体操着、ハチマキ、防空頭巾　など 遊び・運動……校庭での遊び、まり投げ、なわとび、騎馬戦、野原や畑での遊び、陣取り、石けり、缶けり、ベーゴマ、メンコ、野球、川遊び、水泳、すもう　など 習い事……習字、そろばん、三味線、琴、ピアノ、踊り　など 手伝い……子守、水汲み、厩掃除、水やり、家畜の世話、お駄賃、水ぶき　など
青年期	学生生活……旧制中学校、女学校、高等学校、高等女学校、大学、授業、得意な科目、入学試験、試験勉強、英語、外国語、体操、卒業、入学写真、卒業写真、制服、学徒動員、千人針、ほか戦争の思い出　など 習い事・趣味・スポーツ……書道、そろばん、ピアノ、踊り、三味線、琴、長唄、茶道、華道、行儀見習、読書、水泳　など 交友関係……級友、幼なじみ、親友、友達との出会い、別れ、恋人、同好会、クラス会、手紙　など 仕事……最初の仕事、上司、給料、仕事の日と休日の過ごし方　など 消費・買い物・貯金……貯金の使い道、貯金の額、方法、よく行った商店、デパート、忘れられない買い物、買い物の連れ、仕送り　など 娯楽……カフェ、映画、映画館、トーキー、劇場、新劇、ダンス、ダンスホール、音楽会、展覧会、博覧会、映画俳優、スター歌手　など 服装……セーラー服、詰め襟、ネクタイ、リボン、髪飾り　など 旅……一人旅、友達との旅行、乗り物、一等・二等運賃、汽車の窓から、蒸気機関車　など
壮年期	仕事……就職まで、仕事の内容、就職難、職場の上司、仲間、よくできた仕事、当時のお給料、戦時中、不景気、失業　など 出産・子育て……産院、産婆、どこで赤ちゃんを産んだか、安産・難産、子どもの熱、子育ての苦労や喜び、戦争、食糧難、母乳、子どもの教育、はやり病、結核　など 子どもの自立……子どもの就職、結婚、お嫁さん、夫婦二人の生活、休日の過ごし方、趣味　など 定年……定年時の思い、ライフワーク、孫、余暇の過ごし方、友人たち　など その他……老父母、死、墓、病気、痛み　など
現在・これから	今の人生を振り返ってどのような気持ちか、悩み、不安、希望、満足、期待、焦燥、若い人に伝えたいこと、今の若い人についてどう思うか、自分の若いときと比べてどのように違うか・同じか、今の楽しみとこれからしたいこと

出典：野村豊子著『回想法とライフレヴュー――その理論と技法』pp. 63-64、中央法規出版、1998年を一部改変

表9　テーマの設定に際して配慮する点

・なぜそのテーマを選ぶのか？
・誰がテーマを選ぶのか？
・そのテーマのもつ意義と効果は？
・もしそのテーマでなければ何が変わったか？

ループでどのようにテーマを設定するのかについて、基本は参加者の意向をもとに、表9に示すような項目に配慮して行います。「誰が、なぜそのテーマを選ぶのか」の問いは、参加者の意欲、興味等を重視し、一人ひとりの自己決定のプロセスを最大限保証する原則や姿勢の裏づけをもちます。大切でありながらこれらのことが深く考えることなしに決められてしまう場合、そもそもの語り手との共感的なかかわりや回想法という方法の前提が崩れてしまいます。

　とりわけグループ回想法では、基本的には、メンバーの意向や意欲とのかね合いを見ながら、できる限り自主性を重んじながらも、リーダーらは次のテーマないし予備的なテーマを前もって考慮しておくことが望まれます。実際には、時系列的テーマと非時系列的テーマを組み合わせて活用しますが、語り手と聴き手の関係性、メンバー相互の信頼関係の形成等により、時期を見図らうことや、臨機応変に、あるいは柔軟に選ぶことが欠かせません。さらに、その経過や結果を十分に振り返り、次に進んでいきます。

2　回想法で用いる材料や道具

　回想法では、言語と併用してさまざまな回想を導く刺激として、材料や道具が用いられます。材料や道具については、例えば、アルバムを含めた写真集や記録等の出版物、昔からその地域や個々の家庭で日常的に用いられている生活用具、また特別な催しや行事で用いられているもの、地図、懐かしい味、音楽や歌、材質の異なる布地、昔の作業動作、自然の香りが濃い採れたての野菜や果実など数限りなく考えられます。

　また、回想法で用いる材料や道具の種類について、それらを視覚、聴覚、触覚、味覚、嗅覚を通じて刺激する物の5通りに分けることもできますが、1つの材料・道具は、例えば視覚と聴覚の両者に、さらには別の感覚に働きかけるように活用する場合も多くあります。物と諸感覚を限定的に結びつけることは避け、物が参加者の回想を促すために最大限活用されるように用います。

　また、個々の参加者の生活史、興味、趣味などの細かい情報に沿い、材料や道具を選択します。五感の刺激を促すものなどは、特別な道具に限らず、周囲を改めて見直し、生活の一断面をとらえ直してみると、思わぬ発想が出てくることもあります。このように多様で多彩なものを一人ひとりの参加者の生活史における体験との適合性を重視して

選択する必要があります。特に認知症高齢者の回想法グループの場合では、感覚機能に対してさまざまに、適切な刺激を最大限に活用することに着目します。次から次に道具をまわしていくことや、複数の物を一時に示すことは、メンバーの混乱につながり、集中力を減退させ、不安感を増幅してしまうことにもなります。

　実際に回想法グループで材料や道具を活用する際には、示し方等に配慮が必要です。一人ひとりの手にとって活用できる小さめの物と、グループの中央に置き、メンバーが近寄って見たり触ったりできる比較的大きく重量のある物の2通りに分けて、その用い方の違いを見てみます。テーマに沿った材料や道具を選択するときに、小さな物を選ぶか大きな物を選ぶかによって、メンバーの相互関係や凝集性の展開に微妙に影響します。どのような大きさの物を用いるかは、メンバーの活動性や認知機能の障害などによっても異なり、それらの条件を十分考慮に入れて構成することが望まれます。あくまでも材料や道具は「材料」「道具」であり、単に材料や道具があれば回想が促せるのでなく、対人援助職としての技能、資質、価値観、知識を備えた聴き手を通して、その材料や道具は十分に語り手の役に立つことはいうまでもありません。

3　よい聴き手であること、あり続けること

　回想法で展開されるコミュニケーションのポイントは、基本的に対人援助コミュニケーションにおいて大事とされる点と違いはありません。質問の仕方を考えてみると、質問の形式には「開かれた質問」と「閉じられた質問」という2種がありますが、回想法でも、例えば、今ではあまり使われていない薬をつくるための薬草を粉にする道具（薬研）を、地元の農家の人が貸してくれた折など、その道具を見たり、触れたりしながら、「これは、昔どのように使っていたのですか？」「これは、どのようなときに使っていたのでしょう？」などの開かれた質問や、「これは、両手でこんな風に使うのですか？」と、仕草をしながら、語り手やグループメンバーが「はい、いいえ」で答えられる閉じられた質問を適切に使い分けることが必要です。

　質問の方法に限らず、対人援助職のコミュニケーション、相談援助面接、カウンセリング等の基礎的であり、必須となる聴き手としてのあり方、姿勢、価値観、スキル等について学び、修得することが欠かせません。表10に聴き手としての留意点を示します。

　ここにあげたものはいずれも基本的で大切な留意点ですが、回想を聴いていると、ともすれば忘れがちになるのが、10番目の留意点です。回想しながら語り手がつらい体験や苦しい思いを語るときにどのように受け止め、応答したらよいでしょうか。このようなときに、聴き手は、今、聴いたことについて、語り手に返したい、伝えたいと思っているのは一体、誰の思いなのかを自らに問いかける必要があります。聴き手として、自分の思いを受け止めがたいので、語り手の人をとっさに慰めようとしていることに気

表10　聴き手としての留意点

①自分の価値観で判断しない。
②話を批判的にではなくそのまま受容する。
③相手に十分な関心を示しているとわかる姿勢をごく自然にとる。
④相手のペース・進み具合に沿う。
⑤今何を感じているのか、その気持ちを大切にする。
⑥語られる内容が事実と違うことがはっきりしていても、訂正したほうがよいとは限らない。
⑦自分の話をしすぎて、相手の話を取ってしまわないように気をつける。
⑧他にもらさないと約束した秘密は守る。
⑨相手が話したくないことは、それが重要でも無理やり尋ねない。
⑩つらい体験や苦しい思いが語られるときには、静かに耳を傾け、深く共感する。焦って慰めたり、「そんなことはない」など即座に否定したりしない。

出典：野村豊子著『回想法とライフレヴュー──その理論と技法』pp.144-145、中央法規出版、1998年

づくかもしれません。そのようなときには、いったんその思いを、自分の手のひらの上に乗せて、ゆっくりと間を取りながら、自分のなかで少し距離をおいて見つめ、そのうえで、語り手である高齢者が受け入れやすいように、ゆっくりと応答していくことも必要となります。

4　回想法・ライフレヴューの適用について

　抑うつ感、外傷体験などの理由で過去を振り返ることが強迫的になってしまう人も少なからずいます。そのような人は、回想法やライフレヴューの方法に予期せず、また、準備なく引き込まれてしまうことがある点にも気をつける必要があります。「誰に対して」を慎重に考えなければならないでしょう。

　自分のなかに思い出したくないことがある場合、回想はその思い出したくない内容をそのままその人の心のなかに閉じ込めることができます。語り手の自己決定とかかわることですが、浮かんできた回想が数限りなくあっても、明確に記憶にとどめるのはそれらのほんの一部です。どれを記憶に残すのかを無意識のうちに選択しているともいえます。そして何をとどめるかは、語り手自身のそのときの気分やニーズ、また聴き手との関係性が大きな影響を与えています。回想法はこの影響に配慮しながら聴くプロセスを決めていくのですが、語り手から見れば、自分が選び取っていく自己決定のプロセスであるということもできます。自己決定の力を発揮しているかどうかは周りの人が理解しなければ見ることはできません。

　P. G. コールマンは、高齢者の回想はすべての人にとってよいものであるとは限らないと述べ、回想することは人間の基本的な力であるにもかかわらず、そのことをしない

ことによって、現在を保つ人もおり、回想するかしないかはその人自身が決めることであると示しています[4]。回想することやライフレヴューは、自己を映し出す活動であり、それらは、人間の基本的な力の1つです。しかしながら、そのことは誰しもが行わなければならないことを意味するものではありません。自分の心の窓をそっと閉めて、自らの回想を語らない高齢者の話を無理に聴くことは、その人の心のなかに土足で入ることにもなりかねません。

9 ｜ 「回想を聴く」ということ

　回想法では語り手がどのような回想を語ったか、という以上に言葉の背景にある思いと、どのように語られるのか、という点を大切にします。とりわけ認知症の人の回想は、自分自身を内面的な意味で生き続けていく、1つの核をつくっている行為でもあるのではないかと考えられます。語ることにより自分のライフヒストリーを手に入れ、その人らしさを保つことが可能となります。しかしながら、高齢者のなかには過去の記憶を明確にもちながら、そのことを語らずにいることで今の自分を保っているという人もいます。語り手と聴き手の関係性が、語っている内容とは別に、今、ここでの思いとなり、ともに生きる世界をつくっています。回想法が過去を今と未来に生かすといわれるゆえんです。

　人生は過去の体験や出来事が縦糸や横糸となって織りなされる1枚の織物のようなものです。無数の織目には、楽しさや嬉しさと同時に、つらさや悲しみも込められており、それには1枚として同じものはありません。自らの人生という織物に込められた、織目、つまり体験の意味を知ることができるのは、その人自身です。回想法やライフレヴューセラピーを行う人は、語る人の人生という織物をほぐし、またつむぎ直す過程につれ添う半歩下がった同行者といえるでしょう。

　この半歩下がった同行者というのは、重要な意味をもっています。過去を語ること、過去をつむぎ直すこと、それは聴き手が決めることではなく、語り手自身が決定することです。回想法やライフレヴューを行う人は、聴くこと自体を自己目的化することは許されません。語り手のすべての情報や、人生のすべての歴史を知らずとも、目の前にいる語り手の生きる意味につながるような回想を聴くことが望まれます。

引用文献

1 ）Butler, R.N., The life review; an interpretation of reminiscence in the aged, Psychiatry, 26, pp.65-76, 1963.

2 ）野村豊子「痴呆の人のライフレヴューと家族のライフレヴュー」『日本痴呆ケア学会誌』第1巻第1号、pp.9-12、2002年

3 ）Burnside, I., Themes and props:Adjuncts for reminiscence therapy groups, In Haight, B.K. and Webster, J.D., eds., The art and Science of Reminiscing: Theory, Research, Methods, and Applications, Taylor & Francis, 1995.

4 ）Coleman, P.G., Reminiscence within the study of ageing: The social significance of story, In Bornat, J., ed., Reminiscence reviewed: Evaluations, achievements, perspectives, Open University Press, 1994.

参考文献

◆Butler, R.N., The life review; an interpretation of reminiscence in the aged, Psychiatry, 26, pp.65-76, 1963.

◆Webster, J.D. and Haight, B.K., Memory Lane milestones; Progress in Reminiscence Definition and Classification, In Haight, B.K. and Webster, J.D., eds., The art and Science of Reminiscing: Theory, Research, Methods, and Applications, Taylor & Francis, 1995.

◆回想法・ライフレヴュー研究会編、野村豊子編集代表『回想法ハンドブック──Q&Aによる計画、スキル、効果評価』中央法規出版、2001年

◆野村豊子著『回想法とライフレヴュー──その理論と技法』中央法規出版、1998年

◆野村豊子「痴呆性高齢者の語りとアイデンティティー」『文化とこころ』第5巻第1・2号、pp.22-31、2006年

PART 2

回想法の実践事例

1 | 認知症専門病院における 回想レクリエーション

菅　寛子

グループ回想法

事例の概要

　筆者が勤務している認知症専門病院では、入院患者の集団活動に、回想法を応用したレクリエーションを取り入れています。以前は固定したメンバーで、決まった枠組みで回想法を実施していましたが、病院、とりわけ「認知症専門病院」という特性上、急な症状の悪化や転院、面会や外出などのさまざまな要因が重なり、継続がむずかしくなりました。そこで現在は、以下のような枠組みで、さまざまな工夫をしながら取り組んでいます。

　語り手 ▶ 認知症疾患を抱える入院患者10〜20名程度、60〜90歳代、頻繁にメンバーの入れ替えがある
　聴き手 ▶ 作業療法士2名とリハビリテーション助手1名の計3名
　期　間 ▶ 通年
　時　間 ▶ 午前または午後、120分の集団リハビリテーション活動内の約30〜40分間
　場　所 ▶ 病棟のデイルームまたは生活機能・回復訓練室
　テーマ ▶ 季節に沿ったテーマ（例：夏祭り、冬至の過ごし方、昔の遊びなど）
　道　具 ▶ 写真や画像を映写するための機器、ホワイトボードなど

目的

　認知症を患い、慣れ親しんだ日常生活の場を離れて入院すると、なじみのない、その無機質な環境にますます症状が悪化することがあります。そこで、刺激の少ない入院生活に潤いを与え、楽しみの時間を提供し、可能な限り、患者同士の交流を促すことを目的として、回想法の要素を取り入れた集団活動を行うこととなりました。

方法

　「事例の概要」に記したような枠組みで、はじめにテーマに沿った写真や物品などの画像を映写し、まずはその名前を確認することから始めます。そして、参加者一人ひとりに声をかけ、思い出を引き出します。最後に、職員がその日の話題になったことをまとめて終了となります。

「春のおとずれ」をテーマに、ホワイトボードに桜の画像を映写しながら実施したときのやりとりを紹介します。

Aさん（80歳代、女性、アルツハイマー型認知症）は、体操には参加せず、部屋とホールを行ったり来たりしていましたが、Aさんがいすに座ったタイミングで、職員が声をかけました。

> 職員　：他にはどうでしょう、春だなあと感じるもの。Aさん、どうですか。
> Aさん：（しばらく考えてから小声で）太陽。
> 職員　：ああ〜！　太陽！　太陽がどうなったら、春だなあと感じますか？
> Aさん：（しばし無言後、早口で）……ちかちかちかっと。
> 職員　：そう、ちかちかっと。ちょっとあったかく感じると？
> Aさん：そう（即答）。
> 職員　：なるほど、いい表現！（ホワイトボードの空白部分に「太陽」と書く）そうね、太陽がちかちかっとあったかくなると、春だなあと感じますって。Aさん、ありがとう！

ここでは、春の「太陽」、日差しに春を感じると答えたAさんの発言を職員が繰り返し、さらにホワイトボードに書くことで、他の参加者へ聴覚と視覚を使った情報を提示しています。耳で聞いただけでは、記憶が残りにくい認知症の人を対象にしたレクリエーションにおいて、ホワイトボードに書くなどの視覚情報の活用は有効です。

続いて、Bさん（80歳代、女性、アルツハイマー型認知症）とのやりとりです。

> 職員　：Bさん、お花見、しましたかね？
> Bさん：（やや硬い表情で）野生のね、お花見できるところは少なくなっちゃって。
> 職員　：そうですねえ。
> Bさん：化学肥料で立派には育つけどね。
> 職員　：お花見、といっても今はまだ桜には早いかな？　梅とか？
> Bさん：（少し表情が和らいで）梅はね、いちばん香りがするわよね。
> 職員　：昔はもっとしたのかしら？
> Bさん：そうねえ、本数も少なくなっちゃったしね。
> 職員　：そうか、でも、今でも外を歩くと少し梅の香りがしますよ、このあたりでも。
> Bさん：（ゆっくりと）それは、よろしい。
> 職員　：よかった！

梅が咲く風景だけでなく、その香りを想起したBさん。そこで職員は、病院の外では甘い梅の香りがすることを伝え、生き生きとした感覚を味わってもらいました。さらに、時間や場所の見当識障害を生じやすい認知症の人に、季節に沿った話題の提供は、リアリティ・オリエンテーションの再確認を行うことにもなります。

　別の日には、「風邪の対処法」をテーマに、風邪をひいたときの入浴について話していたところ、Cさん（80歳代、女性、アルツハイマー型認知症）は次のように話し出しました。

> Cさん：お風呂にしてもね、今はね、電気でピッて、すぐ沸くでしょ。でも私、田舎
> 　　　　だから、わざわざ焚かなくちゃいけないでしょ。すぐに入れないから。
> 職員　：そうか、そうか！
> Dさん：そうよね、薪でね、焚いたのよね。（手を動かし、薪をほおるジェスチャーを
> 　　　　しながら）
> Cさん：今はドボンとすぐに入って出てもなんともないけど、昔は一度入るとまた沸
> 　　　　かさなくちゃいけなくてね。昔のお風呂は。親が入ったあと、手伝ったりし
> 　　　　ました。
> 職員　：お風呂焚いてるうちに風邪ひいちゃうね！
> 全員　：ほんとね（笑う）。
> 職員　：それは、大変！
> Dさん：風邪ひいたと思わなきゃいい……。
> 職員　：あ、そう！　思わなきゃいい！　確かに！
> 全員　：（笑う）
> 職員　：それがいちばんかもね（笑う）。気持ちの持ちようって言うしね！

　風邪の話題から、幼い頃に薪で風呂を焚いていたエピソードを話すCさん。そして、同世代のDさん（80歳代、女性、アルツハイマー型認知症）も同じような体験をしていたことを思い出し、手ぶりを交えながら語りました。このように、共有体験を通し、参加者の結びつきをつくるのも回想の魅力です。そして、Dさんのなんとも潔い発言。その場にいたみんなで穏やかな笑顔に包まれた瞬間でした。

結果（効果）と考察

　参加メンバーのなかに、おしゃべり好きな人が一人でもいると、さまざまなやりとりが生じ、職員が予想もしなかった話題で盛り上がることがあります。本事例においても、BさんやCさんはテーマに沿った回想を次々と語ることができました。一方で、ふだんはおしゃべりが少ないAさんの単語レベルの応答やDさんのふとした発言が、回想

の場を盛り上げることもあります。

　認知症の症状が重度で、自発的な発語が少なかったり、精神的に落ち着かなかったりと、さまざまな作業活動に主体的に取り組みにくい人にとっては、他の人の話を聴くだけの受動的な参加であっても十分に刺激になります。このような参加者の言葉にも耳を傾け、その想いを大切に扱うことができるのは、回想レクリエーションならではの醍醐味です。

実施者としての学び

　毎回の準備として、職員は事前にテーマに沿った画像を用意しますが、その過程で、季節の行事の成り立ちや地域ごとのさまざまな風習などを学ぶことができます。当院のリハビリテーション職員は20～30歳代の年齢層が多く、若い世代にとっては、回想の語りを通して、高齢者の叡智を直接知る絶好の機会となります。また、入院したばかりの人の様子を観察することで、社会性やコミュニケーション力のアセスメントにもつながります。なにより、さまざまな体験を経て、その時、その場に集まっている一人ひとりの生きざまを知ることができることは回想の力に他なりません。

実施にあたっての留意点

■ 多くの参加者にとって親しみやすく、情景を思い浮かべやすいように、テーマは季節折々の一般的な内容を採用しています。

■ すべての参加者から見えやすいように、画像やホワイトボードの大きさや配置などを工夫しています。写真や物品を複写した用紙を手元に用意することはありますが、認知症の症状により、誤って口にしたり、丸めて投げ捨ててしまったりしないように、職員の見守りも必要です。

テーマに沿った写真や画像をプロジェクターで映写する

　季節の移ろいや香りが病棟に漂い、穏やかな通い合いが始まります。「患者」である前に、長い人生を歩んできた叡智が、豊かな回想の語りを通してかかわりあう高齢者や職員にも伝わってきます。通常のアセスメントに加えて、回想法への参加から得られたさまざまな情報は、一人ひとりへの質の高いケアに活かされます。
　　　　　　　　　　野村豊子

2 | 特別養護老人ホーム・養護老人ホームでケアに活かす

野中恭子

グループ
回想法

事例の概要

　筆者が勤務していた施設は、特別養護老人ホームと養護老人ホームが併設されており、それぞれの入居者の交流の場の一つとしてグループ回想法を実施していました。数年経過した頃、特別養護老人ホームの職員から「新規の入居者のEさんとのコミュニケーションがまったく取れない。何かヒントがほしい」との相談があり、Eさんをグループ回想法に誘いました。このときは、通常の記録に加えてEさんの参加状況、特に自己を肯定するような発言内容と他者との交流に注目した「個人まとめシート」を作成し、ケアの気づきとなるように提供しました。

| 語り手 ▶ | 特別養護老人ホームの入居者：男性4名、女性1名（いずれも80歳代）
養護老人ホームの入居者：男性2名、女性1名（いずれも80歳代） |
聴き手 ▶	ボランティア5名
期　　間 ▶	1クール8回（週1回）を年2クール実施
時　　間 ▶	昼食後の約60分
場　　所 ▶	食堂横のオープンスペース

目的

　日々の生活のなかで1日を通して感情の起伏が大きく、特に夜間に感情が不安定になることが増えているEさんについて、穏やかに過ごせるように、ケアに活かすヒントを得ることを目的としました。

方法

　毎回のテーマおよび道具・材料は表のとおりです。

　Eさんの「個人まとめシート」は、①参加状況（回想内容、自己を肯定するような発言内容、他者との交流）、②事後評価、③今後のケアに向けての3点に注目して作成しました。また、会に参加している間だけでなく、居室と会場の送迎の際に感想を聞くなど、Eさんの状態の観察も行いました。

● 各回のテーマと道具・材料

	テーマ	道具・材料
1回目	夏の遊び	手作りの水鉄砲
2回目	夏の食べ物	夏野菜（トマト・キュウリ・スイカなど）
3回目	夏の暮らし	風呂桶、ヘチマ
4回目	夏休み	海水浴の写真
5回目	青春	カルピス
6回目	昔の思い出①	ホイッスル（音を聞いて思い出す）
7回目	昔の思い出②	電気仕掛けの機関車
8回目	これからのこと	参加簿、腕カバー

結果と考察

参加状況

【回想内容】

1～3回目までは季節にちなんだテーマを設定しました。夏の遊びでは、自宅近くの海に母親と海水浴に行ったこと、夜は蚊帳を吊って寝たこと、広い庭の水まきを手伝ったことを話しました。また、いちばん好きな食べ物はブドウだけれど、おいしいスイカの見分け方も知っているなど、日々の生活の思い出について語りました。

4回目では体育が得意で特に鉄棒で大車輪ができたこと、勉強は兄に負けたけれど運動は得意だったと、家族の話題になりました。

5回目の青春のテーマでは、大学生の頃にゴルフに没頭し「セミプロの腕前だったよ」と、ゴルフクラブを振るようなジェスチャーを交えて得意げに話しました。

6～7回目では、「小学生の頃から運動は得意だったけれど、なぜか走るのは遅かったねえ～」と振り返り、都内の大学に車で通学したこと、日本橋あたりでよく遊んだことなど学生時代の思い出を楽しそうに語りました。回を重ねるごとに発言内容も増していきました。

最終回では、これまでと同様にゴルフの話を勢いよく話していましたが、リーダーが仕事の思い出について尋ねると、少し間を置き遠くを見つめるような表情で「ダメだね。俺がダメなんだよ」と、小さくつぶやきました。

【他者との交流】

1回目に会の名前を決める際、はじめは他の参加者の意見を静かに聞いていましたが、意見を求められると「希望の会がいい」と大きな声で言い、他の参加者も拍手で同意しました。また、歌も手拍子をしながら他の参加者と調子を合わせて歌っていまし

● 自己を肯定するような発言内容

・ホットケーキ大好き。横浜だもの。
・夏の食べ物でいちばん好きなのはブドウだよ。
・ナス、キュウリ、トマトは自分でつくったよ。
・鉄棒が得意で大車輪は10回は回れたよ。
・勉強はダメだったけれど運動は兄貴に勝ったよ。
・箱根の山でゴルフの腕を磨いた。セミプロよ。
・もう一度ホールインワンがしたいね。
・若い頃、色々やっておいてよかった。

た。

　5回目に、回想法を担当するボランティアが居室に迎えに行くと、「もう月曜日です
か。はい、はい」とすぐに支度をしました。終了後、「今日は楽しそうでしたね」と施
設の職員が話しかけると「俺がダメなんだよ」と嘆く様子がありました。会にはいちば
んに席に着くことが多く、参加者がそろうまで、参加簿のシールを選びながら静かに
待っていました。

事後評価

　回想法に参加し、得意だった鉄棒のことやセミプロというほど練習に打ち込んだゴル
フの話ができたことが大きな成果になったと思います。輝いていた頃を思い出し、多く
の話ができたこと、それに伴い自分の今の状態を改めて受け止めたとき「俺がダメなん
だよ」という言葉につながったのではないかと考えます。回数を重ねるにつれ、より
いっそう集中していきました。全8回を通して途中退席することもなく、開催日も覚え
ていて、いつもいちばんに席に着いていたことから、積極的に参加し、満足していたと
思います。

今後のケアに向けて

　回想法の開催日を覚えていたり、全員の参加簿のなかから自分の参加簿を選び、シー
ルも自分で選んで貼っていたりするなかで、職員やリーダーの声かけに対して応じた
「俺がダメなんだよ」という言葉には、「何の役にも立たなくなってしまった」という自
分へのいら立ちを感じました。そこで、クリスマス会や家族会などの際に、開会・閉会
宣言をしてもらうなど、他者の役に立てることをお願いしたり、同じ趣味をもつボラン
ティアと話す機会を設けたりということを提案しました。

その後の展開

　回想法に参加後、Eさんの感情の起伏は軽減された様子でした。回想法で語られたEさんにとってのキーワード（ブドウ・ホットケーキ・ゴルフ・鉄棒など）を日常のケアや会話でも活用することで、担当職員はEさんへの理解が深まり、Eさんとの交流において、気持ちが少し軽くなったと報告がありました。

実施者としての学び

　回想法を実施する前に参加者についてのアセスメント情報を確認しますが、Eさんについては「歩行不可で車いすを利用。上肢に麻痺はない。眼鏡を使用していて言葉によるコミュニケーションは可能。最近、夜間に感情が不安定になる様子が見られるようになり認知症が進行していると思われる」と記載されていました。

　しかし、回想法への参加状況からは、開催される曜日を覚えていたり、参加簿やシールを自分で選んで貼ったり、また、他の参加者と調子を合わせて歌うなどその場の雰囲気や状況を理解して行動したりする様子から、認知症が進行している訳ではないと考え、ケアマネジャーと担当職員に伝えました。担当職員は、Eさんについてさまざまな活動ができる可能性があることに気づき、職員のEさんに対する認識が変化した結果、Eさんは少しずつですが落ち着きを取り戻していきました。

実施にあたっての留意点

- Eさんの語ることに注意深く耳を傾け、Eさんの感情の理解やその感情の背景にある経験や行動を理解し、それをEさんに伝えるようにしました。
- Eさんが話す「自己を肯定するような発言内容」と「他者との交流」に留意して「個人まとめシート」を作成し、ケアに活かしました。

高齢者の回想を聴く際には、まず、語られる回想・思い出の内容をしっかりと理解し、同時にジェスチャーや声のトーンも含めて伝わってくる思いや感情を受け止めます。そして、その両者を理解し、受け止めたことを率直に、ていねいに本人に伝えます。

野村豊子

PART
2
....
回想法の実践事例

1
回想の力をケアに活かす

2
地域でケアやQOLの向上を目的として行う

3
地域で「人」や「時」をつなぐことを目的として行う

4
回想法を学ぶ、伝える

3 重度認知症デイケアで行う回想法
～5つのバリエーションの試み

松田ヒトミ

グループ
回想法

事例の概要

　筆者が勤務していた精神科クリニックに併設の重度認知症デイケアでは、精神科での専門的な治療を必要とする人を対象にしているため、認知症の初期の人からある程度、進行した人まで、さまざまな人が利用しています。同じフロアで過ごすため、一人ひとりの尊厳を大切にしながら1日を過ごしてもらうためには工夫が必要です。

　デイケアでは、主としてグループ回想法をコミュニケーションツールとして用いています。しかし、デイケアを利用する人は、社交性があり自らの意志で来る人ばかりではありません。集団が好きではないけれど家族の希望で来る人、物忘れの症状がある程度進行して状況の理解が乏しいなかで来る人などさまざまです。そのためグループ回想法にバリエーションを広げたプログラムを導入しました。

方法

　利用開始から2～3日は緊張と不安感が強いため、職員が個別に対応し、個人回想法を通してその人の情報を収集します。その後は毎週1回、グループ回想法の日を設け、表に示す5つのバリエーションプログラムを提示します。基本的には本人に選択してもらいますが、個人回想法で得られた情報をもとにその人に合ったプログラムを職員からすすめたり、グループ回想法が円滑に進むように職員が事前に参加者に相談してその日のメンバー構成を調整します。

和室での回想法

　デイケア内の床の間のある6畳の和室に円卓を置き、障子を閉めて、フロアとは独立した空間をつくり、参加者が話に集中しやすいようにします。1クール6回で、初回は故郷をテーマに、その後は参加者に興味がありそうなテーマを職員が提案し、懐かしい道具などを準備します。一人ひとりの発言回数を確保することや、一体感を保つことを重視して、参加者5名、リーダー1名で行っています。また、「聞き書きボランティア」の協力を得て、語られた内容を個人別に冊子にまとめて渡します。

● 5つのバリエーション

種類	回数	聴き手	語り手	場所	その他
和室での回想法	週1回で1クール6回	1名	5名：固定（他希望者はゲスト参加）	デイケア内の和室	聞き書きボランティアの協力
ビデオを用いた回想法	週1回	1名	10〜15名：希望者	デイケア内のフロア	NPOシルバー総合研究所のDVD、NHKアーカイブスの画像などを使用
博物館での回想法	週1回	2名	5〜6名：希望者	県総合博物館	リーダーは博物館職員
「レミニ」での回想法	週1回	2名	5〜6名：固定（他希望者はゲスト参加）	民家	民家にあるビデオ、レコード、電子ピアノ、台所用品などを使用
喫茶店での回想法	月1回	4名	15〜20名：希望者	喫茶店	コーヒーとお菓子セット注文、常連客との交流

ビデオを用いた回想法

　デイケア内の64㎡あるワンフロアを使用し、スクリーンに、子どもの頃の遊びや食べ物、手伝いの様子などが回想法用に収録されたDVDや、生まれ育った地域の風景や行事の写真を画像として映し出し、職員はリーダー（ファシリテーター）と機器操作を行います。出入り自由としており、画像を用いることで興味を示して途中から参加する人もいます。

博物館での回想法

　クリニックから車で10分ほどの場所にある県総合博物館に出かけ、「昔の暮らし」の常設会場でテーマを決めて展示物を見ながら回想法を行います。送迎車1台に参加者は5〜6名で、職員2名が同行します。当初はデイケアの職員がリーダーを担っていましたが、現在は、博物館の職員に認知症や回想法についてのレクチャーを行い、リーダーを担ってもらうことにしています。

「レミニ」での回想法

　住宅街にある庭付きの一軒家（通称「レミニ」）は、昭和の風情のある民家で玄関に入る引き戸の音から懐かしさを醸し出しています。朝のバイタルチェック後、送迎車1台に参加者5〜6名と職員2名が同乗し、車で10分ほどの「レミニ」に向かいます。途中のスーパーで昼食用の弁当やうどんなどの材料を買って持ち込み、全員が顔を見ながら会話ができる大きめの食卓テーブルを囲みます。回想法では、民家に備えてある調理

器具や食器、サイフォンなどの台所用品をはじめ、多様なジャンルの古いレコード、電子ピアノ、ギターなどを活用します。また茶の間のビデオモニターでは昭和の暮らしや出来事などの映像を流したり、懐かしい新聞記事の切り抜き等を見て回想を深めたり、家庭的な静かな雰囲気だからこそできる回想法を試みます。「レミニ」では、少人数で1日を過ごすため、職員も時間に追われずゆっくりと濃密にかかわることができます。

喫茶店での回想法

　毎月1回、デイケア内にそのつどデイケア利用者と職員が一緒に作成した案内ポスターを掲示し、クリニック近くのレトロな喫茶店に希望者全員で出かけます。コーヒーか紅茶（お菓子付き）を注文し、喫茶店の雰囲気を満喫しながら歓談します。喫茶店の常連客が月替わりで趣味の歌や踊りなどを披露してくれます。それは懐かしい童謡や昔流行した歌謡曲や音楽、民謡、手品など多彩で、常連客との自然な交流も始まり、予定の時間はあっという間に終わります。

結果（効果）と考察

　デイケア参加者一人ひとりの個性や価値観、それまでの生きざまなどを考慮して、できるだけ参加者が楽しめるように、個々の力が発揮できるようにとグループ回想法にバリエーションを広げた5つのプログラムを企画し実施しました。

　和室での回想法では、和室という落ち着いた雰囲気のなかで基本的には同じメンバーが6回1クールで行うことで、関係が深まり、話が弾み、利用して間もない人もなじんでいくきっかけとなりました。「聞き書きボランティア」の協力のもとに作成した個別の冊子は、本人にとってライフレビューにつながることもあり大変喜ばれます。また、この冊子を通して家族からも「それまで知ることのなかった本人の体験や思いを知ることができた」と喜ばれ、介護に疲弊していた家族との関係性の修復につながった事例もあります。さらに「聞き書きボランティア」のメンバーにも、このプログラムに参加することで認知症への理解が深まったと好評でした。

　ビデオを用いた回想法では、活発に発言する人だけでなく、受動的に画像を見ていることで満足感を得られる人や、発語が難しい人も興味のある画像について言葉を発したり、表情が和らぐなどの効果がありました。ただし、リーダーによって場の盛り上がりに違いが出ることもあり、特に多人数を対象としたときに、職員の力量が問われるようです。ビデオを用いた回想法に限ったことではありませんが、回想法では参加者の話を傾聴し、広げ、深めるというリーダーの役割の重要性を改めて強調したいと思います。

　博物館での回想法では、出かけること自体が楽しみになったほか、展示物によって昔を想起したり、博物館の職員から説明を受けることでほどよい緊張感を得たりしながら

興味深く聞き入る姿が多く見受けられました。特に男性はじっくり時間をかけて博物館内を見学しているのが印象的でした。また、リーダー役を博物館の職員に担ってもらうことは認知症の啓発に役立つとともに、博物館が推し進めている「博物館と福祉施策の連携」にも寄与しました。

「レミニ」での回想法は、参加者もある程度固定化したため、ふだんデイケアでは目立たない人が自主的にピアノを弾いたり、歌ったり、食事やお茶の準備をしたりするほか、デイケアでのイベントに「チーム」として出演するなど意欲の改善が認められ、回想法を行う環境の重要性を改めて認識しました。

喫茶店での回想法では、一般の常連客を入れると多いときは30名ほどになり、わいわい賑やかな雰囲気になります。それまでほとんど行く機会のなかった喫茶店には「わくわく感」もあるようで、歩行状態のあまりよくない人も参加を強く希望し、時間をかけて頑張って歩いて行っています。また常連客との自然な交流は認知症の啓発にも役立つものであり、常連客にとってもこの集まりに参加することが生きがいになっているようでした。

このように回想法にバリエーションを広げたプログラムを企画し実施した結果、ほとんどの人がいずれかのプログラムに参加するようになりました。特に不安の強い人や消極的な人の語りはその人の内面を知ることになり、ケアに活かすことができます。それが本人の情緒的な安定につながり、結果的に家族などの介護者の支援にもなっているように感じます。

実施にあたっての留意点

■ 回想法のバリエーションプログラムは職員のアイデア次第です。実施にあたっては、インフォームドコンセントのもとに人、物、場所などの社会資源を積極的に取り入れることは認知症の啓発を進めるうえで極めて意義のあることであり、そのためには職員が回想法のスキルを磨く努力を重ねていくことがとても重要であると感じています。

聞き書きボランティアの協力を得て個人別につくった冊子

回想法の基本を大切にしながら、重度の認知症の高齢者一人ひとりのニーズに合わせて、さまざまなバリエーションを継続的に展開しています。一つひとつの試みは単体ではなく、重なり合いながら相乗効果を生み出し、全体としてさらなるケアへの発展を生み出します。　　　　　　野村豊子

PART
2
回想法の実践事例

1 回想の力をケアに活かす

2 地域でケアやQOLの向上を目的として行う

3 地域で「人」や「時」をつなぐことを目的として行う

4 回想法を学ぶ、伝える

回想と生活の場がつながる
～障害者支援施設における回想法の活用

平澤百代・乾喜美子・青井夕貴

グループ
回想法

当施設には、就労系多機能事業所、共同生活援助（グループホーム）のほか、4つの生活支援施設（施設入所支援）があります。そのなかで約240名の利用者がサービスを利用しています。「高齢になっても楽しく充実した生活を送ってほしい」という生活支援員（以下、支援員）の願いから、施設でのレクリエーションや日常生活の声かけに回想法の要素を取り入れました。

事例の概要

> 語り手 ▶ 主に知的障害のある60～80歳代の利用者3～7名
> 聴き手 ▶ 生活支援員1～2名
> 時　間 ▶ 週1回、土曜日の午後、約60分
> 場　所 ▶ 生活支援施設内の共有スペースであるホール

きっかけ

半数以上の利用者は長期にわたって入所しているため高齢化が進み、認知症の診断を受ける利用者や認知機能の低下がみられる利用者、要介護度が高くなる利用者への理解や対応が課題となっていました。そのようななか、支援員が回想法の研修を受講し、回想法は利用者個人の歴史や習慣などをより深く理解することにつながると知りました。そして、支援の質の向上につながるのではないかという思いから、当施設でも取り組むことにしました。

目的

回想法を手がかりに、高齢の利用者のQOLの維持・向上と精神的な安定をめざすことを目的としました。グループで行うことによって、利用者同士のコミュニケーションを図ることと、日常生活における利用者と支援員との個別のかかわりを深めることをめざしました。

方法

　「事例の概要」に示した方法で行い、利用者は、体調や気分に配慮し、参加を自由としました。幼少期から現在への時系列のもの、懐かしい写真を用いるもの、季節に応じたものなど、支援員があらかじめテーマを設定しました。参加した支援員は、「お話会」のテーマ、話の内容、利用者の様子などを記録票に記入し、他の支援員も記録票を見てお話会の様子が把握できるようにしました。また、業務の引き継ぎの際には、各参加者の様子などを報告するように心がけました。

● 主なテーマ（抜粋）

回	テーマ	回	テーマ	回	テーマ
1	名前の由来	11	餅つき	22	以前していた仕事
2	小さい頃の遊び	12	駄菓子屋	23	雪
4	夏を感じるもの・思い出	14	床屋・散髪	26	二十歳
6	お風呂	16	おはぎ・おだんご	27	節分
9	小さい頃見たテレビ	17	小学校の遠足の思い出	29	お母さん
10	祭り・浴衣	19	思い出の歌・好きだった歌	30	施設に来た頃のこと

展開過程

テーマ別展開事例

【エピソード1】第1回「名前の由来」

　8人兄妹のFさん（70歳代、女性）が「他の姉妹は○○子なのに、私は違う」と少し悲しげに話していました。さらに「神社でつけてもらった」と話すFさんに、支援員が「ご両親にとってFさんは可愛くて、特別な存在だったのかな」と伝えると、「ほぉや～（そうや～）」と満面の笑みで返してくれました。最初は何が始まるのかと緊張していた他の利用者も、Fさんと支援員とのやり取りをきっかけに、「話したい」という気持ちが生まれたようで、次々と話が展開しました。日頃は無表情で過ごしていることの多いFさんでしたが、このときは笑顔で過ごし、支援員が「こんなにおしゃべり好きな人だったのか」と驚くほどたくさんの話をしていました。

【エピソード2】第12回「駄菓子屋」

　駄菓子屋の写真を見ながら、好きだったお菓子について話をしました。「かわり玉（口の中で溶けながら色が変わっていく飴）」や「カルミン（ミント系のタブレット）」など、次々とお菓子の名前が出てきました。写真にラムネの瓶を見つけたGさん（70歳代、女性）が、ラムネを開け、急いで口元に持っていき、頬をぷーっと膨らませる仕

PART
2
回想法の実践事例

1
回想の力を
ケアに活かす

2
地域でケアやQOLの
向上を目的として行う

3
地域で「人」や「時」をつなぐ
ことを目的として行う

4
回想法を学ぶ、
伝える

草をすると、皆が大笑いしました。続けて、Gさんが「でも、やっぱりたくさんこぼれて半分になっちゃうのよね」と残念そうに話すと、他の利用者も「そうそう」とうなずいていました。参加者全員が大好きなお菓子にまつわる思いを共有し、ふだんまったく話をしない利用者とも会話が弾み、楽しいひとときとなりました。

【エピソード3】第29回「お母さん」

　Hさん（80歳代、女性）が「弟とアイスキャンディを50本買った。大きなお金を渡され、おつりの分まで買ってしまい、母親に大変叱られた」と話してくれました。後日、面会日にHさんの弟さんにこの話をすると、「50本はないと思うが、100円持っていき、10円のアイスを2本でいいのに10本買ってしまった……というようなことはあったかもしれない」と、照れ笑いしていました。Hさんがとても穏やかに話す様子から、「叱られた思い出」ではありますが、母親との大切な思い出になっているのだと感じ、弟さんとも共有しました。弟さんもアイスの話だけでなく、母親のことや当時のことを話してくれて、利用者の家族ともつながることができました。

日常生活における個別の展開事例

　Fさんは、小学校途中で不登校となり、簡単な就労を経て、住み込みでお寺の手伝いをしていましたが、その後入所となりました。施設では、起床、食事、洗面等の生活支援に消極的であり、居室で過ごすことが多い状態でした。そこで、「お話会」への参加だけではなく、余暇時間や日中活動の行き帰り、食事の時間、洗面などの支援時に、「お話会」での話題をきっかけにして支援員から積極的に話しかけるようにしました。「お話会」でのFさんの様子を知るまでは、正直なところ、Fさんに対してどのような声かけをしたらよいのか、常に悩みながらかかわっていました。「お話会」への参加は支援員にとっても強みになりました。

結果と考察

　3～4回実施した頃から、土曜日の午後になると利用者自らがいすなどの準備を始め、「お話会」を待つようになりました。ある利用者は、親しみを込めて「おばばの集まり」と呼び、「今日はおばばの集まり、ありますか」と聞いてくることもありました。「お話会」の時間以外の日常生活でも、利用者間で自発的に思い出話をする場面が見られ、利用者が互いの話を聴き共感し、時には反発しながらも相手を認めていく関係が徐々に築かれていきました。まさに回想と生活の場がつながっていると実感しました。

　さらにFさんは、表情が豊かになり、他者への関心や活動への関心が高まったり、嫌なことを言葉で意思表示する場面が増えたり、夜間に叫ぶことが減ったりなど、さまざまな変化がありました。Fさんから「ありがとう」の言葉を伝えられたときには、心か

ら感動しました。Fさんという個別の事例ではありますが、「支援員として」ではなく、「人として」Fさんとつながることができたと思います。この感覚が、まさに回想の力なのかもしれません。

その後の展開

「お話会」の報告を聞いた支援員の一人が、自分の担当する利用者にも体験してもらいたいと考え、4名の利用者を対象に、1対1で思い出を振り返り、利用者の生活歴を年表や写真などで可視化した「人生パネル」を作成しました。なかなか思い出せない利用者もいましたが、家族に協力してもらい、役所から戸籍を取り寄せたり、10年ぶりに自宅を訪問したり、以前働いていた施設に行ったりもしました。個別にかかわるからこそ、その利用者に合った方法で人生に寄り添うことができたと思います。

実施者としての学び

「お話会」を利用者が楽しみにしている様子を見て、支援員のモチベーションも上がっていきました。しかし、楽しい話ばかりではなく「悪口を言われた」「いじめを受けた」という悲しい話もありました。ある利用者から「(地域では)いじめられたから、ここに来てよかった」と言われました。現在と比べ、昔は障害のある人が地域で暮らしていくことに、はかりしれない苦労があったことと思います。現在の生活を充実させるだけではなく、私たち支援員が利用者の「過去」に思いをはせることで、よりいっそうあたたかい支援につながるのではないかと気づくことができました。

実施にあたっての留意点

■ 利用者の知的機能に配慮して、わかりやすく簡単なテーマを設定したり、タブレットや写真集を活用したりしました。
■ 参加した利用者のなかには、精神障害の人もいましたので、回想から妄想の話に発展してしまうこともありましたが、いったんは話を聞いて、否定することなく受け入れながら徐々に修正するように心がけました。

過去の経験には、つらいこと悲しいことも含め、今に活かすことのできる宝物がたくさん含まれています。受け止められない思いが想起されるような回想は、参加者の間で、また、職員の適切なサポートによって見方が変わってきます。「おばばの会」は、自分の生きてきたあり様と、今、現在、楽しんでいることを積極的にとらえて名付けられたものと思います。

野村豊子

5 未来への道を見出すきっかけと なった高齢者への回想法

野中恭子

個人
回想法

事例の概要

　Iさんは、90歳のときに養護老人ホームに入所しました。入所当初は元気で明るく話をしていましたが、1年ほど経過した頃から体調を崩し、体重も減っていきました。治療や職員のかかわりも拒否する状態になっていたため、心配した所長から当時、施設でケアマネジャーとして勤務していた私に、Iさんの話を聴いてほしいと依頼がありました。

　Iさんに「お話をうかがわせていただけますか」と尋ねると、Iさんから「あなたは私の何が知りたいのですか」「上司の方から指示を受けているのですか」と聞かれました。そこで「Iさんは90歳のとき、1週間でこのホームに入所する決断をされました。90年の間にさまざまな決断をしてこられたことと思いますがその決断力はどのようにして培われたのかお聞きしたいのです」と率直に気持ちを伝えたところ、Iさんは「わかりました。お待ちしていますよ」と笑顔で承諾してくれました。

- 語り手 ▶ Iさん（90歳代、女性）
- 聴き手 ▶ ケアマネジャー
- 時　間 ▶ 週1回、45〜60分、全10回
- 場　所 ▶ Iさんの居室

目的

　これまでのIさんの様子から、話す内容を自ら考えることができると予想されたため、Iさんが主体的に話したいと思うことを納得のいくまで語ってもらうことを目的とし、1回目から9回目までは、事前にテーマを設定せずに実施しました。最後の10回目のみ、「これからのこと」をテーマとして話してもらえるように働きかけました。

方法

　案内状を作成し、「事例の概要」に示したように行いました。当初Iさんは「45分くらいね」と言っていましたが、2回目からは60〜70分ほど話すようになりました。毎

PART
2
回想法の実践事例

1
回想の力を
ケアに活かす

2
地域でケアやQOLの
向上を目的として行う

3
地域で「人」や「時」をつなぐ
ことを目的として行う

4
回想法を学ぶ、
伝える

● 各回のテーマ

1回目	幼少の頃（小学2年生まで）	6回目	趣味について
2回目	出征した夫が戻ってくるまでのこと	7回目	対人関係について
3回目	出征した夫が戻ってきたこと	8回目	生家の思い出
4回目	子育て	9回目	健康の秘訣と私の仕事
5回目	孫育て	10回目	これからのこと

回、案内状にシールを貼ることで、「終わり」があることを認識してもらえるようにしました。聴き手は、無理なくIさんの思い出に寄り添うことを心がけました。

展開過程

　1回目は「私は7人兄弟の2番目で、父の仕事の都合により台湾で暮らしました。すぐ下の弟は人のために尽くす優しい人、次の弟はロッジを経営する辣腕者でした」などと、幼い頃の思い出から、兄弟について語りました。

　2回目は「夫は優秀な人でした。夫が出征した後、台湾の社宅で息子と夫の父と3人で暮らしましたが、戦争が激しくなったので日本に戻り、親類の家に引き上げました」と、大切な夫との思い出を語り、時間内に話し足りなかったようで、「次もこの話ね」と言って終わりました。

　3回目では、Iさんがそっと1枚の写真を見せてくれました。「夫が出征する前日、夫と息子と私の3人で記念写真を撮りました。この時ね、実は私39℃の熱があったんですよ。つらかったけどこの時しかなかったから。私がここ（養護老人ホーム）に来ると決めて役所に行って1週間で決めました。ここに来るにあたっては当時の住所録や写真をすべて焼き捨てて処分したつもりが、どういう訳かこれが1枚トランクの中に紛れ込んでいたのよ。どうしてかしらね。わからないの」と大切そうに手に取っていました。

　「終戦後、夫は無事戻ってきました。それはもう嬉しかったですよ」。Iさんは、家族の写真をずっと手に取りながら湧き出るような思い出を話し続けていました。

　4回目は「今日は子育てね」と話し出しました。「一人息子だったけど、とても成績優秀でね。でも大学入試で失敗して2年浪人しました。今から考えればそのことが息子の後の人生に大きく影響していると思います。親の事業を継ぐ意思もなく自由にしていました」。

　5回目は「今日は孫育てですよ。孫が生まれてから息子家族と同居していました。女の子7歳、男の子5歳の時、その子たちの母親は家を出ていきました。その時から孫は私が強く育てなければいけないと考えていたので厳しくしたのですが、今から思えば

もっと抱きしめてやればよかったと思います」と、懐かしく遠くを見るような表情で語りました。ホームでの生活において、時々、Iさんの孫娘がその子ども（Iさんのひ孫）を連れて面会に来ていましたが、その時のIさんは穏やかな表情でゆったりとした家族の時間を楽しんでいました。

6回目は「今日は趣味について話しましょうか」と、自信ありげな表情で話し出しました。「私は洋裁が好きで、夫のコートや息子の制服、姉や妹の服も縫っていました。それから、刺繍も大好きで寝ないでやりました。ヨーロッパに刺繍を習いに行く夢があったのよ」と話し、実際にIさんの刺繍の作品をいくつか見せてもらいましたが、どれも淡い色調のやさしさを感じるものでした。

7回目は、居室を訪問するや否や「ちょっと聞いてくださる？」と、話し始めました。施設内で困った対人関係が発生したようで、思い出話よりも現在直面している対人関係の問題の解決方法がテーマになりました。「精神的に参ったときは下痢をしてしまうわね。人によっては下手に出ることもあるけれど対等な人とは理解するために対等に話し合ったほうがいいわね」と、Iさんのこれまでの人生のなかで培われた問題解決方法を思い出し、熱く語っていました。

8回目は「今日はもう一度、台湾の思い出を話そうと思います」と、幼い頃の話題に戻りました。「台湾では、役人として来た父と家族9人で暮らしました。台湾での生活はとても穏やかで楽しく満ち足りていました」と、垣根に咲く色とりどりの花や家の周りの景色についてIさんが詳しく話すので、台湾で暮らした屋敷の様子や景色を聴き手が持参したスケッチブックに描いてみることにしました。しばらくするとIさんは「私にこのスケッチブックと鉛筆を貸していただけませんか？　私はこの絵では満足できないので、後でじっくりと思い出して描いてみたいから」と言いました。

9回目は「子どもの頃、体が弱かった私を母が心配して豚肉をよく食べさせてくれました。レンコ鯛やすっぽんに鰻と精のつくものばかり食べましたよ。でもね、腹八分目ですよね。食べ過ぎはダメ」と、母親が料理をしている姿を思い出しながら子どもの頃の思い出を語りました。また、「私、結構字は上手だったのよ。一生懸命に働く私を主人が見初めてね」と、仕事が好きだったことや夫との馴れ初めを語ってくれました。

最終回では、「最後ね」と言いながら、自分で描いた屋敷の絵を見せてくれました。そして、聴き手が「垣根の花の色は何色ですか」などと質問しながらIさんと一緒に色を塗りました。Iさんは「思い出は私の胸の中にしっかりとよみがえりました。この絵はもう必要ありません。絵では満足できないの。自分の90年の歴史を振り返ってとても楽しくおさらいができました。両親や兄弟が皆亡くなって私がたった一人になってもなぜ生かされているのか、その理由がわかったような気がします。もう大丈夫。私これから園芸クラブに入って花をいっぱい咲かせて楽しみたいと思います。ありがとう」と

言って、絵を私にプレゼントしてくれました。最終回は1回目と比べて声が大きくなり、笑う回数も増えていました。

結果および考察

回想法を終えた後、Iさんは早速、園芸クラブに入り、毎日、花壇に水やりに行くようになりました。後日、職員から「花の苗を買ってきてとか草取りしないといけませんよとか、結構注文が多くなりましたよ」と嬉しい報告がありました。また、今までは関心を示さなかった外食などにも参加するようになりました。

Iさんは、1〜6回目までの過程で、じっくりとその時々の決断を思い出し、振り返るなかで「これでよかった」と受け止められたように感じました。その結果、7回目には、突然、身に降りかかった対人関係の問題に対して「対等に話し合うことが大切」という解決方法を思い出し、自信をもって対応したのだと思います。そして、その後の8〜10回目では、再び、輝いていた台湾での暮らしの色彩やにおいまでも思い出し、これからは大好きな花をたくさん咲かせようと未来に目を向けることができたのではないかと思います。

実施者としての学び

聴き手としてIさんの話を聴き、今までの自分の人生で決断してきたことに強い肯定感をもっていると感じました。自分の人生に自信をもって前を向いて歩くことの大切さを教えてもらいました。

実施にあたっての留意点

■ 話を聴かせていただくにあたり、①構造的であること、②評価的であること、③個別的であることに留意し[1-1]、Iさんにとっての唯一人の聴き手であることを心がけました。
■ これまでの経験から個人回想法を実践する際はいつもスケッチブックと鉛筆を持参していますが、今回もふとしたきっかけで台湾の屋敷の思い出を絵にしてもらうことができました。その過程で、徐々に思い出が鮮明になっていったのではないかと思います。

回想・ライフレヴューには、過去を振り返り、今につなぎとめ、未来に解き放つ力があります。回想・ライフレヴューを通した90年の歴史のおさらい、何によって生かされているのかという自身への問いかけは、絵を描くことや園芸クラブへの参加へとつながっていきました。

野村豊子

6

グループホーム入居後間もない高齢者との「想い出ブック」の作成

鈴木幸江

個人
回想法

事例の概要

　グループホームに入居したJさんは、話し相手がいないことや自宅が空き家になっていることが気になり「帰りたい」と言うなど、施設や他の入居者になじめない状況がありました。施設長から「Jさんとゆっくり話をしてほしい」と相談があり、入居半年後から、10回にわたり個人回想法を行いました。そして、その思い出を記した「想い出ブック」を作成しました。そのなかでJさんは、学生時代、故郷、子育てなど、自分の人生を振り返り、思い出を生き生きと話しました。最後に自宅のことや、グループホームでのこれからの生活についての要望も聴くことができました。

語り手 ▶ Jさん（80歳代、女性）、軽度の認知症
聴き手 ▶ 高齢者施設に勤務する看護師
時　間 ▶ 週1回、約60分、全10回
場　所 ▶ Jさんの居室
テーマ ▶ 毎回、本人と相談しながら話したいテーマを決めていく

目的

　Jさんが思い出話を通して、自分の人生を振り返り、気持ちの整理をして、これからの生活を考える機会とすることを目的としました。そして、グループホームのなかで満足して過ごせるように、Jさんの了解を得て、話のなかからケアに必要な情報を提供することも心がけました。そのためにも、Jさんの話のエッセンスをまとめて記録し、「想い出ブック」を作成することで、さらに回想を促すきっかけにし、職員や接する人たちとのコミュニケーションに役立てることとしました。

方法

　思い出を促す道具として、実際にJさんが通った女学校や故郷の村の写真や資料をインターネットなどで検索し、印刷したものを使用しました。毎回、語られた話を要約し、その思い出にまつわる写真や資料等を追加してファイルにまとめて「想い出ブッ

ク」としました。そしてその次の回では、そのブックをJさんに見せ、お茶を飲みながら前回の思い出を振り返ってからその回のテーマに入るという形が自然にできました。Jさんは毎回、話し始めると生き生きと思い出を話すので、聴き手は相づちを打って常に傾聴する姿勢で臨みました。なお、事前にJさんの家族に許可を得て、会話を録音し、「想い出ブック」をつくる際に用いました。

● 各回のテーマと道具

回	テーマ	道具	回	テーマ	道具
1	自己紹介	あいさつ状	6	結婚	なし
2	学生時代1	女学院の概要、写真	7	子育て・夫の話	なし
3	学生時代2	女学校の案内、写真、地図	8	教会	なし
4	ふるさと	地図、写真	9	振り返り	なし
5	家族	なし	10	これからのこと	なし

展開過程

　初回は施設長と共にJさんの自室を訪問し、自己紹介をしました。そのなかで、聴き手と施設長がJさんの娘の大学の同窓生であることを話すと、とても喜びました。その後も数回は、同様の自己紹介を繰り返して安心感と親しみをもってもらいました。自己紹介でJさんは、女学院時代のことを熱心に話し、その話から聴くことにしました。

　Jさんは進学のために上京しましたが、ミッションスクールや洋風な寮生活、市電やガス灯等、驚きとまどうことばかりだったこと、慣れないベッドに眠れず、床に布団を敷いて寝たこと、休日には近くの駄菓子屋で豆菓子を買うのが楽しみだったことなどを生き生きと思い出しました。

　3回目にJさんは、保母を志した経緯を話しました。女学校の教室から見える教会で、子どもたちが保母さんと遊んでいるのを見て保母さんになりたいと思い、成績表をもって校長先生に教会に連れて行ってもらったこと、保母になるために、女学院への進学をすすめられたことを話してくれました。また、父はJさんが保母になるために上京することを勇気があるとほめてくれたと、嬉しそうな様子で教えてくれました。そして「私は本当によい方に出会い、お世話になっているのです」と語りました。

　6回目は、戦時中、家庭をもった地での6回の引越しの苦労話など、話の内容はとても豊かで、その記憶力には驚かされました。また、空き家になっている自分の家について語り、聴き手に一緒に住んでほしいと話しました。

7回目の子育ての話では、それぞれの道を歩んでいった子どもたちについて話し、「3人の子どもを見ていると、あまり親は干渉しないほうがいいのね」と話しました。

　8回目では、神学生であった夫との出会いを振り返り、一度は牧師を退いた夫と、晩年、自宅の庭に教会を建て、夫の教会での働きを助けたこと、その後、死別したことを語りました。Jさんは、「夫は頑固で苦労しましたが、嘘のない人で、一緒になってよかった。やっぱり夫の職業は牧師だと思っています」と話しました。続く9回目には、自分の家を神学生の勉強の場にしたいとはじめて話し、今までとは異なる考えが出てきました。

　最終回には、これからグループホームでどのように過ごしたいかを聴きました。Jさんは「年寄りを遊ばせる方法はいくらでもあるのよ」と、グループホームで歌やゲームなど、もう少し体を動かすことをしたいと、グループホームでの生活の要望を述べました。また、「子どもたちと接したい」と保母として働いた子ども好きのJさんらしい希望を話しました。

結果

　Jさんは、「苦労話も話すと楽しいわね」「懐かしい話をするのは本当に楽しいわ」「一人でいると何も思い出さないけれど、聴いてくれる人がいると思い出すものですね」と言って回想を毎回楽しみました。これまでの人生を振り返り、語ることによって自分の人生を受け入れて満足し、これからのグループホームでの生活に目を向けられるようになったのではないかと思います。

　Jさんの要望からグループホーム内のレクリエーション活動にJさんの好むことを計画し、子どもたちとの交流は、グループホームの近くの幼稚園に働きかけ、運動会、敬老の日や文化祭などの行事に参加するようになりました。

　このような取り組みのなかで、Jさんの自宅に対する心配や帰宅願望はなくなっていきました。

考察

　青春時代や厳しい戦中、戦後の生活をいつも前向きに一生懸命に生きてきたJさんの人生を軽度認知症でありながらも、昔の記憶が生き生きと残っている時期に聴けたことは、意味があったのではと考えます。さらに、Jさんの豊かで貴重な思い出の一部を「想い出ブック」として残すことができてよかったと思います。

　個人回想法がJさんにとって人生の振り返りになり、満足して、グループホームでのこれからの生活に目を向けていく契機になったのではないかと思います。

実施者としての学び

　グループ回想法と違い、個人に合った資料や道具をインターネットなどで検索したことが、とても役立ちました。

　Jさんの好きな駄菓子屋は今もあり、取り寄せて一緒に食べたり、女学院の校歌のCDを聴いて歌ったり、女学校や教会の名前を県の教育委員会に問い合わせたり、Jさんの思い出の旅に同行し、その楽しさを存分に味わわせてもらいました。

実施にあたっての留意点

- 今回用いた「想い出ブック」は、Jさんの個人情報がつまったものですので、取り扱いには十分に注意しつつ、家族やグループホームの職員が読むことも想定し、Jさんが他の人に知ってほしい内容を中心に記載しました。
- Jさんとの関係づくりにあたり、聴き手がJさんの娘さんと同窓生であることをJさんに繰り返し伝えることで、親しみをもってもらうきっかけとなりました。
- 筆者は以前からグループ回想法のスタッフとして、グループホームの職員と親しくなっていたことも役立ちました。Jさんの居室という他の職員からは見えない空間で行った回想法の様子を伝えるためにも、「想い出ブック」を活用し、職員の個人回想法への理解と協力を得るようにしました。

　出会いの始まりから回想をうかがう約束、テーマや課題、そして「想い出ブック」など、一つひとつのかかわりの意図や込められた思いがていねいにJさんと共有されています。「想い出ブック」は、Jさん、家族、職員にとって、予想以上の意味をもち、この先も、新しい1ページが加わっていくかもしれません。

野村豊子

7

認知症高齢者の「母」としての思いを支えた回想

奥村由美子

事例の概要

　物忘れや気分の落ち込みを訴えて一般病院の外来を受診した高齢女性との心理面接において、特にテーマは決めず、毎回、本人が話したいことを聴き、その時々の思いを共有することを続けました。面接では、大切な人々との懐かしい思い出が語られることが多くありました。ある程度、思いの整理ができたと思われた頃、ようやくデイサービスに参加できるようになり、その後、家族との話し合いを経て、施設入所に至りました。

語り手 ▶ Kさん（70歳代、女性）
聴き手 ▶ 心理専門職
期　間 ▶ 通年、約1年間
時　間 ▶ 1〜2回／月、毎回約40分、全18回
場　所 ▶ 心理室

きっかけ

　Kさんは長男家族と暮らし、主に長男の妻がKさんに合わせた細やかな世話をしていました。Kさんは気分が落ち込みやすく、身体の不調をたびたび訴え、さらには、物忘れも増え、日常でうまくいかないことが多くなるにつれて、家族に頼りきるようになりました。長男の妻が体調を崩したことから、Kさんは長女家族と暮らし始めたのですが、Kさんはますます落ち着かなくなっていきました。そこで、長女宅の近くの医療機関を受診してみたところ、Kさんは軽度のアルツハイマー型認知症と診断されました。Kさんの物忘れの増加は家族の誰もが気づいていたのですが、まさか認知症とは思ってもみませんでした。しかし、医師の説明を受けて、ここしばらくのKさんの様子について合点がいったようでした。

　Kさんはとまどいつつも、医師の診察や心理専門職による検査などには、穏やかに、協力的に応じました。Kさんは、その時々にはしっかりと物事を考えることができていましたが、以前ほどうまくできないことが増え、もどかしく感じているようでした。そこでKさんに、心理専門職と落ち着いて話せる時間を設定することを提案したところ、

快諾してくれました。

目的

　Kさんは記憶障害は見られるものの、言語機能は十分に保たれていました。そこで、いずれデイサービスなどへ参加できるようになることも考慮しつつ、まずは落ち着いて自身の思いを自分なりに表出できるように、心理専門職と1対1で自由に話し、不安の軽減や思いの整理をしていくことをめざしました。

方法

　開始当初は、回想を促すことは想定していませんでした。テーマは設定せず、自由に話してもらう過程で、Kさんが自主的に、大切な思い出を話してくれるようになりました。聴き手は、Kさんの体調やペースに配慮しつつKさんに寄り添い、その時々の思いを共有することを続けました。あわせて、Kさんの語りを中心としながら、聴き手がよく知らないことはそのつど教えてもらい、Kさんへの理解を深めることに努めました。

展開過程

　Kさんとの面接過程について3期に分けて紹介します。

【前期】

　開始からしばらくは、物忘れの増加や気分がすっきりしないことなどが繰り返し語られました。その後、「長男のお嫁さんがとても大事に面倒をみてくれていたのに、どのようにしてもらっても気分がすっきりせず、お嫁さんは疲れてしまった。長男も優しくしてくれるけれど、やはりお嫁さんでないとダメ。それで、長男たちではどうにもならないということになって、長女の家で暮らすことになった。相変わらず物忘れは多いし、知らない場所に来て一人では何もできない。子どもたちは、デイサービスに行ったら色々なことをやらせてもらえるし、気分も晴れるのではないかとすすめてくれる。見に行ってはみたけれど、私はあそこには行きたくない。物忘れは増えてきたけれど、まだ大丈夫。私の行くところではない」ということがくもりがちな表情でよく語られました。頃合いを見計らって、Kさんのことを教えてほしいとお願いすると、考えながら、思いついたことをぽつぽつと話し始めました。そのなかには、兄にまつわる思い出が多くありました。

【中期】

　Kさんにとって兄はとても頼りになる存在でした。「両親は家の商売が忙しかったので、年の離れた兄が私の面倒をみてくれた。兄は勉強が好きで、国立大学に通って、毎日毎日、勉強に励んでいた。色々なことを知っていて、とても尊敬していた」と話し、

Kさんが教員をめざすきっかけになったことも教えてくれました。また、「大学の校歌をよく歌ってもらった」と言って、面接中に何度かその歌を披露してくれました。「戦争で亡くなったのがとてもつらかった」とも振り返りましたが、兄の話をするとき、Kさんの表情はとても穏やかでした。

　「頼りの人」というキーワードから、夫についてもよく話してくれました。「夫はとても優しい人だった。教員をしていて、同じ教員として見てもとても尊敬できる人だった。結婚して子どもが3人生まれた。子どもたちはお父さんのことが大好きだった。私のこともいつも優しく気遣ってくれた」と、夫に支えられてきた思い出や夫への感謝の気持ちが表出されました。

【後期】

　その後も兄や夫との思い出がよく語られました。夫については、「病気で早くに亡くなって、子どもたちはまだ小さかったし、どうしていこうかと途方にくれたのを今でも思い出す。けれど、夫にもらったこの指輪をいつも肌身離さずつけていると、いつも夫が見守ってくれているように思えた。今もこうやって指輪をなでていると安心する」と、以前と今の思いをつなげて話すようになりました。

　この頃には、長女宅でも穏やかに過ごせるようになり、面接場面では、子どもたちへの母としての思いを語り始めました。「子どもたちは立派に育ってくれて、ほっとしている。でも、長女は、子どものときから要領が悪くて。いまだに、ちゃんとできるだろうかといつも心配で仕方がない。私はどんどん物忘れが増えて、自分のことも子どもたちのこともそのうちわからなくなるかもしれないし、助けてあげられなくなってしまう。特に長女のことが心配で、ちゃんとやっていけるかと気になって仕方がない」ということがよく語られました。それまでの不安気な様子ではなく、母としてとても落ち着いてしっかりした口調で語るKさんからは、子どもたちから離れていくことへの覚悟が感じられることもありました。

結果（効果）

　Kさんは毎回の面接を楽しみにして、終了時には「気分がすっきりした」といって晴れやかな表情で長女と帰宅しました。気分や体調の変動はあるものの、面接後からしばらくは穏やかに過ごせるようで、徐々に落ち着き、安定感が増していきました。自宅では長女家族との会話も増え、特に長女は、Kさんの変化に驚きを見せていました。

　面接が終盤にさしかかった頃、それまで参加への抵抗があったデイサービスにチャレンジすることができました。さらにその後、家族との話し合いを経て、夫から贈られた大切な指輪を長女に託し、施設への入所に至りました。

考察および実施者としての学び

面接でのKさんの自由な語りを通して、「今、ここ」にいるKさんが拠り所としていることの多くが、大切な人々との思い出であることを痛感しました。何が、どのようにその人の支えになっているのかは一様ではないからこそ、この人になら話してもよいと思える関係性を築くことや、その人にとっての大切な話をじっくりと聴き、理解を深めていくことの大切さを、改めて学ばせてもらった貴重な時間でした。

自主的な回想を中心とした面接によって、その人の本来の力や持ち味を浮き彫りにし、家族との関係性にもうるおいをもたらすことにつながり、さらには、新たな環境への橋渡しとなる可能性があるという示唆を得ました。

実施にあたっての留意点

■Kさんとの面接では、あえてテーマを設定せず、歩み方やその方向をKさんの主体性に委ねました。聴き手は、そっと静かに寄り添い、「いつでも助けることができる」という姿勢でともに過ごしました。Kさんは、歩みを見守られながらゆっくり自身の思いにたどり着けたように感じられます。健常な人や軽度認知症高齢者への個人回想法のあり方の1つとして考えることができます。

気分の落ち込みや不安感、物忘れなどを訴えている高齢者に対して、1年という長期間にわたり面接を重ねています。気分や身体の不調への訴えを十分に受け止め、ある時期に過去を整理することを促しています。その中心は、Kさん自身が選び取った「頼りの人」というテーマです。後半では、頼りになる人としての自分が話の中心になり、結果として不安感や焦り、気分の落ち込みが軽減されました。

野村豊子

PART
2
回想法の実践事例

1
回想の力を
ケアに活かす

2
地域でケアやQOLの
向上を目的として行う

3
地域で「人」や「時」をつなぐ
ことを目的として行う

4
回想法を学ぶ、
伝える

8 終末期がん患者への ライフレヴュー

安藤満代

ライフ
レヴュー

事例の概要

　総合病院の緩和ケア病棟に入院中のLさんは、がんの告知を受け、それが終末期であることを知り、とても困惑していました。Lさんは不安が強かったため、精神的・心理的ケアとしてライフレヴューを行うことが適当なのではないかと考えた主治医からの依頼があり、心理専門職として筆者がかかわりました。

語り手 ▶ Lさん（50歳代、男性）
聴き手 ▶ 心理専門職
時　間 ▶ 週1回、約40〜60分、全4回
場　所 ▶ 病院のLさんの個室

目的

　緩和ケア病棟に入院中のLさんは、終末期の患者で、スピリチュアルペイン（生きる意味の喪失や心の穏やかさの低下など）がありました。そのケアとして、ライフレヴューの有効性について検討することを目的としました。

方法

　緩和ケア病棟のLさんの個室にて、1週間に1回、合計4回、面接形式で、ライフレヴューを実施しました。1回の面接時間は、40〜60分程度で、その日の体調によって面接時間は調整しました。

● 各回のテーマ

1回目	故郷、両親のこと	3回目	自然との一体化
2回目	病気を体験してからの自己の変化	4回目	心の穏やかさの回復

展開過程

　始める前にあいさつとライフレヴューの説明のためにLさんの部屋に行きました。L

さんはサラリーマンでしたが、疲れやすくなったので受診したところ、急に入院となったこと、家族と仕事が気になっているため、一度退院して、色々準備したいことを話しました。また、7～8年前から妻と2人の生活となり、1年前には「どちらかが病気になったら、はっきりと知らせ合おう。そして無駄な治療はせず、最低限の治療をしよう」と話し合っていたので、このようになったことが「宿命だと思う」「今は、家族と食事や旅行ができたら」と語りました。

【1回目】「故郷、両親のこと」

　故郷や両親について質問すると、「北海道で生まれ、家庭は経済的には余裕がなかった。食べられないのが普通だったし、それで文句もなかった」と話しました。また、父親は、仕事を真面目にする人だったこと、家に牛などの家畜がいて、その世話を父親と一緒にしていたことを思い出しました。「父親は、あまり話をするほうではなく、それが自分も似ている」と語りました。母親については、「また生まれるとしたら、この母のところがいいと思う。貧しくても愛をもっていた」と、優しかった母親について語りました。

　また、60歳まで現役で仕事をしようと思っていたが、急に病気がわかり、しかも終末期で治療が困難と伝えられ、とてもショックだったこと、検査などのあとに、納得のうえで、緩和ケア病棟に入院したことを話してくれました。

【2回目】「病気を体験してからの自己の変化」

　体調もよさそうでしたので、「病気の体験を通しての自分の変化」などを尋ねたところ、Lさんは「病院という建物から出た外の世界の素晴らしさに気づいた。今まで、外を見ていなかった、自分はどんなに外が素晴らしいかを感じていなかった」と話しました。そして「自分はこの若さで亡くなることは、幸福ではないが、不幸ではない。早く死ぬことは幸福ではなく、残念だが、不幸ではない」と語りました。また、がんの終末期について告知されたことがよかった、やり残すことがないように、家族や友人にも頼むべきことを頼むこともできた、今は、自宅に外泊したいという希望があることを語りました。

【3回目】「自然との一体化」

　この頃には貧血も改善し、食事もとれるようになっていました。自宅に外泊できたこと、自宅は落ち着いてよかったこと、仕事を他の人に頼むことができてよかったことなどを話しました。病院に戻る時間が気になったが、また外泊し、みんなで食事をしたいこと、散歩に出ると気分がよいこと、病院の個室にいるとホテルに泊まっている感じがすると言いました。「外の自然にふれていると、何かほっとする。何か大きなものに包まれているようだ」と語りました。医師からは、いずれ動けなくなることは伝えられていること、動けなくなっても、明るくしようと思っていること、今は体力は落ちている

が、気分はよいと話しました。そして、「外へ出たい、家に帰りたいと思うことが前向きな気分につながっていると思う」と語りました。

【4回目】「心の穏やかさの回復」

最後の回では、自分の気持ちが落ち着いてきたことを次のように語りました。

> Lさん ：病気については、納得ができました。
>
> 聴き手：そうですか。よかったですね。どうやって納得できたのでしょうか。
>
> Lさん ：先生や看護師さんと話すなかでかな。死ぬまで、痛みや苦しみがあると嫌だなと思っていましたけど、先生たちが和らげてくれると言ったので、落ち着きました。60歳までは第一線で働こうと思っていましたが、10年早かった。残念ですが……。
>
> 聴き手：本当にそうだと思います。
>
> Lさん ：（死期が）予想より早くなったと思いますが、前よりは気持ちが落ち着きました。仕事の整理もできました。子どもたちにも、言いたいことは言えましたから。これから残された時間を大切にしていきたいと思っています。旅行も少し行きたいので、計画しています。
>
> 聴き手：仕事のほうは整理ができて安心ですね。またお子様たちにも、伝えたいことが伝えられたというのはよかったですね。今からは旅行に行けるといいですね。これから悔いのない人生を送られることを心から応援しています。面接に応じていただき、ありがとうございました。

結果と考察

50歳代という若さで緩和ケア病棟に入院することになったLさんは、人生を整理する間もなく、「なぜ、自分が」という思いが強かったことでしょう。突然「がんの終末期」であることを伝えられたときは、混乱し、気持ちも沈んでいましたが、自分の生い立ちや仕事を頑張ってきたことを振り返り、仕事を整理していくなかで、気分も落ち着いてきたことがうかがえます。Lさんの心が穏やかになったことから、ライフレヴューは、スピリチュアルケアとして効果があったと考えられます。

その理由としては、次のように推察することができます。ライフレヴューによって、

① 両親と自分が似ていることに気づき、また子どもにも伝えたいことを伝えるという世代継承が達成できたと感じられ、自己の存在の意味を高めることができた。

② 自分が自然の一部であるという自然とのつながりを見つけることができ、自分を超える偉大な力に気持ちを委ねることができるようになった。

③ 医師や看護師から死や痛みの恐怖に対応してもらえるということを聞き、恐怖が薄

らいできた。

Murata, H. とMorita, T.[1-2] は、心理—実存的苦悩の内容について概念化し、「自律性」「関係性」「時間性」に由来する苦悩があることを示しています。このような苦悩に対してライフレヴューを行うなかで、永遠の時間性を感じたり、自分にも語ることができるという自律性を感じることができたことから、自分の人生を意味あるものだと感じ、苦悩が和らいだのではないかと考えられます。

PART
2
回想法の実践事例

1
回想の力を
ケアに活かす

2
地域でケアやQOLの
向上を目的として行う

3
地域で「人」や「時」をつなぐ
ことを目的として行う

4
回想法を学ぶ、
伝える

実施にあたっての留意点

■ 生きる意味の喪失などの苦痛を感じている人には新たな意味をもてること、生きる意味を感じている人には、より高めることをめざします。対象者の条件としては、①強い身体症状や痛みがない、②20歳以上で、30～60分の面接が可能な心身の状況である、③コミュニケーションが支障なくとれる、などが考えられます。さらに、④生きる意味や目的を得たいと思っている人、⑤不安感、抑うつ感などの精神的・心理的問題がある人、⑥人生のまとめをしたいと思っている人などは、より効果が期待されます。

■ 除外したほうがよい人の条件としては、①重度の認知症や精神疾患がある、②現在、重大な悩みや問題に直面している、③心の傷となる体験があり、現在も思い出すとつらいことがある、④過去を振り返るより、前を向いて歩いていきたいと思っている、などがあります。

■ 倫理的な配慮として、回想した内容がどのように使用されるのか十分に説明し、万一、患者の身体的負担・心理的動揺が見られた場合には、速やかに面接を中止します。必要に応じて患者の主治医に相談し、身体的・心理的支援のための対策をとります。面接で語られた内容で、患者の生命などに影響する「希死念慮」などがあれば、他の職員に相談します。

■ ロールプレイを重ね、慣れてきてから患者を対象に実施するとよいでしょう。また量的・質的に、効果を測定するエビデンスを積むことで、ライフレヴューの効果を深めることができると考えます。

予期しない自分の最期を見据え、成し遂げられなかったことも含めて人生を整理するには、気力と体力、周囲の支えが欠かせません。Lさんの意向とさまざまな「限り」を念頭におきながら、ライフレヴューの経過をていねいに振り返り、歩みを進めています。「自律性」「関係性」「時間性」に由来する苦悩に、かかわる者として、たじろぐことなく責任をもって臨んでいます。

野村豊子

9 回想法を応用したアートセラピー
～思い出のごちそうを語りながら コラージュをつくる

長坂剛夫

個人
回想法

事例の概要

　本事例では、シカゴ（アメリカ）にある特別養護老人ホームに入居していたMさんと、旅行で、幼少期を過ごした出身国イタリアを訪れたときの思い出の都市を紙面上で巡りました。各都市の文化、歴史、食べ物などについて振り返りながら思い出を語ってもらい、Mさんの好きなご当地のごちそうの写真を選んでもらいました。すべての思い出の地を巡ったあと、Mさんが選んだごちそうの写真をコラージュ作品に仕上げました。

> 語り手 ▶ Mさん（80歳代、イタリア系アメリカ人女性（中等度の認知症の診断あり））
> 聴き手 ▶ AATA（American Art Therapy Association）登録アートセラピスト
> 時　間 ▶ 週1回、約30～60分、全12回
> 場　所 ▶ 個室（Mさんの居室）
> テーマ ▶ 思い出の地のごちそうの回想と夢のディナーのコラージュづくり
> 準　備 ▶ 画材、はさみ、スティックのり、イタリア料理の写真、思い出の都市についての情報など

きっかけ

　Mさんはイタリア生まれのアメリカ人で、イタリア人としてのアイデンティティに非常に強い誇りをもっていました。認知症と診断され、次第に食欲の低下とレクリエーションへの不参加などのひきこもり傾向が見られるようになり、筆者に心理ケアを任されました。Mさんはグループアートセラピーでは、他者に対して怒りやすく、乱暴な言葉を使う様子が見られたため、個別に部屋を訪問することにしました。

目的

　「イタリアの大好物」をテーマにした思い出話と共同作業を取り入れることで、食事への関心と食欲の増加、そして対人交流の楽しさを通してレクリエーションへの参加の増加をめざして、回想法を活用したアートセラピーを実施することにしました。

方法

インターネット百科事典から、関連する情報（イタリアの都市の文化、歴史、食べ物など）を編集しカラー印刷したもの（都市についての文章と地域特有の料理の写真）や、はさみを用意します。特に最終回は、コラージュに必要な画材（色画用紙、食器・テーブルクロスなどディナーテーブル関連の写真を印刷したもの）やスティックのりも準備します。画材はクリアファイルなどにはさんでおくと、運びやすく、なくす心配も軽減されます。

展開過程

【初回】

幼少期を過ごし、成人した後に二度、旅行に行ったことがある故郷のイタリアの地図を見ながら思い出の都市に印をつけてもらいました。イタリアを訪れたことのない筆者と旅行するとしたら、10都市をどの順番で案内するかを想像してもらい、ルートを決定しました。

【2回目】

1つ目の思い出の都市について、事前にインターネットで調べた情報を印刷して持参しました。筆者が音読しながらMさんに当時とは違うことを含め、旅行のエピソードなどを聴きました。また、ご当地のごちそうのなかから、好きな料理を選んでもらいました。可能な場合は、その料理にちなんだ回想も促しました。

【3回目〜】

認知症のあるMさんにセッションの連続性をもってもらうために、前回語られた食べ物や都市にちなんだ回想を筆者が導入時に再度要約して伝えました。また、前回選んだ食べ物の写真をいくつか印刷して持参し、お気に入りの写真を選んではさみで切り取ってもらいました。次に、別の都市について音読し、好きなご当地料理を選んでもらいました。

3回目以降は、この手順で、思い出の10都市を巡りました。

【最終回】

今まで選んでもらった写真をもとに回想されたエピソードを筆者が要約したり、Mさんに回想を追加してもらったりしながら、料理の写真の余白を切ったり、のりをつけたり、構図を決めたり、貼り付けたりとMさんのできることをしてもらいました。筆者は手伝い役に徹し、Mさんの大好きな料理で構成された「夢のディナー」のコラージュ作品が完成しました。

PART
2
回想法の実践事例

1
回想の力を
ケアに活かす

2
地域でケアやQOLの
向上を目的として行う

3
地域で「人」や「時」をつなぐ
ことを目的として行う

4
回想法を学ぶ、
伝える

結果（効果）

　もちろん職員の日々の尽力が大きいと思いますが、約4か月に及んだ「夢のディナー」をつくるアートセラピーの実施期間中に、ケース会議でMさんについて、以前よりも食事が食べられるようになり、レクリエーションなどの活動への参加時間も増えていること、他者に対して怒りやすかったり、乱暴な言葉を使ったりするといった状態が減ってきていることが報告されました。セッション中では、前回の回想の要約、前回選んだ好物の写真選び、次の都市についての音読と回想の間に、Mさんの受け応えが増えたり、目をつぶっていることが多かったMさんの表情が豊かになったりする様子が観察されました。

考察

　「夢のディナー」は、コラージュ作品として完成しましたが、もし、Mさんの大好物のすべてとはいわなくとも、1品か2品でも実際につくって会食ができていたら、さらにMさんのQOLの向上につながったのではないかと思いました。その意味では、このような回想法を取り入れた介入としては、アートセラピーという様式に限らず、聴き手の想像力と自由度次第では、「Mさん直伝、懐かしイタリアン料理教室」といった方法でも同等かそれ以上の効果が得られたかもしれません。

実施者としての学び

　回想の機能の1つに、情報・知識の提供があるといわれています。つまり、高齢者が自身の経験から得られた知恵や知識を若い世代へ伝えていくということです。これは、回想法を行うなかで、自然と語り手である高齢者から若い世代である聴き手に受け継がれる形で起こります。「教えていただく」「案内していただく」という謙虚な姿勢で話に耳を傾けることが、回想法では大切なことですが、本事例では特に有効だったと感じました。

実施にあたっての留意点

■ 料理名を正しく聞き取り、インターネットで検索して、可能な範囲で当時の料理の見た目に近い写真を見つけるなどのちょっとした工夫が、語り手の回想をより鮮明にしたり、コラージュ作品の意義をより深くしたりすることにつながります。印刷した料理の写真の大きさや見下ろす角度をある程度そろえておくと、コラージュにしたときの一体感と完成度が上がります。

■ 資料の音読は、ただ始めから終わりまで読むのではなく、語り手に関連しそうな点や聴き手が面白いと感じた点、驚いた点があれば、「知りませんでした！」「当時はこうだったんですか？」というように語り手に尋ねると、語り手とのやりとりが生き生きとしたものになります。回想から脱線することを恐れずに、楽しい雰囲気づくりを大切にすると、かえって思いがけない記憶がよみがえって回想が豊かになります。

"[Ms. M]'s Ideal Meal"〈Mさんの夢のディナー〉（筆者による実物を見ながらの複製コラージュ）

人生の大半をアメリカで過ごしたMさんにとって、大好きなイタリア料理を思い出すこと以上に、食事にまつわる人々、つくり方、にぎわい等、多くのエピソードを思い浮かべています。その様子は、今、アメリカで暮らすことを再確認しているように思われます。聴き手は、Mさんがイタリアの都市名をしっかりと記憶していることを大切にして、旅先の案内人を依頼し、母国のおいしい味を上手に話せるように、ていねいな準備を進めています。

野村豊子

PART
2
回想法の実践事例

1 回想の力をケアに活かす

2 地域でケアやQOLの向上を目的として行う

3 地域で「人」や「時」をつなぐことを目的として行う

4 回想法を学ぶ、伝える

10 | 後悔の回想から葛藤の解決へと至る ライフレヴュー・アートセラピー

長坂剛夫

事例の概要

　本事例では、シカゴ（アメリカ）にある特別養護老人ホームにおいて、アート表現の作品から幼少期の未解決の葛藤の回想が想起され、振り返りの作品を創造する過程で葛藤の解決に至った実践の様子を紹介します。

語り手 ▶ Nさん（80歳代、イタリア系アメリカ人女性（認知症の診断あり））
聴き手 ▶ AATA（American Art Therapy Association）登録アートセラピスト
期　　間 ▶ 断続的に15か月間
時　　間 ▶ 週1回、約30〜60分
場　　所 ▶ 個室（Nさんの居室）
テーマ ▶ 後悔、葛藤の回想と回想を振り返るアートづくり
準　　備 ▶ 画材と使いやすくする工夫

きっかけ

　Nさんは、同じことを繰り返し話したり、騒々しい他の入居者に対して、しばしば荒々しい言葉を口にしていました。次第にうつ傾向や落ち着かない様子が見られるようになり、筆者が心理ケアを任されました。静かな空間と時間を確保するため、Nさんの居室を訪問することにしました。

目的

　「生涯学習」がモットーのNさんには、年代的にあまりなじみのない「抽象画」を「学ぶ」ことを前面に出した形で心理ケアを行うことにしました。また、その時々の気分や体調に合わせて並行して複数のテーマに取り組んでいきながら、あるときは一般的なアートセラピーを、後悔の思い出話が話題になるときには、葛藤の解決と人生の統合をめざして、ライフレヴューを取り入れたアートセラピーを実施することにしました。

方法

　毎回のセッションでは、導入時に筆と絵の具を使って抽象画を描いてもらいました。

次第に「今の気分を色に例えたら何色ですか？」という質問から始まるのが習慣になりました。アートセラピーは作業自体が目的ではなく、その過程での気づきを大切にします。短いときには数分でも取り組めたら、そこに表現された色や形について思うこと、そのときの気持ちなどを聴かせてもらいます。

　ある回に、できあがった作品からNさんの心に幼少期の後悔の記憶がよみがえりました。それ以降、訪問するなかでNさんがその思い出について語ることがあれば、そのテーマで取り組んできた過去のセッションを要約してNさんに伝え、続きに取り組んでもらうというやり方でライフレヴュー・アートセラピーを行いました。

PART
2
回想法の実践事例

1
回想の力を
ケアに活かす

2
地域でケアやQOLの
向上を目的として行う

3
地域で「人」や「時」をつなぐ
ことを目的として行う

4
回想法を学ぶ、
伝える

展開過程

　ふだん明るい色を選ぶことの多いNさんが、その日は黒色を選びました。そしてゆっくりと二度、筆を押し出すように色を載せていき、「ハ」の字を逆さまにしたような作品ができあがりました。以下は、英語での会話を和訳したものです。

> 聴き手：Nさんにとって黒色とはどんな色ですか。
> Nさん：黒は醜い色だと思います。
> 聴き手：それはどうしてですか。
> Nさん：黒は他を圧倒する色だからです。
> 聴き手：確かに強い色ですよね、黒は。
> Nさん：この押し出すように描かれた線は「自分のやり方を押し通す」ということを
> 　　　　連想させます。
> 聴き手：ほう。
> Nさん：この頑固さが祖母の性格を思い出させます。（中略）「自分のやり方を押し通
> 　　　　す」というのは、しばしば人々を傷つけることになります。

　それからNさんは、幼少期の自宅の裏庭の小高い丘での友達とのエピソードを回想しました。

> Nさん：友達数人と遊んでいるとき、その子が私と遊びたがりました。でも私は口も
> 　　　　きかずに、ただ彼女の来た方向を指さしたのです。その子は実に寂しそうに
> 　　　　うつむき、とぼとぼ帰っていきました。こうして思い出してみると、とても
> 　　　　悪いことをしたと後悔しています。このことは今まで誰にも話したことがあ
> 　　　　りませんでした。あの子が今どうなっているかわからないし、二度と会える
> 　　　　とも思いませんが、許してもらえたらと思います。
> 聴き手：（無言でうなずき共感を伝える）

Nさん　：人を許すというのは大きなことです。

聴き手：難しいことですよね……。

Nさん　：人を許すというのには、大きな心が必要です。

聴き手：おっしゃるとおりですね……。

Nさん　：もしあの子がここにいたら、あのときのことを許してくれるだろうか。

　その回以降、Nさんと筆者は、何か月もの間、Nさんが心の奥底で何十年間も抱き続けてきた「後悔」について、解決の道を探し続けました。まず、「許し」について共に考えるために、大きなハートを描くことにしました。集中力や体力の低下から、このハートを完成させるのに数セッションを要しました（必ずしも連続ではありません）。回を重ねるにつれ、このハートは許しを象徴するだけでなく、友達が許してくれることを願うNさんの希望の象徴であり、ひいてはNさん自身が他人を許す大きな心をもてるようにという願いの象徴となっていきました。

　贈り物を表現するために水色のリボンを貼り付けて完成させたハートを見て、Nさんは、あの女の子のことを思い返し、以下のように述懐しました。

Nさん　：あの子は近所で一緒に育った幼なじみでした。友達として私のことをいつも
　　　　　受け入れてくれていました。

聴き手：今、あの子がここにいたら、許してくれると思いますか。

Nさん　：きっと許してくれると思う。

　Nさんは静かに、そしてしっかりとそう言いました。

結果（効果）と考察

　アートセラピーで制作された作品は、Nさんと家族の同意を得て、タイトルや説明文を添えて一冊の小冊子にまとめ、部屋に置かせてもらいました。その後、この「後悔」について回想するたびに、Nさんは筆者とのみならず、筆者がいないときでも介護職員とこの冊子の中のハートの作品を見返しました。そのたびに、この作品は、求めていた「許し」を思い出させる有形の象徴として、Nさんの心に安らぎを与え続けました。

　通常の回想（またはライフレヴュー）とは違い、本事例では作品という独立する存在が形づくられ、さらにその作品から回想が促され、そしてその回想をもとに新たな作品をつくるという互恵関係が生まれました。

実施者としての学び

　アートに対して、敷居の高さを感じている高齢者は少なくありませんが、相手に合わせて導入の仕方や枠組みを少し工夫するだけで、高齢者でも興味をもってアートに取り組むことができます。アートセラピストでなくても、認知症高齢者一人ひとりの「できること」や興味・関心のあることを活かし、また回想を活用して個人の歴史に関連したものを題材にすると、作品をつくる人にとって、とても有意義な活動となります。

実施にあたっての留意点

■ 最も大切なことは、聴き手が思い出や作品に込めた「気持ち」に寄り添ってやり取りをし、かかわっていくことです。作品のできばえではなく、できあがるまでの過程で作品をつくっている人がどのような思いであったか、何を感じていたか、何を表現しようとしていたのか、に注意を払いましょう。そして、そこで得られた気づきや新しいテーマについて一緒に考えながら、次の作品を描いてもらうとよいでしょう。

"The Moment of Regret"〈後悔の瞬間〉
（筆者による実物を見ながらの複製）

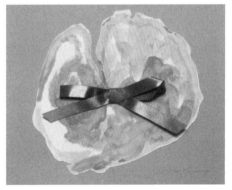

"The Heart of Forgiveness (El Cuore)"
〈許す心（エル・クオレ）〉（筆者による実物を見ながらの複製）

　「人生で後悔することがまったくない人はいるのだろうか」という問いかけを、R.N.バトラーから受けたことがあります。また「ライフレヴューの過程で、語ることをしないからといって、その人が後悔に向き合い、葛藤を解決することから逃げていると思うべきではない」とも話しています。アートセラピストである聴き手との15か月間のかかわりは、90年を再び生き直した時間であることが「許す心」の作品を通して伝わってきます。ライフレヴュー・回想の語りに寄り添う同行者であることの意味をこの事例は問いかけています。

野村豊子

11 精神科病院外来でのナラティヴ・エクスポージャー・セラピー(NET)の実践

沢井智子・出口靖之・道免逸子

個人への精神療法

Narrative Exposure Therapyとは

Narrative Exposure Therapy（以下、NET）は、「戦争・武力紛争など組織的暴力によるPTSDを対象に開発された認知行動療法」[1-3]で、「特に複雑性PTSD治療に有効」[1-4]とされています。

NETの実践においては、対象者に生まれてからの人生史を語ってもらい、聴き手はそれをまとめ、次のセッションでは対象者が語った人生史を聴き手が読み上げ、必要があれば対象者に修正や追加をしてもらいます。そしてまた、次の人生史を語ってもらい、まとめて読み上げ……と繰り返していく方法をとります。特に、トラウマ記憶となっているエピソードについては、その瞬間を事実・感情・感覚に注目しながら詳細に語ってもらい、対象者がトラウマ記憶に暴露されることで、トラウマ記憶が馴化していくことをめざします。対象者がすべての人生史を語り終えると聴き手はそれらを一遍の物語のようにまとめ、読み上げてから対象者に渡します。NETは、現在、差し迫った危険のある人（DVが続いている等）には、現在の危険を回避するケースワークが優先されます。また、統合失調症の人には、適切な記憶の想起が難しいため適応が難しいと考えられています。

筆者は、週1回90分（導入とクールダウンで20～30分、NETに60分）の枠で実践しています。基本的に対象者の年齢程度の回数で終えられることをめざしています。また、NETの効果検討を目的として、NET実施前と終了後、終了から3か月後、6か月後、1年後にアセスメントを実施し、結果を対象者・主治医と共有するようにしています。NET終了後、最低1年間は、週1回～月1回の頻度でフォローアップ面接を実施しています。

回想法の実践とは異なりますが、人が人生史を語り、聴き手と共有し整理するなかで治癒や安心感を得るという点で、NETと回想法は共通する点が多いと感じています。

1
回想の力を
ケアに活かす

2
地域でケアやQOLの
向上を目的として行う

3
地域で「人」や「時」をつなぐ
ことを目的として行う

4
回想法を学ぶ、
伝える

事例の概要

Oさん（40歳代、女性）は自殺企図をきっかけに当院に通院するようになりました。それまでも難治性のうつ病として、何年にもわたって投薬治療を受けていましたが、改善が見られなかったそうです。Oさんの病歴を診ていくなかで、PTSDを疑った主治医から、「OさんにはNETが適応できるのではないか」と筆者に依頼がありました。

目的

NETを実施することで症状が緩和され、Oさんが復職できるようになることを目標としました。

方法

週1回90分の枠組みで、計40回NETを実施しました。NET導入前には、トラウマ記憶や心的外傷後ストレス障害（PTSD）について等の心理教育を行いました。NETを行うことは過去の凄惨な出来事に直面するということであり、一時的に調子を崩す可能性も予想されたため、安定化の技法（セーフプレイスエクササイズ等）を習得してもらいました。また一度、家族にも来てもらい、Oさんの状態とNETについて、家族のOさんへの対応について、共有する機会を設けました。さらに、NETの効果検討のために、NET前後でアセスメントを実施しました。

展開過程

Oさんは表面上、明るく振る舞い、筆者の些細な体調の変化にまで気を遣うような人でした。当初、ターゲットとしていたトラウマ記憶は、Oさんの心中未遂事件でしたが、NETを進めるうちに、Oさんの両親との愛着形成不全と1人目のパートナーとのトラウマ的死別（殺害事件）が大きな問題として浮かび上がってきました。Oさんの自覚は薄いようでしたが、優しかった父親にはアルコール依存とDVがありました。母親はある宗教に没頭しており、Oさんの養育はほとんどなされていませんでした。Oさんは小さな頃から虐待を受け、また母親が信じる宗教の影響で、ひな祭りやクリスマスといった当たり前にある学校行事にも参加できず、友達との遊びも制限されていました。Oさんが幼少期からもっていた強い死への恐怖、世間の人と同調できない劣等感、自己評価の低さは、この宗教や愛着形成不全に起因しているようでした。

Oさんが成人してからも、母親はOさんにお金の無心を続けますが、そんななかでO

さんははじめて安心できるパートナーと出会い、長女にも恵まれます。しかしパートナーが殺害される事件は、それまでにあった死や懲罰への恐怖を強烈にあおりました。「どこに行っても殺される」という被害妄想が生じ、長女との心中未遂も起こしています。その後、過剰な労働で気を紛らわせることで小康状態となり、2番目のパートナーとの間に長男が生まれます。しかしパートナーの裏切りと親族からの冷遇は、治まっていた被害妄想を喚起し、「殺せ、でないと長女を殺す」という幻聴から長男の殺害に至ってしまいました。

その後、裁判官の「あなたを待っている子をちゃんと育てなさい」という言葉を支えに、○さんはシングルマザーとして死に物狂いで仕事と育児をこなしました。すべてを知ったうえで受け入れてくれる3番目のパートナーと再婚しましたが、もともとある迫害不安がパートナーの親族との関係に投影され、対人関係が現実以上につらく感じられて自殺未遂に至り、当院受診となりました。これらの人生史すべてを、○さんは語り、整理していきました。NETの終盤では、「スポンッと音がしたように何かから抜け出て、『今がいちばん大事』と気づいた」と語りました。

当初、○さんは自身が虐待を受けていたとは思っていませんでしたが、NETを進めるなかで気づいていきました。また当初は、どれほどつらい記憶も笑って話し、感情の流出を防衛している様子がしばしば見られました。しかし、徐々にしみじみと涙を流しながら話す回も増え、これまで振り返ることもできなかった感情に直面し、傷ついていた自分を認め、受け入れる様子も見られました。また、母親に灸を据えられた箇所が実は喘息に効くツボでもあったことを知り、虐待をしていた母親にも、子を思う心があったのだと気づいていきました。その後、確執のあった母親の看取りも行い、母親への感情の整理にも取り組みました。それはNETをすることで、「人がつながる、時がつながる」ことを筆者が実感した瞬間でもありました。

現在○さんには、亡くした子への喪の作業や自身への否定的な認知の修正が必要なため面接を継続中ですが、対人関係における視点が客観的かつ柔軟になり、仕事復帰もかなった○さんは、職場から重宝され活躍しています。

結果（効果）

NET実施前と実施直後、3か月後、6か月後、1年後のアセスメントの結果、NET前は、抑うつは「うつ病」水準で、過去の出来事からの影響は「強い」水準、PTSDの症状は「中等度」でした。それがNET実施後には、すべて症状がないレベルに低下し、1年後までその効果は継続していることが示されました。

考察および実施者としての学び

20年近くも難治性のうつ病として治療を受けていたOさんですが、主治医のPTSDであるとの見立てとNETが奏功し、ほぼ症状がない状態まで回復しました。NETの対象者は被害者であることがほとんどですが、長男殺害の加害者であったOさんも、実は虐待の被害者であったことがわかり、そんなOさんに対してもNETは効果的であったと思われます。加害者であっても、さまざまな背景から加害に至っていることは多いと考えられるため、加害者へのNETの適応も今後検討していければと思います。

トラウマ記憶も温かな記憶もすべて含め、人生史を時系列に語ることで、ばらばらになっていた人生のエピソードが、すべて意味をもってつながっていき、そのなかに自身を位置づけ、自身を受け入れ、回復していったOさんに、心理専門職として同伴できたことは、何物にも変えがたい学びとなりました。

実施にあたっての留意点

■ NETを実施していると往々にして、当初は思春期以降の被害体験をターゲットとしていても、それに先行して実は幼少期の愛着トラウマが存在している事例が多いように思われます。そこで今回も、幼少期の愛着トラウマをていねいに扱いました。またOさんのように加害も経験している場合は、加害の記憶に直面した際には希死念慮が再燃する可能性があるため、主治医と連携しながら、慎重に進めることが大切です。

■ 実施にあたっては研修を重ね、十分な知識と技術を基に実践することと、病理はNETの枠組みのなかで慎重に取り扱うこと、医療機関と密な連携を行うことも大切です。

NETは、PTSDを含めてトラウマ関連疾患の治療法で、ホロコースト等の体験者の治療に用いられてきた経緯があります。執筆者がていねいに紹介しているように、ライフレヴューの介入方法は蓄積されてきています。例えば、A.メーカーは、ライフレヴューの介入方法について、①肯定的記憶と否定的記憶のバランス、②意味の発見、③記憶を語ることつまり、ナラティヴの重要性の3つの特質を示しています。

野村豊子

12 ミュージアムを利用した回想法
～地域資源を活用し、認知症の人と家族が 楽しく過ごす

篠田美紀

グループ
回想法

事例の概要

　地域には歴史民俗資料館や博物館、史跡など多くの社会資源があります。筆者らは認知症疾患医療センター内で診断から間もない軽度の認知症の人を対象としたグループ回想法を行ってきましたが、全10回の開催のうち1回を「お出かけ」と称して、ミュージアム内で行っています。家族も同行するこの取り組みは、ふだんは見られない表情や話にあふれた時間になっています。

参加者 ▶	軽度認知症高齢者とその家族、最大5組まで
職　　員 ▶	参加者への1対1の対応を見越した職員を配置
時　　期 ▶	全10回のグループ回想法の後半のセッションに設定
時　　間 ▶	通常の回想法と同じ時間帯（金曜日午後約90分）
場　　所 ▶	大阪くらしの今昔館（大阪市立住まいのミュージアム）、現地集合・現地解散
準　　備 ▶	参加者とその家族、職員であることが確認できる参加証リボン（属性がわかるように色を分ける）、水分補給のためのお茶、グループ回想法の座席を案内するための名札

きっかけ

　「ふだんは会議室で行う回想法を懐かしい環境で実施したら、もっと効果があるのではないか」。そう提案したのは、「大阪市立住まいのミュージアム」の館長でした。体験型のミュージアムに昔の遊びコーナーがあり、「けん玉やお手玉、コマ回しをしているうちに、来館者たちが仲良くなり、元気になって帰っていく」という館長の気づきからこのプロジェクトは始まりました。

目的

　次の3点をねらいとして、実施しました。
① 　ミュージアムでしか体験できない思い出に会いに行くこと。
② 　懐かしい時代の体験を家族や仲間、職員と分かち合い楽しく過ごすこと。
③ 　親しい人とのお出かけの感覚を思い出すこと。

タイムテーブルは次のとおりです。

> ①職員による打ち合わせ
> ②ホール待合室にて集合、健康観察
> ③出席確認、参加証リボンの配布、スケジュールと留意事項の確認
> ④館内見学（前半45分）
> 　ガイドに従い全員で自由に閲覧し、職員は個別に対応する
> ⑤グループ回想法（後半45分）
> 　個別に集会所に誘導し、休憩および水分補給
> 　ミュージアムの備品を小道具として活用し、回想法を開始
> 　家族は館内ガイドツアーを続行し、終了後、回想法を見学
> ⑥グループ回想法終了、健康観察
> ⑦記念写真撮影、家族ごとに解散
> 　そのまま見学を続けたい場合は自由に見学、帰宅する場合は職員が出口にて見送り
> ⑧職員による振り返り

③では、参加者がわかるように、参加証リボンを配布します。館内での位置づけは、「開催中のイベントの参加者」としています。

④の館内見学では、一人ひとりの運動機能や聴覚機能、理解力・集中力などに注意し、参加者1名に対して職員1名を配置します。家族と一緒に話しながら巡りたい人、疲れやすく離れてゆっくりしたい人などをよく観察し、職員と自由に観覧したり、いすに座りながらゆっくり話を聴いたりなど個々の対応を心がけます。⑤のグループ回想法は、後半45分の開始を目途に、職員が集会所に誘導します。最初にミュージアムの感想を話し合ってから、小道具を使いグループ回想法を始めます。小道具は火鉢や畚（竹・わら等を編んでつくった容器）、キセルやわらの雨具など、ミュージアムにしかない特別なものを使用します。回想法終了後には、家族にも感想を語ってもらいます。

⑦の記念写真は、グループ回想法の最終回で感謝状に貼り、思い出として渡します。

展開過程

座敷の雰囲気からの回想

> リーダー　：今日はいつもと違う場所で、雰囲気も違います。皆さんいかがでしたか。
> Aさん　　：楽しかったです。本当に楽しかったです。懐かしいものばかりね。
> リーダー　：そうですか。何が……。
> Aさん　　：もう何もかも、この廊下もこういうものも、庭も経験してるしね。
> Bさん　　：私、里を思い出しましたわ。前栽を見ていたら。
> リーダー　：そうですか。こういう雰囲気？

PART
2
回想法の実践事例

1
回想の力をケアに活かす

2
地域でケアやQOLの向上を目的として行う

3
地域で「人」や「時」をつなぐことを目的として行う

4
回想法を学ぶ、伝える

> Bさん　：（手水鉢を指して）もうちょっと大きかったですけどね。ちょっと手洗いの
> 　　　　　大きな石を掘って、手洗い水になってね。
> Cさん　：トイレの水入れね。それも経験していますね。

　このあと、御手洗い前の手水鉢の話から、石臼の話になり、餅つき臼の話から餅の焼き方の話になり、火鉢・五徳の話に展開しました。

街並みの物干しからの回想

> Dさん　：（屋根の感じが）こんな田舎の……。懐かしいね。
> リーダー：懐かしい？　ああいう感じの？
> Dさん　：屋根の上に物干しがあるでしょう？　物干しの上にゴザを敷いて、おも
> 　　　　　ちゃを出して遊んだりしてね。この屋根の上に物置があるんですよね。
> リーダー：物干し台にはどうやって上がるんですか。
> Eさん　：2階からちょっと足を上げてね。
> Fさん　：長屋だったらそのまま1軒ずつで物干し台が。うちは平屋だったから、上な
> 　　　　　んか上がれるところと思ったんですけど。
> リーダー：上がれたんですか。
> Fさん　：いや　僕は上がりますよ。塀をつたって。
> リーダー：へぇーすごいですね。
> Fさん　：ヤロウはそれぐらいのことはしますよ（笑）。
> 　　　　　（参加者全員がそれぞれに物干し台についての回想を語る）
> Eさん　：天神祭なんかの打ち上げ花火なんかは、うちの家の屋根から見えましたね。

　このあと、花火大会、夏まつり、縁日の屋台の食べ物や遊び、川遊びの話へと展開しました。[2-1]

結果（効果）および考察

　ミュージアムでは街並みや家屋の佇まいが参加者の視覚・聴覚・触覚を刺激し、さまざまな回想が引き出されます。立ち並んだ長屋の雰囲気や井戸、土間のへっつい（かまど）、細い路地に立てかけられた板張りから、自身の母親がしていた家事、その母親への回想に及ぶことも多くあります。前半の館内ツアーでは、「こんなに熱心に説明を聞いて、関心を寄せるとは思わなかった」とその集中力に驚く家族もいました。実施後の効果として、「帰宅後、ミュージアムを訪れたことを何度も何度も繰り返し楽しそうに話した」「近くてすぐに行けることがわかったので、時々一緒に出かけている。場所に

慣れて楽しんでいる」などの報告が届いています。

　筆者らが実施しているグループ回想法は、認知症診断後のひきこもりや家族による介護の抱え込みの防止を目的に行っています。全10回のうち、この1回の「お出かけ」プログラムの導入は、特別な場所で体験する懐かしさを仲間と共有する楽しい経験とともに、日常生活で失われかけた「外出する楽しみ」の感覚にもつながっていると考えられます。

実施者としての学び

　回想法参加者とミュージアムを巡ると、目の前の風景が鮮やかな彩りを取り戻す感覚を体験します。土間のお勝手の裏にある井戸のつるべを手に取り、子どもの頃の手伝いの話が始まるとき、縄とつるべを触るその人の手つきと表情は瞬く間に重いつるべを必死に引き上げるたくましい少女の姿に変わります。展示されている足踏みミシンやコテアイロンも、語りのなかで、その主人公とともに滑らかに動き始めます。実施者としてこのような体験が何よりの喜びとなります。

実施にあたっての留意点

■ 実施場所であるミュージアムの職員との連携が大切です。当日の参加人数、スケジュールなどを事前に伝え、参加者の安全確保や一般の入場者への影響を考えて、他の団体（小中学校の社会見学等）と重ならない日を調整します。また、入場料金などの確認も必要です。

■ 周囲に合わせて疲れてしまうことのないよう配慮します。また、いつもと違う特別なプログラムで疲れが予想されることから、帰宅後の様子を見守ってほしい旨を家族に伝え、次回の会で様子を確認します。

懐かしい雰囲気のなかで回想が展開する

大都市の歴史民俗資料館での懐かしいしつらえや、さまざまな生活場面で慣れ親しんだ物が、まるで訪問者に語りかけているようです。回想法の参加者がその風景のなかで、遊び、暮らす場面や、生き生きとした当時の姿が重なります。家族を含めて、ケアする人とされる人の境を超えて、物や場の力が発揮されていきます。　　　　野村豊子

PART
2
回想法の実践事例

1
ケアに活かす
回想の力を

2
向上を目的として行う
地域でケアやQOLの

3
ことを目的として行う
地域で「人」や「時」をつなぐ

4
伝える
回想法を学ぶ、

13

博物館と美術館の連携による
オンラインを活用した回想法

古村美津代

事例の概要

　近年、回想法は、地域づくりや世代間交流など、新たな広がりの可能性が期待されています。そのようななか、福岡市博物館、福岡アジア美術館、福岡市美術館が各々の所蔵品を活用した「回想法」を企画・運営しました。当初は博物館、美術館で回想法を行う計画でしたが、新型コロナウイルス（COVID-19）の感染拡大の状況をふまえて、オンラインによる対話で回想法を行うことになりました。

語り手 ▶ 認知症高齢者3名（80〜90歳代、同じ小規模多機能型居宅介護を利用する
　　　　女性2名、男性1名)
聴き手 ▶ 博物館の職員1名、美術館の職員2名
時　間 ▶ 1回あたり約60分、全5回
場　所 ▶ 参加者が利用している小規模多機能型居宅介護内の静かな部屋
準　備 ▶ 博物館・美術館よりテーマに沿った所蔵品やレプリカ等を施設に運び設営
　　　　する、博物館・美術館と施設をオンラインで接続する

目的

　福岡市は、流入人口が多いことから価値観が多様で、地縁的結びつきが弱く、地域コミュニティも稀薄であると考えられます。そこで、「家族」を1つのコミュニティとして「家族の日常・非日常」をテーマに博物館・美術館の所蔵品を活用した回想法により、高齢者とその家族、高齢者同士のコミュニケーションを促し、高齢者の生活の質が向上することを目的としました。

方法

　事前に介護施設の職員および家族により回想法に参加する高齢者（以下、参加者）一人ひとりの生活史の情報を得ました。回想法は、ほとんどの職員がはじめての経験でしたが、高齢者の生活史をふまえ、テーマや博物館・美術館の所蔵品について打ち合わせを繰り返し行いました。グループ回想法の聴き手は、博物館・美術館の職員が担当しました。聴き手は、参加者と事前面接を行い、関係性を築けるように努力しました。その

後、回想に使用する博物館・美術館の所蔵品やレプリカ等を施設に運び、設営しました。

● 各回のテーマ

	テーマ	担当	内容
第1回	導入	美術館	参加者からの聞き取りと説明
第2回	思い出の歌は何？	博物館	レコードプレイヤーとレコードで懐かしの歌謡曲や当時の街の写真を活用
第3回	家族の思い出	美術館	家族をテーマとした絵画作品をカード化した「アートカード」を活用
第4回	思い出のサクラ	美術館	桜の複製屏風と桜の木片を活用
第5回	振り返り	美術館	回想についての感想

PART
2
....
回想法の実践事例

1
回想の力を
ケアに活かす

2
地域でケアやQOLの
向上を目的として行う

3
地域で「人」や「時」をつなぐ
ことを目的として行う

4
回想法を学ぶ、
伝える

展開過程

【第2回】「思い出の歌は何？」

　レコードとレコードプレイヤーを事前に施設に持ち込み、介護職員に依頼し約50年前の流行歌を流しました。曲が流れると、3人ともレコードプレイヤーを見つめ、机をたたきながらリズムをとり歌い出しました。画面越しの聴き手の質問に対して「流行したからね、街角でじゃんじゃん鳴っていた」（Gさん）、「レジを打ちながら聞いていた」（Hさん）、「友達と歌っていた」（Iさん）など、当時の思い出が語られました。Hさんの「色々と思い出しますね」の言葉に他の2人もうなずき、笑顔が見られました。

　その後、施設内では自分のことはあまり語らないIさんが、地元の炭坑節を歌い出し、GさんとHさんも一緒に歌い、曲の終わりには全員から拍手が起こりました。また、レコードプレイヤーの使用方法についてGさんが聴き手に説明する場面や、聴き手からの質問に対して少し難聴の傾向があるIさんに、Hさんが質問を繰り返して伝え、サポートする場面が見られました。

【第4回】「思い出のサクラ」

　美術館の多数の所蔵作品から桜が描かれた屏風を選び、約60％の大きさで複製し、桜を含む木片数種とともに施設に運び込みました。当日は、屏風に向かい合う形で3人に座ってもらい、画面越しに「何の絵かわかりますか」という質問を投げかけ桜にまつわる回想を聴きました。参加者から花見にまつわるさまざまな記憶がよみがえり、笑顔や笑い声が聞かれました。また、桜の木片の肌触りを感じながら、桜についての回想がより広がっていきました。その後、それぞれの思い出の桜の木を描きました。

> Gさん ： 子どもが小さいときよく遊びに行きました。故郷にも桜がありました。花見は、親と一緒です。

Hさん：（花見のとき）動物園に行って、主人はお酒をいただいて、半分酔っぱらって、柵を乗り越え動物園に行こうとして……。（子どもの）成長と同時に主人の若かりし頃を思い出します。

Iさん：私ものすごく印象的なのはね、お弁当持っていって食べるでしょ。そしたらね、ちらちらとご飯の上に花びらが落ちたことあるんですよ。それを一生懸命見ていたけど、やっぱりおなかの中に入れようと思ってそのご飯食べたの。そんな思い出があります。

結果と考察

　参加者は、回想により昔の記憶をたどり、過去の出来事、出会った人々、懐かしい場所や景色、聞き覚えのある歌、昔に味わった食べ物など、さまざまな思い出を想起し、そして笑顔になりました。また、親から注いでもらった愛情やさまざまな苦難を乗り越えてきた「強い自分」を再確認し、「今」に立ち向かう勇気をもつことができたのではないかと思います。

　参加者の家族からは、「家で聞いたことのない話を嬉しそうにしていた」「（写真を取り出し）多くの思い出を語り、（親との）思い出話のきっかけになった」等の言葉が聞かれました。グループ回想法は家族にとっても改めて参加者個々の人生を知る機会となり、家族の今後の生活にも影響を与えたのではないかと思います。

　開始当初は、オンラインを通じて聴き手と参加者個々の対話が中心でした。しかし、回を重ねるごとに参加者同士が互いの経験を聴き、声を出して笑う場面や一緒に涙を流す場面が見られるようになりました。最終回では、オンライン開始前に互いの身づくろいを気遣う場面や視線を合わせ会話をする場面、肩に触れるなどのボディタッチの場面が多く見られるようになりました。同じ空間で時を過ごし、懐かしい話を共有することにより参加者同士の心的距離が近づき、互いに安心できる「なじみの関係」が築かれたのではないかと思います。

　介護施設の職員からは、会の終了後も、より歩行の力のあるHさんが、定位置に座っているGさんとIさんに話しかける場面が見られるようになったことや職員に対して過去の思い出を語る場面が多くなったことが報告されました。

　また、企画当初からかかわってきた施設職員はGさんとIさんの担当ケアマネジャーでしたが、「知らなかった参加者個々の経験を理解することにより、これまで以上に親近感をもつことができた」と話しました。さらに、他の職員からは「あんなに話すことができるんですね」という声も聞かれたそうです。施設職員は、思い出を語る参加者の生き生きとした表情や自発的な発語、参加者同士が互いに気遣うことや互いの話を聴き、受け入れる姿勢などから参加者それぞれがもつ力を再発見できたと考えられます。

実施者としての学び

　小規模多機能型居宅介護事業所を利用する高齢者は「ケアすべき弱者」とみなされる傾向にあります。しかし、回想法により話を聴き共感してくれる人や場を得ることで、参加者はこれまでの人生を振り返り、自己の一貫性を感じ自己肯定感の獲得や心理的安定につながりました。また、この取り組みに参加した職員全員が、参加者個々のこれまでの人生の経験や思いにふれ、一人ひとりをかけがえのない存在として尊敬の念を抱くことができました。このグループ回想法で得られた一人ひとりのその人らしさや強みは、今後の施設ケアにつながっていくだろうと思います。

実施にあたっての留意点

- 美術館・博物館の職員は、回想法の経験がなく、開始当初は不安もありましたが、オンラインでの参加者の表情や言動をよく観察し、話を聴き、深く共感し、誠実にかかわりました。その結果、参加者と聴き手の間に信頼関係が構築され、今回の展開につながったと思います。
- 参加者の視力、聴力、生活史などを把握したなじみのある職員のサポートのおかげで高齢者も安心して参加することができたと思います。
- オンラインで実施する際には、参加者のより詳細な情報（年齢、身体状況、これまでの経験等）を把握し、プログラムを組み立てていくことが重要です。

回想後に参加者が描いた桜（左から、Gさん、Hさん、Iさんの作品）

> オンラインにより、複数の博物館、美術館、高齢者施設が協力して展開した取り組みです。高齢者施設の職員、ケアマネジャーにとって、高齢者一人ひとりの人生のかけがえのなさを過去の暮らしから理解する視点を確認し、そのことは、今のケアにおけるアセスメントに大切に生かされていくと思います。
>
> 野村豊子

※本事例は、令和2年度戦略的芸術文化創造推進事業「文化芸術収益力強化事業」の「博物館等における【新しい関係性の構築】による収益確保・強化事業」の委託を受け実施したものの一部です。

14

地域の大学生による
博物館資料を用いた回想法

金　圓景・大津忠彦・奥村俊久・小林知美

グループ
回想法

事例の概要

　福岡県筑紫野市・太宰府市は、自然と歴史に恵まれ、歴史的に交通の要衝であった都市です。この地域で、認知症対応型共同生活介護（グループホーム）において、地域の大学生による歴史博物館の資料を用いた回想法を実施しました。学生ボランティアには、博物館学芸員課程および社会福祉士課程の教員より、回想法について事前に説明を行いました。回想法は、地域の歴史博物館から資料を借りて、グループホームとデイサービスの利用者を対象に「筑紫想い出カフェ」という愛称で実施しました。また、参加者を大学に招き学内交流会を開催するなど、地域と学生をつなぐことで地域人材の育成を期待しました。

参加者 ▶ 65歳以上の高齢者約10〜30名
聴き手 ▶ 地域の大学生ボランティア4〜8名
期　間 ▶ 2016（平成28）年4月〜2019（令和元）年12月
時　間 ▶ 学期中に3〜8回、各回約60分
場　所 ▶ グループホームまたはデイサービスセンター、大学

きっかけ

　筑紫野市歴史博物館では2006（平成18）年度から地域での回想法の可能性を探り、事業を進めていましたが、館側や受入側の体制的な課題が生じていました。そのようなときに当該博物館協議会会長であり、筑紫女学園大学で博物館学芸員課程を担当していた教員から学生ボランティアによる回想法活動の提案を受け、活動が始まりました。博物館学芸員課程では2009（平成21）年度に回想法の公開講座を開催するなどしており、その後、学内の社会福祉士課程の教員も加わり、2016（平成28）年度から学生ボランティアを中心に博物館資料を用いてグループホームで回想法活動を行うことになり、学芸員課程の授業に一部組み込む形で実施しました。

目的

　博物館の資料を用いて回想法を実施することによって、参加高齢者と学生との世代間

交流につながること、また、地域資源を活用する方法を学生に伝えることで、博物館としての新たな役割を模索することを目的としました。

方法

　学生ボランティアは、回想法で用いる博物館資料について、事前に調べて参加するようにしました。回想法当日、コ・リーダーは参加者一人ひとりの思い出を聴くように努め、リーダーは一人ひとりから出た思い出を皆で共有できるように努めました。そして毎回終了後すぐに、反省会の時間を設け議論しました。

展開過程

　2016（平成28）年度から始まった本活動は、学内および協力機関の事情などを踏まえ、少しずつ活動内容を変えて続いてきました。ここでは、2018（平成30）年度前期の活動を中心に紹介します。

● 2018（平成30）年度前期の活動概要

	活動内容（場所）	内容、道具など
4月26日	学生ボランティア募集説明会（大学）	
5月24日	学芸員課程教員による事前講義（大学）	
5月31日	交流会（大学食堂および図書館）・福祉課程教員による事前講義（大学）	顔合わせ
6月10日	回想法1回目（グループホーム）	黒電話、そろばん
6月24日	回想法2回目（グループホーム）	重箱、ラムネ瓶、氷削機、ショウケ（ざる）
7月8日	回想法3回目（グループホーム）	浴衣、七夕飾り、うちわ
7月17日	反省会（大学）　※12月に公開報告会	

事前準備

　学生ボランティアを募集するために、年間スケジュールおよび簡単な内容を示した案内を作成し、説明会を開催しました。その後、回想法について博物館学芸員課程教員による講義と、グループホームと認知症について社会福祉士課程教員による講義を行いました。学生ボランティアのメンバーが確定した5月末に学内で事前交流会を開催しました。参加予定のグループホーム利用者が来校し、学生と一緒に好きな食事を選び、「学食体験」を行った後、大学附属図書館を見学しました。グループホーム利用者は、今どきの大学生活を体験することができて、互いのことを知るよいきっかけとなりました。

PART
2
回想法の実践事例

1
回想の力をケアに活かす

2
地域でケアやQOLの向上を目的として行う

3
地域で「人」や「時」をつなぐことを目的として行う

4
回想法を学ぶ、伝える

回想法の実施

　活動に先立ち、参加する学生ボランティアを中心に回想法で使用する資料について話し合い、博物館の学芸員からもアドバイスをもらいました。活動当日、学生ボランティアは博物館に集合して資料を借り、資料についての情報を共有し、役割（リーダー、コ・リーダー、記録）を決めました。

　回想法では、学生ボランティアおよび参加者が輪になって着席し、事前に準備した名札を首にかけます。自己紹介を行ったあと、資料を隠した状態で真ん中に置き、「今日、持ってきたものは何だと思いますか」と声をかけ、活動を始めます。その後、資料に触ったり眺めたりしながら、どのような場面で使っていたのか、どのように使っていたのかなど、話が広がりました。例えば、黒電話については、学生から「テレビで見たことがあります。昔は、みんな家に黒電話があったんですか？」と聞くと、参加者から「うちは田舎でなかったな」とか「昔は、交換手がいてね」など、昔の使い方や思い出へ話が広がっていきました。

　30分ほど回想法を行ったあとは、職員も含めて別室で反省会を設け、次回につなげるように努めました。学生からは「話がそれてしまったとき、次の話題に行きたいとき、どう話を切り込んでいけばよいのかまだ迷う」「全体に向けて声をかけることをもっと積極的にしていきたい」等の意見が、グループホーム職員からは「利用者さんの笑顔が増えて、表情が柔らかくなった」などの意見が出ました。

結果（効果）

　後日、博物館の学芸員からは、「展示室に置かれていることが多い民具ですが、回想法参加者の思い出のなかではリアルに動いているのでしょうね」という意見をもらいました。また、グループホームの職員からは、「ふだんは聞けなかった利用者さんの昔話や家族のお話を聞くことができてよかったです」と言われ、回想法がコミュニケーションツールになり、利用者支援の参考になっていることが確認できました。

　一方で、学生からは「Jさん（男性）がそろばんを嬉しそうに触り、昔のお仕事の話をしてくださって嬉しかったです」「自分の祖父母以外の高齢者と話すことはないので、最初は緊張しましたが、参加してよかったです」などの意見が出ました。特に、博物館学芸員課程の学生にとっては、実習では接することがない高齢者への回想法を通して、博物館のさまざまな役割を考える機会となりました。また、社会福祉士課程の学生にとっては高齢者の昔の生活様式や時代背景などへの理解が深まり、現在の生活ニーズを考える際のヒントを得ることができました。さらに、博物館とグループホーム、大学などの多機関連携の実際を学ぶ機会となりました。

考察

　回想法では、若い世代の学生に自分の経験を伝えたいという意欲の高まりも見られ、世代間交流の場となりました。学生は、会話を引き出しつつ回想法を進行する役目を負いながら、なかなか思惑どおりにはいかないという経験をすることで、事前準備を含めたマネジメントの重要性を実践の場で学ぶことができたのではないかと考えます。

　複数の博物館から資料を借用しましたが、資料保存のため取り扱いに制限があるものもあり、参加者のなかには触れることができないことへのもどかしさを感じる人もいました。この経験から学生は、地域資源を活用する方法だけでなく、博物館資料のあり方について考えさせられました。超高齢社会において博物館に求められる新たな役割として、資料の保存・展示に加え、活用の幅をさらに広げる仕組みづくりが求められます。

実施者としての学び

　博物館の資料を館内だけでなく、地域で回想法を通して活用することの意義および民俗資料の潜在的な可能性を確認することができ、地域資源の活用方法と今後のあり方について考えさせられました。今回、回想法を媒介として大学内での学際的な交流だけでなく、博物館と福祉、大学の連携の広がりを確認することができましたが、いわゆる「博福学連携」のあり方については、今後さらに検討していきたいと考えます。

実施にあたっての留意点

- 回想法で利用する資料については、事前に博物館と相談し資料情報や取り扱い方法などを学んでおくことが求められます。
- 学生ボランティアのなかには、高齢者と接する機会がほとんどない人も少なくありません。したがって、回想法を始める前に対象者理解につながる事前講義および交流会等を開催することが大切です。

> 博物館の学芸員、学生、グループホームの入居者と職員という幅広い連携のもとに、ていねいに準備された回想法の体験は、高齢者への意義を含めて多様な成果をもたらします。とりわけ地元の学生への意義は大きく、高齢者観の見直し、地域の資源や特質等、知識や価値観に働きかけます。同時に、学生のアイデンティティや職業の選択にも影響を与えることが期待されます。
>
> 野村豊子

PART
2
回想法の実践事例

1
回想の力をケアに活かす

2
地域でケアやQOLの向上を目的として行う

3
地域で「人」や「時」をつなぐことを目的として行う

4
回想法を学ぶ、伝える

15 グループホーム入居者と地域の高齢者との回想法
～地域におけるつながりと安心できる場づくり
野中恭子

グループ
回想法

事例の概要

　認知症対応型共同生活介護（グループホーム）の入居者と地域の元気な高齢者が一緒に行うグループ回想法の事例です。移転して数か月が経過した頃、グループホームに地域の人（高齢の父親と2人で暮らしている身体障害のある女性）から、「父の介護について相談したいのですが、グループホームはどのようなところですか」との問い合わせがありました。その頃グループホームでも、新しい地域の人たちとの交流を深めていきたいという思いがありましたので、グループホームの入居者5名と地域の元気な高齢者2名でのグループ回想法を実施しました。

語り手 ▶ 入居者：男性1名（80歳代）、女性4名（80歳代）
　　　　　地域高齢者：男性1名（90歳代）、女性1名（80歳代）
聴き手 ▶ 回想法ボランティア3名、施設職員2名
　　　　　ハーモニカボランティア1名（1回目のみ）
時　間 ▶ 午後1時30分から60分程度。終了後、お茶の時間30分、全4回
場　所 ▶ 1回目：グループホーム隣の古民家
　　　　　2〜4回目：グループホームのデイルーム

目的

　このグループホームは、1ユニット9名の小さなグループホームで、アクティビティとして月2回、特に終わりを決めずにグループ回想法を実施していました。入居者の状態はさまざまで、特に言葉によるコミュニケーションに不自由のない利用者については、グループホームの職員や他の入居者だけではなく、転居前のように、友人とのお茶飲み会などを望んでいる状況がありました。

　そこで、希望する入居者が地域の元気な高齢者との会話の機会が得られること、地域の元気な高齢者を通して新しい地域の人たちとの交流のきっかけの場となることを目的として、グループホームの入居者と地域の元気な高齢者で構成されたグループ回想法を始めることにしました。

方法

　参加者は、言葉によるコミュニケーションに不自由のないグループホーム入居者5名、家族から相談のあった90歳代の男性Kさんと、一人暮らしの80歳代の女性Lさんの7名です。Lさんは、グループホームの入居者が毎朝、散歩する道のそばに住んでいる顔なじみの人でした。

　KさんとLさんには回想法の趣旨を説明し、理解してもらったうえで参加への同意を得ました。入居者については家族に回想法への参加についての承諾書をもらっています。グループの参加人数については、地域の元気な高齢者は、入居者よりかなり発言が多くなることが想定されたので、バランスを考えて2名としました。特に発言者が偏らないよう、参加者全員に発言の機会が得られる（全員にスポットライトが当たる）ように配慮しました。

　開催場所は、1回目はグループホームに隣接する古民家の座敷で行いました。ここは家主さんの厚意で、日頃から利用させてもらっており入居者も慣れていること、また、地域の高齢者にとっても安心して参加しやすい場と考えて設定しました。2～4回目はグループホームにKさんとLさんを招いて行いました。2人の予定を聞きながら日程を決め、毎回、案内状を作成し、持参しました。

● 各回のテーマと道具・材料

	テーマ	道具・材料		テーマ	道具・材料
1回目	七夕	七夕の竹飾りと短冊	3回目	年賀状	古い葉書
2回目	十五夜	十五夜のお供え	4回目	節分	大豆・ヒイラギ

展開過程

　回想法について説明した際、Kさんは「私は個人的な家族の話はしませんから」と言いました。そこで、この会では、話したくないことは無理に話さなくてよいことを伝え、まずは話しやすい季節の話題を中心に展開しました。

　1回目の「七夕」をテーマにした回では、ハーモニカボランティアの協力もあり、七夕の歌から子どもの頃の遊びの思い出に会話が広がりました。

Kさん	：私の生まれたところはここよりもっと田舎でね、いつも外で遊んでいましたよ。木登りもしたし、竹馬にも乗ったし、いつも兄の後ろを追いかけて遊んでいたね。
Lさん	：私は歌が好き。歌っているとどんどん思い出すわね。そうそう、この家の

1
回想の力をケアに活かす

2
地域でケアやQOLの向上を目的として行う

3
地域で「人」や「時」をつなぐことを目的として行う

4
回想法を学ぶ、伝える

庭に大きな桐の木があるでしょう。昔はね、娘が生まれると桐の木を植えてお嫁に行くときにこの木でたんすをつくったのよ。

リーダー　：それでは、この会の名前を「桐の会」にしませんか?

全員　　　：それがいいです。(拍手)

Mさん　　：(入居者の女性)(KさんとLさんの話を聞きながら)よく覚えていらっしゃいますね。すごいですね。私も少し賢くなった気がします。これからも元気でいたいわね。

Nさん　　：(入居者の女性)私、母とよく歌舞伎座に行ったのよ。歌舞伎はいいわね。短冊には「周りの人たちと元気に暮らしましょう」と書きます。

Oさん　　：(入居者の男性)俺もねえ、ど田舎育ちだからずっと外で遊んでいたよ。昔は家の中で遊ぶことなんかなかったよ。短冊には「元気で楽しく」だね。

Pさん　　：(入居者の女性)七夕のときは母がちらし寿司をつくってくれました。お団子もあったような気がするけど。短冊には「いつまでも若く元気でありますように」と書きます。

Qさん　　：(入居者の女性)私はね、玄関に笹を立てて短冊を飾ったわね。短冊は「みんなで楽しく笑っていきたい」ですね。

結果および考察

　Kさんは桐の会の最後に「私は昨年末に妻を亡くし今は娘と2人で暮らしています。これからもよろしく」とあいさつし、その後グループホームと同じ法人のデイサービスに通うようになりました。また、Lさんは会の最後に「このような機会をまた楽しみにしています。よろしくお願いします」とあいさつしました。その後は時々、友人と一緒にグループホームに遊びに来るようになりました。

　入居者のMさんは、ふだんは15分と落ち着いていられない人でしたが、回想法の60分間とお茶の時間の30分間は落ち着いて参加していました。また、話の輪に参加でき、特にLさんの言葉の多さに感心して会の終わりには「私、少し賢くなったような気がするの。嬉しい」と少し頬を赤らめてささやいていました。Nさんは、ふだんより少し控えめに参加していましたが、KさんやLさんの話を聞きながら自分の意見をしっかりと話し、会話の内容をきちんと理解していました。Oさんは、KさんやLさんに対して遠慮気味の様子が見られ、また、その場の雰囲気を壊さないように気遣い、強い口調を控えている様子でした。Pさんは、回を重ねるごとに思い出すことが多くなり、節分の回では醤油や味噌のつくり方を詳細に語り、自信が増した様子でした。Qさんは、ふだんは言葉が少なく、居室で1人過ごすことが多いですが、桐の会に参加しているときは笑顔が絶えませんでした。

グループホームの入居者は、常に心のどこかに不安があり「恥をかきたくない」との強い思いがあります。特に地域の元気な高齢者との交流の場ではその思いが強くなり、時候のあいさつのみで終わってしまうことが多々あります。しかし、よい聴き手が存在し、そのグループにとっての計画された流れがあり、安心して語ることのできる環境において行われるグループ回想法の場では、地域の元気な高齢者のたくさんの言葉にふれることで、いつも以上に多くの言葉を思い出し、昔の友人とのお茶飲み会のような気分を味わうことができます（これを「会話の外出」と呼んでいます）。

一方で、地域の高齢者には、グループホームに対する理解と入居者や職員との交流を深めるきっかけになったのではないかと思います。

実施者としての学び

グループホームの入居者と地域の元気な高齢者で構成するグループについては、人数の割合が重要です。グループホームの入居者5名と地域の元気な高齢者2名の構成は、よいバランスであったと思いました。入居者が元気な高齢者のたくさんの言葉にふれることで「少し賢くなったような気がして嬉しい」と感じられ、昔の友人との楽しいお茶飲み会の気分を味わえることが大切です。

実施にあたっての留意点

■ 地域の高齢者を誘う際には案内状を作成し、事前に会の趣旨や内容について説明しました。なかには「個人的なことは話さない」と、一歩引いて参加する人もいますので、会の始まる前には話したくないことは話さなくてよいことを伝え、テーマについては、一般的な季節の話題を設定するように心がけました。また、体調の変化など、万一のことを考えて申込書に緊急連絡先を記入してもらいました。

■ 自分自身を否定するような発言に対しては、リフレーミングを心がけて実施しました。

■ 七夕の短冊を作成する際には、参加者がとまどってしまわないように、リーダーが「私はこのように書いてみました」と例を示しました。

■ 毎回、回想法のあとは、自然な流れで場面が変わるように「皆さん、少し話し疲れたのでこの辺でお茶にしましょう」と声をかけるようにしました。

グループホームが、住まいとして、また、暮らしの拠点として、慣れ親しんだ家や地域と同じように、入居者やかかわり合う人に受け止められることは、簡単なことではありません。さまざまな垣根、在宅か施設かの違い、コミュニケーションや心のバリアを一歩ずつ超える試みを回想法は後押ししてくれます。

野村豊子

PART 2
回想法の実践事例

1 回想の力をケアに活かす

2 地域でケアやQOLの向上を目的として行う

3 地域で「人」や「時」をつなぐことを目的として行う

4 回想法を学ぶ、伝える

16 カフェにおける「回想アートケア」の実践

北澤　晃

事例の概要

　富山県高岡市では、2001（平成13）年に認知症予防を目的とした臨床美術※が取り入れられました。「回想アートケア」ともいえる臨床美術は、臨床美術士2名が8名程度の高齢者のグループとともに、コミュニケーションを通して、アート活動を進めることで、脳を活性化する目的で実施されています。一時中断する時期がありましたが、2013（平成25）年から市内の地域包括支援センター10か所で年間通して実施されることになりました。現在は、民間主体のあり方へと転換し、各福祉法人等に設置されるオレンジカフェや一般のカフェでの取り組みが立ち上がってきています。ここでは、カフェにおける「回想アートケア」の実践を紹介します。

※五感を働かせる過程を大切にした独自のアートプログラムを用いて制作することを通して、「つくり、つくりかえ、つくる」という意味生成活動を楽しむもの。そのことを通して「今、ここ」に集中し、「現在」に「未来」と「過去」を統合するあり様を生きることができるようにすることで、認知症の予防や改善、心の解放や意欲の向上、また何らかの問題を抱えた子どもたちの心の回復をめざす。

　　参加者 ▶ コミュニケーションを主導しアート活動を促す者（臨床美術士メイン1名、サブ1名）に対し、高齢者を同伴する親子4組（8名）の参加者数を基準とする。また、夫婦での参加や一般の参加希望も受け付けている。
　　時　期 ▶ 通年（毎月第1月曜日）
　　場　所 ▶ 「ねんりんカフェ」多目的ルーム
　　テーマ ▶ 季節に沿ったテーマ
　　準　備 ▶ テーマに沿った画像（写真、動画）、アートプログラムに応じた画材（参加者は何も持たずに参加できるようにする）

きっかけ

　高岡市内にある「ねんりんカフェ」は、親が高齢になってきている親子へのアートによるファミリーケアを目的に、毎月1回アートサロンを開催しています。その背景には、地域包括支援センターなどが企画する「認知症予防講座」としてのアート活動への参加に抵抗感をもっている高齢者も多いということがあります。そこで、「ねんりんカフェ」の店内にある多目的ルームを使い、高岡市で少しずつ広がってきているアートケア活動を取り入れた講座を企画することになりました。

　制作導入としてのグループコミュニケーションのなかで、きっかけとなる「何か」を

想起し、相互行為である作品制作を通してさらに回想を深めていくことができるように、親が高齢になってきている親子をメイン対象として参加者を募集し、取り組んでいます。

目的と方法

　認知症の傾向があると、制作過程をブロック（ある程度のまとまり）で忘れることがあり、制作過程が細分化され意味のつながりが途切れるとこの傾向はより強まります。「何を描いているの？」「意味がわからない」などの言葉は、こうした際に、よく聞かれます。そこで、行為の意味が細分化されず、その意味を「つくり、つくりかえ、つくる」[2-2]という連続性のなかで保つことができるように、作業的にならない展開にする配慮が求められます。完成をめざして作品づくりを促す支援よりも、「今、ここ」に集中するように見守り、安心して楽しくその「場」にいられることを大切にします。「今、ここ」の意味が、つくり出す行為によって「未来」に踏み出し、その行為に「過去」の記憶が駆けつけてくるという成り立ち方で、充実した時間を楽しむことができます。また、グループで行うことにより、互いの言葉や行為が相互作用し、個人で取り組むよりも、楽しく活性化した「場」になることが期待できます。

● アートプログラム「大輪の花火」のプログラム[2-3]の概要

季節	夏（7月〜8月）
種類	平面
所要時間	60分
テーマ・ねらい	夜空に大輪の花を咲かせる花火は、夏の風物詩です。色や形を思い出しながら、クリアファイルに大胆に描いてみましょう。 ・クリアファイルに、綿棒やスポンジで描くことを体験する。 ・描いた絵を裏返したときの、表面とは異なる花火の模様を楽しむ。
画材および準備	・黒の画用紙：B5サイズ ・クリアファイル：15㎝×20㎝サイズに切る ・水彩絵の具：赤、青、オレンジ、黄、黄緑、白などの色をパレットに出しておく（白は多めにする） ・綿棒：数本 ・銀色のペン（耐水性） ・スポンジ：半分に切り、四隅をクリップで1つにまとめるように留めて、スポンジスタンプにする ・花火の写真または動画

講座を進行するメインスタッフのデモンストレーション作品（2021年）

PART
2
回想法の実践事例

1
回想の力をケアに活かす

2
地域でケアやQOLの向上を目的として行う

3
地域で「人」や「時」をつなぐことを目的として行う

4
回想法を学ぶ、伝える

● 「つくり、つくりかえ、つくる」展開とその制作活動の実際

制作過程	「つくり、つくりかえ、つくる」展開の概要	
つくり	1　花火大会のDVDを見ます。 ・「子どもの頃、家族と一緒に見に行くのが楽しかった」 ・「自宅からよく見れた。毎年、欠かさず見た庄川の花火大会」 ・「子どもの頃は中国に渡っていて見ることができなかった」などの思い出が語られる。 2　銀色のペンで花火を線で描きます。 ・クリアファイルに、打ち上げた花火の軌道や、広がる火の粉を銀色のペンで大まかに描く。 ・花火が打ち上がるように下から上に、ひゅるひゅると、そして広がり、ぱちぱちと火の粉で明るくなる一連の流れを描いていく。	 展開2
つくりかえ	3　綿棒と水彩絵の具で花火を描きます。 ・綿棒で絵の具を混ぜる。銀色の線に沿って綿棒で花火を描いていく。 4　花火の火の粉を綿棒で描きます。 ・綿棒の先で点を描き、飛び散る火の粉を表現する。	 展開3〜4
つくる	5　スポンジに絵の具をつけてスタンプします。 ・スポンジに絵の具をなじませ、花火のまわりをぼかすようにスタンプする。 6　裏返して台紙に貼ります。 ・乾いたらクリアファイルを裏返して、台紙に貼る。銀色のペンで台紙にサインする。	 展開5〜6
鑑賞会	7　「つくり、つくりかえ、つくる」展開の様子、作品のよさ、美しさを、一人ひとりのこの時間の思いに寄せて紹介します。	

考察および実施者としての学び

　花火大会のDVDを視聴しながら、いつ見た花火を懐かしく想起したかを聞き合いました。それをきっかけにして、それぞれの「大輪の花火」を描き始めますが、描いていく過程で、当初、思い描いた花火のことは考えず、「今、ここ」から「未来」に踏み出して立ちあらわれる花火の色や形（勢い）に集中していきました。その作品のなかに、「過去」の花火の記憶が駆けつけたことがわかる言葉も聞かれました。高校生のときに浴衣を着て友だちと眺めた花火大会のことを語った人が、鑑賞会の折には、小学生の頃、家族で川の堤防で眺めた記憶を懐かしそうに話しました。「回想アートケア」は、導入時に十分に回想を促す必要はなく、アート活動によって活性化する「今、ここ」にさまざまな「過去」が駆けつけるようにして、「今、ここ」を充実させていくという成り立ち方をしていることがわかります。

　このことは「つくり、つくりかえ、つくる」という連続性のある意味生成の連関のなかで、「過去」や「未来」が「今、ここ」に統合されてくるという意識の立ちあらわれ方をします。したがって、認知症の傾向が見られる人でも、その意識の先の「何か（意味）」に向かって、断続的になりつつも、感覚を活用した働きかけと制作によって「今、ここ」に集中できる可能性があることを、この実践を通して学んでいます。

実施にあたっての留意点

■ 「つくり、つくりかえ、つくる」という意味生成の過程を大事にし、作品の完成をめざすことが優先されることがないようにします。

参加者の作品

　銀色のペン、クリアファイル、綿棒、水彩絵の具、スポンジ等々、指先や手を動かし、思い描いていた花火が、今、ここで描くことで、少し消え去り、そのうちに過去の体験のなかの花火や周辺の記憶が重なり、五感とともに立ちあらわれています。このことが「思い出が駆けつける」ことなのでしょうか。「つくり、つくりかえ、つくる」というダイナミックに動いていくあり様に期待が寄せられます。

野村豊子

PART
2
……
回想法の実践事例

1 回想の力をケアに活かす

2 地域でケアやQOLの向上を目的として行う

3 地域で「人」や「時」をつなぐことを目的として行う

4 回想法を学ぶ、伝える

閉じこもりがちな高齢者の自宅を
訪問して行う回想法

小西由香里

個人
回想法

事例の概要

　さまざまな要因により自宅から出かけることがなくなった高齢者の自宅を訪問
し、回想法を行ってきました。ここでは、人との会話の楽しさを感じることで適し
た在宅サービスの利用につながり、生活への意欲が回復し、他者との交流により活
動的な生活を取り戻したRさんの事例を紹介します。

語り手 ▶ Rさん（90歳代、女性）
聴き手 ▶ 「昭和で元気になる会」のメンバー（回想法リーダー養成講座修了者）2名
時　間 ▶ 週1回（水曜日の午前または午後）、1回約45分、全12回
場　所 ▶ Rさんの自宅

きっかけ

　S市では高齢者が自ら出かけたくなる場所でそこに行くと元気になる場所を「健康自
生地」と名づけ、運営者を登録し高齢者の居場所づくりの取り組みを進めています。一
方で、自宅に閉じこもりがちな高齢者に対する施策は進んでいませんでした。回想法に
よって高齢者が意欲的になり、生き生きとする様子を介護施設での実践で体験していた
ため、この回想法を市内の閉じこもりがちな高齢者へのかかわりに活用したいと考え、
「昭和で元気になる会」を市民とともに立ち上げました。そして移動型の「健康自生地」
として、「訪問回想法」と称して、高齢者の自宅を訪問して行う回想法を始めました。

目的

　Rさんは、息子夫婦と同居しています。家の前の神社に毎日お参りに行くことが日課
でしたが、歩行に自信がなくなり、行かなくなりました。自分の部屋でウトウトしたり
ラジオを聞いたりして過ごす毎日で、家族に同じことを繰り返し聞くようになりまし
た。在宅サービスの利用を嫌がり、要介護認定は受けていませんでした。
　閉じこもりはフレイルを招くため、介護予防および認知症予防を考えるうえで積極的
にかかわる必要性を感じます。Rさんについても、フレイルの予防を目的として、①神
社へのお参りが再び日課になること、②デイサービスや宅老所に通い他者との交流がも

てること、という目標を立てました。

方法

「事例の概要」に示した枠組みで進めました。終了後、聴き手2名で、Rさんの変化や
とっておきの回想などについて振り返りを行いました（15分程度）。

評価方法として、N-ADL（N式老年者用日常生活動作能力評価尺度）とNMスケー
ル（N式老年者用精神状態尺度）を訪問開始前、12回終了後、終了後7か月目、終了後
13か月目の計4回実施し変化を見ました。また毎回の変化については、回想法継続
チェックシート※を用いて参加意欲や回想の発言量などを確認しました。

各回のテーマは家族からの情報（生活歴など）をもとに作成し、7回目と11回目には
一緒に外出することを計画しました。8回目、9回目はそれまでに語られた回想から興
味深いものを再度テーマにあげ、最終回には、これから頑張ってみようと思うことなど
を聴きながら色紙に書いて、Rさんにプレゼントしました。

※聴き手からの質問に対する回想の量、自発的な回想の量、開始時の関心や終了時の満足度、情緒的な発言の
　量を5段階で毎回チェックし変化を見ていくシート。「個人別継続記録（RGIS-2フォーム）」[2-4] を参考に作
　成し、使用。

● 各回の内容（テーマ）

1回目	自己紹介	7回目	子育ての思い出（神社へ行って回想）
2回目	子どもの頃の家の周りの風景	8回目	番付け表の思い出（回想から）
3回目	手伝いの思い出	9回目	旅行の思い出（回想から）
4回目	友達の思い出	10回目	とっておきの思い出（回想から）
5回目	結婚の思い出	11回目	宅老所へ行く
6回目	仕事の思い出	12回目	色紙づくり（これから頑張ること）

展開過程

1回目は初対面であるため、信頼関係の構築に努めつつ、人と話すことの楽しさを感
じてもらうことを心がけました。Rさんは、45分間色々なことを思い出して語り、「私
ばかりしゃべってしまってごめんなさい」と笑顔で言いました。その成果か、1回目終
了後には、家族とともに認知症カフェに来てくれました。

2回目終了後には、施設に入所して3年が経つ妹に、はじめて面会に行きました。回
想のなかでも兄弟の話が出ていたので、会いに行こうという気持ちになったようです。
外出には家族の協力が必要ですが、自宅での回想法の様子を隣の部屋で見ていた家族
は、「まだしっかりしているじゃないか。自分たちももっとかかわって外へ連れ出さな

1
回想の力を
ケアに活かす

2
地域でケアやQOLの
向上を目的として行う

3
地域で「人」や「時」をつなぐ
ことを目的として行う

4
回想法を学ぶ、
伝える

いといけない」と感じたそうで、2週間の間に2回も外出することができました。

7回目は、自信をなくしているという屋外歩行を一緒に行い、外で回想をしてもらいました。前の週に「次回は天気がよければ一緒に神社に行こうと思います」と伝えたためか、その1週間の間に1人で神社の階段を上ってみたそうです。当日は杖と手すりを使いながら20段ほどの階段を上り、50mほどの砂利道を歩いて本堂まで行き、手を合わせました。その場で20分ほど子育ての思い出について回想しました。帰りには偶然にも知人に会い、懐かしそうに話をしていました。Rさんは「外に出ると楽しいことがいっぱいあるね」と笑顔でした。

8回目、9回目は訪問すると、「神社の下の池の周りを歩いたよ」と話してくれました。今まで聞いた回想から、もう少し聞いてみたいと思うものをテーマにしました。

10回目は、前回までの回想から、聴き手が「とっておきの思い出」と感じたものを3枚の色紙に書き、それを見ながら再度、回想を深めました。自分の思い出を文字として見ることでさらに回想が深まることが実感できました。Rさんは、色紙に書いてある言葉を読みながら、「そうそう、こうだったよ……」と楽しそうに話してくれました。

11回目は近くの宅老所へ行き、通っている人と昼食を食べました。地元出身のRさんの知り合いもいたので、はじめてでも参加しやすく懐かしい話が飛び交っていました。

最終回は、今日で最後だと伝えると、「今まで来てくれてありがとう。お礼に何ができる?」と言うので「外に出ることが健康によいのでこれからもお参りや宅老所に行って元気でいてほしい」と伝えると「わかった、頑張る」と応えてくれました。そして明日から頑張ることを色紙に書きました。

結果

その後Rさんは、毎日ではありませんが神社にお参りに行くようになりました。要介護認定調査も受けて近くのデイサービスに通い、時にはショートステイも利用し、他の人の世話をやくという場面もあったようです。近所の友達の家に1人で歩いて出かけることもあり、閉じこもりの生活は改善しました。

人と会って話をすることの楽しさを感じ、歩くことにも自信がもてるようになり、「あんたたちが、何でも聞いてくれて、『教えてくれてありがとう』と言ってくれるから、こちらこそありがとう」という発言から、人の役に立つことを回想法を通して感じたのだと思います。これは昔のことを伝承するという高齢者の役割の1つでもあります。評価スケールの結果も終了時に「関心・意欲」や「家事・身辺整理」「歩行・起座」「生活圏」の項目が改善したのはもちろんですが、在宅サービスの利用により13か月後も維持できていたことは大きな効果です。

PART
2
回想法の実践事例

1
回想の力を
ケアに活かす

2
地域でケアやQOLの
向上を目的として行う

3
地域で「人」や「時」をつなぐ
ことを目的として行う

4
回想法を学ぶ、
伝える

考察

　外に出ることに自信を失っている場合は、安心できる自宅において人との交流に楽しみを感じ、自信を取り戻すことが大切です。この点で回想法は自分の過去を思い返し生きる意欲につながります。また、外出には、五感に刺激を受ける、人と会話をする、体を動かす、社会とのかかわりがもてる、自分の存在価値を感じられるなどの利点があり、フレイルの予防になります。

実施者としての学び

　自宅を訪問して行う回想法は、閉じこもりがちな高齢者にとって最も安心できる場所で回想することに意義があると感じました。また、個人回想法のため閉じこもりの原因を克服できるような計画を立てることも可能であり、生活習慣についてていねいに把握することの大切さも改めて感じました。家族の本人へのかかわりが変わる機会にもなり、そのきっかけをつくることができたこともよかったと思います。

実施にあたっての留意点

- ■ 自宅を訪問するため、本人は「なぜ、この人は家に来たのだろう」と疑問に思います。本人が信頼している家族や主治医などから紹介してもらうとよいでしょう。
- ■ 訪問することが日課になるように、決まった曜日や時間で計画を立てることが望ましく、生活リズムを整えることにもつながります。
- ■ はじめに全12回の計画を伝えておくと、次回までに自ら回想をすることもあります。
- ■ 外出の際は安全に配慮し、家族の了解を得ましょう。

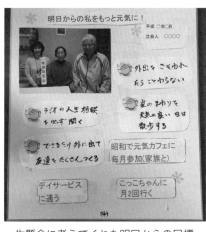
一生懸命に考えてくれた明日からの目標

暮らしのなかでのフレイル予防に、個人回想法を訪問の形態で活用しています。いくつかの指標を用いて、回想を行う前後の比較を行い、ていねいに振り返りをすること、家族への影響、デイサービスとの連携など、Rさんの周囲の社会資源を熟知して展開しています。Rさんは神社へのお参りを再び行うようになり、何を祈願されているのでしょうか。
　　　　　　　　　　　　　野村豊子

18 | 訪問型介護予防事業における高齢者へのライフレヴューの活用

藺牟田洋美

事例の概要

　訪問型介護予防・生活支援サービス事業の対象者に対し、自治体の保健師らと協働で、健康情報の提供とライフレヴューからなるプログラムを展開しました。多くの自治体は、心理・社会的問題を抱える閉じこもり高齢者への対策に苦戦しています。ここでは、地域という枠の中で、現場に合った工夫をしながら対象者のニーズを引き出すためのライフレヴューの実践を紹介します。

語り手 ▶ 主に外出頻度が週1回未満である閉じこもり高齢者
聴き手 ▶ 保健師など
時　間 ▶ 週1回、1回60分、全6回、健康情報の提供（約15分）のあと、ライフレヴュー（約45分）を実施
場　所 ▶ 高齢者の自宅

目的

　閉じこもりとは、「介護認定に該当せず、外出頻度が週1回未満の状態」を指します[2-5]。社会とのつながりが希薄で、筋力の低下や意欲の低下により廃用症候群を引き起こし、要介護状態につながるリスクが高いことで知られていますが、特に心理・社会的問題を抱える当該高齢者は行政の支援の手が届きにくいのが現状です。そこで、次の点を目的としてライフレヴューを行うこととしました。

① 高齢者が自身の人生を誰かに語ることで精神的健康や自己効力感を改善すること。
② 保健医療専門職が高齢者の語りの内容や自宅での生活の様子から、高齢者の価値観や好みを探り、外出支援の手がかりを把握すること。

方法

　T市では、住民に対してアンケート調査を行い、その回答から生活機能が低下し、閉じこもりのおそれのある人を抽出し、本人から訪問の承諾を文書にて得られた人を対象者としました。事前にライフレヴュー実践に関する研修を受けた保健師、看護師らが高齢者宅を訪問し、週1回60分で計6回実施しました。ライフレヴューは基本的に1対1で

話ができる部屋で行いました。3回目の訪問以降に、訪問者全員でケース検討会を開催し、実施上での困りごとなどについて訪問者と筆者らで協議しました。ライフレヴューの効果は、精神的健康、外出への自己効力感、外出頻度などで評価しました。

Uさん（80歳代、女性）は、夫との二人暮らしで、閉じこもりの期間は2か月でした。Uさんのライフレヴューの経過は表のとおりです。ライフレヴュー後にUさんに確認し、そのつど記録しました。

● ライフレヴュー経過

Uさん：80歳代・女性、夫婦二人暮らし、閉じこもり歴2か月（理由：体調不良→夫がUさんの外出を嫌がる）

回数	1回目	2回目	3回目	4回目	5回目	6回目
健康情報のテーマ	筋力アップ	栄養改善	口腔ケア	うつ予防	認知症予防	介護予防事業
回想のテーマ	幼少期	児童期	青年期	成人期	壮年期	人生のまとめ
回想内容	・生家の様子 ・家族 ・子どもの頃の遊び ・子どもの頃のおやつ	・家の手伝い ・小学校の思い出	・働き始めた頃の仕事 ・職場での思い出 ・転職	・結婚 ・子育て ・嫁いでからの友人	・自分の仕事 ・兼業農家の生活 ・子どもの結婚と孫の誕生	・人生の振り返り：働きづめだったが、子ども、孫、友人に恵まれよい人生だった ・今後の希望：旅行
発言回数	普通	普通	普通	普通	頻回	頻回
意欲・積極性	主体的に参加	主体的に参加	主体的に参加	主体的に参加	主体的に参加	主体的に参加
自発性・応答性	刺激されなくても積極的に参加	刺激されなくても積極的に参加	刺激されなくても積極的に参加	刺激されなくても積極的に参加	刺激されなくても積極的に参加	刺激されなくても積極的に参加
記憶	刺激があれば回想	刺激がなくても相当な回想	的確な回想	的確な回想	的確な回想	的確な回想
表情の変化	普通	普通	普通	普通	普通	普通
喜び・楽しみ	まったく楽しんでいない	まったく楽しんでいない	まったく楽しんでいない	時折楽しんでいる	大部分楽しんでいる	大部分楽しんでいる
全体的雰囲気	良好でない	良好でない	良好でない	良好でない	（記載なし）	普通
特記事項	・2か月前より体に痛みがあり、体調が優れないと訴える	・専門医受診する		・専門医受診継続している ・夫は本人が外出することを嫌がっている	・体調が少しずつ改善してきた	・室内伝い歩きだが、室内の片づけなど少しずつ実施
1週間でしたこと	テレビ、誰かと話をする	テレビ、誰かと話をする	テレビ、誰かと話をする	テレビ、誰かと話をする	テレビ、誰かと話をする 新聞・本・雑誌を読む	テレビ、誰かと話をする 新聞・本・雑誌を読む 家事（掃除）

1
回想の力をケアに活かす

2
地域でケアやQOLの向上を目的として行う

3
地域で「人」や「時」をつなぐことを目的として行う

4
回想法を学ぶ、伝える

初回は家事をせずに自室で過ごしている状態で、刺激があれば回想をしましたが、楽しんでいる様子は見られませんでした。2回目以降は徐々に的確な回想になり、楽しんでいる様子がうかがえました。4回目の回想で、Uさん自身が外出しない理由は体調不良ではなく、夫がUさんの外出を嫌がるからだと話してくれました。5回目の壮年期の回想では、兼業農家で忙しいなか子育てをしていたことを主体的に語り、ライフレヴューの大部分を楽しんでいました。この回以降、1週間の生活の振り返りで、新聞・本などを読む、家事が追加されました。

　最終回には「今まで働きづめだったが、子どもや孫に恵まれ、家を建てることもできたし、心の中を話せる宝物となる友人もできたのでよい人生だった」と振り返りました。また、ライフレヴューが終盤になると自宅内に活動が拡大しました。

結果

　訪問終了後には、外出頻度が週1回以上に増え、精神的健康と複雑な状況に対応する能力（知的能動性）や社会的役割を担う能力といった高次な生活機能が改善しました。

　さらに、ライフレヴューに参加した感想として、Uさんは「話を聞いてもらったり、体操を教えてもらったりして満足だった」、Uさんの夫は「話を聞いてもらえることを楽しみにしていた。話を聞いてもらうようになってから、自分への言葉かけが優しくなった」と答えました。

　担当した保健師はUさんのこれからの希望として「旅行をしたい」という言葉を引き出し、地域で開催されている恒例の花見旅行の話をしたところ、3か月後に近所の友人を誘い、実現しました。それ以降、その友人との家の行き来が続いています。

考察

　Uさんはライフレヴューでの語りにより、家族との関係、自身の人生の整理が進み、精神的健康が改善しました。外出行動に対する自信は低いままでしたが、終了後には外出頻度が週1回以上となり、閉じこもり生活を解消しました。その理由として、Uさんが閉じこもり生活となってから、わずか2か月で訪問ができたことや、外出の準備段階も訪問前の時点で関心期にあり、実行期に移行しやすい条件だったこと、そして何よりも本人が旅行をしたいと思っていたことが閉じこもり解消につながったといえるでしょう。

実施者としての学び

　Uさんへの支援に関して、2つの立場から学びを振り返ります。1つは、支援者としての保健医療専門職の学びです。ライフレヴューを通して、現状だけを見て物事を判断するのではなく、成育歴、生活背景の回想を通じ、対象者の現在までの自分史にふれることで現在の生活課題、健康問題を多面的にとらえることができたという意見が多くありました。その経験が自信となり、次の支援の際に活かされるとの報告を受けました。

　2つめは、プログラム提供者および訪問実施者としての筆者の学びです。地域で実施するライフレヴューは高齢者個々人で生活事情が異なるため、展開も一様ではありません。したがって臨機応変に対応し、調整する力がつきます。また、多くの対象高齢者は回を重ねるたびに、部屋を片づけ、訪問者を楽しみに待つことや、ライフレヴューの内容に興味をもった家族との関係性がよくなるなど、第三者の訪問による高齢者の生活への波及効果を学ぶことができました。

実施にあたっての留意点

- この取り組みは自治体の協力なしには成り立ちません。訪問型の取り組みにはマンパワーと時間がかかり、費用対効果の点で実施に躊躇する自治体も多いのが現実です。また、「外出頻度が減ったのは歳のせい」と考えている高齢者が大勢います。したがって、要介護状態のリスクとしての閉じこもり生活への認識を、地域の高齢者に広めることがまず大切です。
- 個人回想法では、訪問者との相性の問題が生じることもあります。また、個人宅での実施のため、家庭の事情や対象者の体調の急変で訪問の継続が難しくなる場合もあります。
- 閉じこもり生活や対人生活が希薄な生活を送る高齢者の誰もがライフレヴューを好むわけではありませんし、自身の生育歴を語る用意ができているわけではありません。したがって、一度、訪問の了解を得られても拒否されることもままあります。以上を理解したうえで、ライフレヴューはあくまでも支援の選択肢の1つと考えます。

> ライフレヴューには、評価が必ず含まれる、人生を全体的に振り返る、近時記憶と遠隔記憶の両者を含む、悲しいときと幸せなときの両者を含む等の特徴があります。また、「過去をわかちあうことを進んで望む人」に行うことが欠かせません。訪問終了後の変化にもみられるように、聴き手とのかかわりを通して、心の窓が開いていき、知的能動性が増し、周囲に関心が寄せられ、結果として外出に結びついていきました。
>
> 野村豊子

19

がんで家族を失った遺族への ライフレヴュー

安藤満代

事例の概要

　大切な人を亡くした人が、故人との思い出を語るライフレヴューを、筆者は「ビリーブメント・ライフレヴュー」と呼んでいます。ここでは、遺族を対象としたライフレヴューの精神的・心理的問題に対する効果について行った調査のなかの一部の事例を紹介します。

> 語り手 ▶ Ｖさん（40歳代、女性）
> 聴き手 ▶ 心理専門職
> 時　間 ▶ 1回約90分、全2回
> 場　所 ▶ Ｖさんの自宅

背景

　大切な人を亡くした人が、故人を思い出して語る風景は、しばしば臨床場面やテレビのドキュメンタリー番組などで目にすることがあります。しかし、実際に遺族に対するライフレヴューが精神的・心理的側面に効果があるかどうかは、約10年前（2010（平成22）年頃）には不明でした。そこで筆者らは調査を開始し、Ｖさんが参加してくれることになりました。

　Ｖさんは、40歳代後半の女性で、3年前に夫を亡くし、現在は、中学生と高校生の息子との三人暮らしです。当時夫は体調が悪いながらも仕事をしていました。会社の健診で異常が見つかり病院で検査をしたときには、治療困難と言われ、緩和ケア病棟を紹介されました。夫は、半年間の闘病後に亡くなり、3年が経過したところでした。

展開過程

【1回目】「病気になる以前の夫との思い出」「病気になってからの思い出」「自分の人生で大切だと思うこと」

　夫との思い出で、印象に残っていることについて、話をしてもらいました。夫とのことについて思い出すことは、動物が好きだったことで、生き物に対する愛情があること、子どもたちも動物が好きになり、犬を飼うようになったこと、子どもたちは、自分

たちが世話をすると言って犬を飼い始めたが、結局は夫が世話をすることになったこと、いつも笑っていて楽しい人だったことなど、今は、そんな日常の姿をよく思い出すと話しました。

　病気がわかってからの入院生活での思い出については、桜を見たことと、その頃に亡くなったことが印象に残っていると話しました。桜の時期で、病院の周辺にきれいな桜が植えてあったこと、そのため、今も桜が見られないくらい思い出すこと、当時、桜のなかを散歩して、夫が「最後の桜だね」と言ったこと、そして、その日の夕方くらいに悪くなり、子どもが学校から呼ばれて病院に来て、夫は子ども一人ひとりを呼んで言っておきたいことを言い、息子たちも泣いていたこと、自分も泣いていたことを話し、「夫が最後にみんなに、『ありがとう。これからも家族でしっかり生きていってね』と言って息をひきとりました。それからは、みんな号泣しました。でも、家族は一生懸命に夫を支えてきたのだから、後悔はしていません」と語りました。

　さらに、Vさんがいちばん大切だと思うのは「家族」だと話してくれました。夫が病気になり、Vさんは病院で介護ばかりしていました。介護では、自分が夫のために役に立っているという喜びがあり、そして息子たちも、自分たちで家事を手分けしてやってくれたこと、自分たちの勉強やクラブ活動などがあって忙しいのに、子どもたちはよく家族のためにしてくれていたことを話しました。Vさんは「夫と子どもたちが大切。この病気によって、家族は絆を深めることができました」と語りました。

【2回目】「介護を通しての自己の変化」「自分の人生での役割」「誇りに思うこと」

　2回目は、まず「夫の介護や死を通して、自分が変わったこと」について自由に語ってもらいました。Vさんは、「喪失感というのは普通の苦労とかじゃなくて、やはり同じ立場の人じゃないとわからないと思います。喪失っていうこと自体が。今回、それがわかったので、人の喪失感というのが理解できるかな。ものすごいものがあります。人を亡くされた人の悲しみを、自分も感じることができたと思います」と語りました。

　また「自分が果たしてきた役割」としては、夫を支えて介護をするという妻の役割と、子どもも学校に行っていたので母親としての役割を同時にするということだったと話しました。朝、子どもを学校に送り出して、パートに行って、夕方食事をつくって、病院に行き、しばらく夫と話をして、夜の9時前に病院を出て、帰宅して家事をするということの繰り返しだったと言い、「夫も大事でしたが、子どもにもつらい思いをさせていましたので、母親の仕事もしっかりしなければという気持ちでやってきました」と振り返りました。

　そして、「今までの人生で誇りに思うこと」については、夫が病気になり、泣きごとは言っていられないという気持ちで頑張ったこと、夫が働けなくなり、経済的にも厳し

くなってきたこと、息子2人の学費など負担が大きいなか、医療費もかかったこと、時間的にも、いつも夜遅く寝て、朝早く起きるということの繰り返しでやってきたので、体力的にも、精神的にも、ぎりぎりだったと話しました。「でも、自分が暗い気持ちになったら、みんな暗い気持ちになる。自分しかいないと思って、明るい気持ちでみんなを支えてきました。これが私の誇りとしていることです」と語りました。

夫が亡くなって3年が経ち、子どもたちも成長し、Ｖさんはパートの仕事を続けています。今は、パートのない日は、アートフラワーの教室に通うことを楽しみに生活していると語ってくれました。

結果と考察

Ｖさんは、語るときに涙を流すことも多くありましたが、それは悲しみというより、夫と一緒にいた生き生きとした充実した時間を再体験しているかのようでした。最後の桜を一緒に見て、夫が最期まで家族のことを思いながら亡くなる瞬間を生き生きと語りました。また、介護をしていた日々の様子、夫の役に立っているという充実感を得ていたこと、家族の絆がいっそう強まったこと、介護に後悔はないことなどの回想は、「精いっぱいやった」という充実感と達成感を得ているようでした。ライフレヴューによって、当時を生き生きと語ることは、頑張ってきた自分を再確認でき、前向きに生きていこうとする意欲をもたせるようでした。

人が大切な家族を亡くすという体験は、すべてが否定的なものばかりでなく、なかには「人間関係の再構築」や「自己の成長」など肯定的な体験もあります。Ｖさんも、大切な人を亡くしたときに感じる「喪失感」を、自分のこととして今回体験していました。また心が回復していく段階については、「ショック期」「喪失の認識期」「ひきこもり期」「癒し期」「再生期」などがあることが示されています[2-6]。その他にも、二重過程モデルでは、喪失志向と再建思考の位相を揺れ動くことが示されています[2-7]。この事例のＶさんも、いくつかの段階を経て、新しい生活を始めるようになったと考えられます。

遺族に故人の話を聴くことは、遺族を傷つけるのではないかという考えもあると思います。しかし、語る時期や聴き手との関係性が適切であれば、回想することが心の浄化にもつながり、心が整理されていく可能性があります。

実施にあたっての留意点

- がん患者の遺族へのライフレヴューの対象としては、亡くなって約半年は経過している、故人の思い出を語りたいと思っている、などの条件があります。一方、深い心の傷（トラウマ）となる経験が現在にも影響しており、思い出すとつらい気持ちになる、過去を振り返るより、前だけ向いていきたいと思っている、自死や事故死などで、思い出すと心身に負の影響がある、などの人には適当ではないと考えられます。例外もあるため、筆者の体験からの留意点と考えてください。
- 公認心理師、臨床心理士、緩和ケア認定看護師、ソーシャルワーカーなど、心理面を学習し、コミュニケーションの基本的な技法を身につけていることが望ましいでしょう。遺族の心理過程などを理解しておくことも大切です。
- 介護していた頃の思い出などを「今はどう思うか」という現在の視点からの評価を促すとよいでしょう。さらにポジティブな見方を提示し、つらい思い出のなかからも肯定的な側面を発見できるように努めます。また、思い出して涙が出てくる場面では、続けても大丈夫かどうかを本人に尋ねることも必要です。

Vさんの語る細やかなライフレヴューは、よい聴き手を得て、若くして亡くなったご主人の思い出が、今を生きる力へと変わっていく映画の1つのシーンのように伝わってきます。アメリカの精神科医カステルヌオーヴォ・テデスコは、回想と喪の過程は前ぶれなく繰り返され、失ったかけがえのない人との関係を再構築することを含み、その人を現実に手放す能力を得ることへと導くものであると指摘しています。すでに見送ったご主人を再び手放す力を得て、Vさんは、過去を今と未来に解き放つ体験をされ、事例全体が、ライフレヴューの大切な意味を問いかけています。　　　　　　野村豊子

20 | 震災・原発事故を経験した人の語り
～回想法によって人生の流れを取り戻す

萩原裕子

個人
回想法

事例の概要

　聴き手である筆者は、心理の専門職として震災支援団体に所属し、2011（平成23）年の東日本大震災の原子力発電所事故（以下、原発事故）による被災者の困りごとの解決に向けて手伝いをする活動を続けています。そのなかで、福島県いわき市から三春町に避難していたWさんと出会いました。

　語り手 ▶ Wさん（70歳代、女性）
　聴き手 ▶ 震災支援団体に所属する心理専門職
　時　期 ▶ 2018（平成30）年4月
　時　間 ▶ 1回90～120分、全4回
　場　所 ▶ Wさんの居室

きっかけ

　Wさんは、のびやかな声で元気に話をする明るい人でした。筆者は、いつもふるさとの話を楽しく聴かせてもらっていましたが、一方で、突然その地を離れなくてはならなかったくやしさ、本意ではない場所で生きていく悲しさはどれほどのことだろうか……と感じていました。

　筆者が行っている活動は、現状を一緒に整理しながら、弁護士や医療機関などの適切な支援につなげることでしたが、Wさんについてはそういったサポートは一段落していました。Wさんからは自身の人生を誰かに伝えたい、という想いを強く感じていたため、今までの「外部につなげる」支援でなく、Wさん自身の「内面をつなげてゆく」支援ができないかと思い、回想法を用いて人生を振り返ることを提案したところ、快諾を得ることができました。

目的

　原発事故により避難を余儀なくされた人からは、震災を機に「それまでの人生が分断された」「あれから時間が止まったようだ」など、さまざまな表現で、その人の人生に大きな変化が起こっていることを聴くことがありました。Wさんの今までの人生に対

するとらえ方が少しでも変わることを願いながら、「全体のなかの『今、ここ』」といった感覚をもってもらえるようにライフレヴュー的な働きかけも行いました。

方法

「事例の概要」に記したような枠組みで進めました。Ｗさんは東日本大震災、それに伴う原発事故という大きな災害を経験しているので、「半歩下がった同行者」[2-8] を意識しながら、安易に励ましたり、慰めたりせず、そして無理に思い出を引き出すことのないように、聴き手からの質問は最小限にとどめ、自由に話してもらいました。

● 各回のテーマ

1回目	子どものときから成人まで	3回目	震災以降
2回目	成人から震災まで	4回目	現在、そしてこれから

展開過程

【1回目】

　Ｗさんは福島県の磐城（現在のいわき市）に4人きょうだいの長女として生まれました。家には食べ物が十分になく、「貧しさゆえの苦労」をたくさんしたそうです。しかし、山菜や鮎をとったり、ウサギを飼って増やして食べたり、楽しんで工夫していたこと、「貧しかったことをマイナスとは思っていない」ことを語ってくれました。

> Ｗさん：野菜がないならノビル。ヨモギにタラの芽。食べられる野草を探すために本を読んだ。そして試してみる。何でも実験してみたい人なんです。

【2回目】

　高校を卒業後、就職した会社で夫と出会いました。その後、3人の子どもを育てながら、独立した夫を支えて内装業を手伝い、忙しいながらも充実した毎日を過ごしていたそうです。子どもたちが独立したあとに「ここに住みたい」と高校生のときから夢見ていた山を購入。樹木や山野草を植えて10年以上かけて準備して、60歳から念願の山暮らしを始めました。無農薬野菜を育て、蜜蜂を飼い、味噌・醤油・柿酢などの調味料も手づくりし、最高の田舎暮らしを楽しんでいました。

> Ｗさん：天気を見ながら漁師さんから魚を買って、サンマのみりん干しをつくったり、ゼンマイや切り干し大根を干したり。いい風のあるときに、手間暇かけてつくる。身体にいいものを取り入れる。十分に、山暮らしを楽しみました。

【3回目】

　山暮らしを始めて8年目、東日本大震災が起こりました。地震の被害はありませんで

したが、その後の原発事故の影響で、最愛の土地を離れることを余儀なくされます。避難生活中に夫が病に倒れたのを機にその土地を処分し、新たな土地で夫の介護を続けていました。

> Wさん：放射線なんてのは目に見えませんからね。どうも放射線が出たって聞いて、機械を手に入れて部屋中測ったら、結構な数字で……。これはダメだって。家の中でこれだから、外は絶対ダメだって。もう住めない、って思いました。地震だけなら、びくともしなかったんです。原発事故のせいで、この土地が汚されたんです。本当に、原発は恨んでも恨みきれない……。

【4回目】

新しい土地でも、Wさんはなじもうと努力し、地域の人とのつながりを深めていきました。夫の病気が進行したことで、Wさん夫婦は別々の施設で暮らしていますが、日々の生活に時間の余裕ができたことで、再び自然に目が行くようになったそうです。

> Wさん：福島の自然の多様性、緑の豊かさは一番だと思います。これからの夢は、大切な孫に自然が、特にこの福島の自然がいかに素晴らしいかを伝えることです。そして、私なりに得てきた知恵、自然から教えてもらったことを引き継いでほしいと思っています。この状況のなかでも、楽しいことを探して、笑い飛ばして、生きていきたいです。あと何年生きるかわからないから。恨みながら死にたくないんです。

結果（効果）

4回の回想法を終えたあと、Wさんは次のように振り返りました。

> 聴き手：こうして話してくださって、いかがでしたか？
> Wさん：いろんなこと、吸い取ってもらったような……。スポンジのようなもので、吸い取ってもらった感じです。話していて、追いかけられるんじゃなくて、優しいうなずきと聴いてくださる姿勢でいてくださって……。重荷を下ろした感じです。あぁ、せいせいしました。
> 聴き手：ご自身の人生を振り返る体験を通して、何か変化はあったでしょうか……。
> Wさん：もう、震災のことはあきらめよう、切ろうと、ふたをしていたような気がします。そうすることで、前に進もうとしていました。でも、子どもの頃からのこと、子育てのさなかのことを聴いてもらって……、改めて、振り返ることができました。そうすると、そんなに悪い人生じゃなかったって。大変なときも楽しんで乗り切ってきたり、いろんな人に出会えて、支えてもらったり。

あぁ、こういう人生だったんだなって。

考察

　震災によって、Ｗさんの人生、時間の流れは否応なく分断されました。そこには、Ｗさん自身が生まれ育った土地への想い、そこに集まる人とのつながり、これからも生きていくであろう穏やかな未来があったはずです。回想法を終えたあとの語りからは、Ｗさん自身もふたをすることで前に進もうとしていたこと、これがＷさんなりの生きる術だったことがうかがえました。

　「人生を一連の継続する様々な体験のつながりとみることは、自らを振り返ることなしには成り立たない」[2-9] という野村（2017）の言葉のとおり、回想法を通して振り返り、語ることで、人生の流れを取り戻すきっかけになったように感じられます。

実施者としての学び

　今回のかかわりを通して、震災と原発事故を経験しても、それでも前を向いて力強く進もうとするＷさんのたくましさ、福島の自然への強い想いを感じました。それは、聴き手である筆者自身も元気を分けてもらったような、生きる力をもらったような体験となりました。これは、「支援される者とする者」という単純な枠組みには収まらない、「自身の人生を振り返り語る者、それを受け取る者」という豊かな関係性があるからではないでしょうか。この豊かさこそが、回想法の醍醐味であるように感じられました。

実施にあたっての留意点

■ P.G.コールマン（1974）が指摘しているとおり、震災などの大きな災害を経験した人に対しては、過去を語らせることがつらい体験となってしまうこともあります。そのことを十分、心にとどめたうえで、回想法を行うことが目の前の人の支援につながるのかどうか、慎重に考えていきましょう。

■ 回想法においては、共感することが難しい体験が語られることもあります。わかったような言葉を拙速に伝えるのではなく、その人の体験を大切に受け取り、どこまでも寄り添わせてもらう、真摯で謙虚な姿勢が必要なこともあるでしょう。

　「よい聴き手とは」「半歩下がった同行者とは」という大切な問いへの答えが、事例を通して語られています。「Ｗさんが自分の人生を語り、聴き手はそれを受け取る」と表現する執筆者は、Ｗさんの生きる力と不思議な花の咲く種を受け取っているのかもしれません。

野村豊子

21 回想法の要素を取り入れた 「認知症予防教室」のプログラム

篠田美紀

グループ
回想法

事例の概要

　この事例は、大阪市北区で2010（平成22）年に行政による認知症予防対策事業（「はつらつ脳活性化事業」）として始まり、10年以上継続している回想法の要素を取り入れた認知症予防教室（「はつらつ脳活性化教室」）の実践です。回想法そのものではなく、教室の活動を組み立てる運動プログラムと脳活性・コミュニケーションプログラムのなかに、グループで「思い出を語り合う時間」を意図的に組み込んでいます。思い出話を囲んで参加者同士をつなぎ、地域にネットワークを創造し、認知症になっても暮らし続けられる街をめざして活動しています。

参加者 ▶	地域住民とボランティアスタッフ。参加者の人数は地区により異なる
職　員 ▶	①はつらつ脳活性化教室サポーター（サポーター養成講座卒業生）
	②各地区担当保健師（巡回参加。サポーターの相談役）
	③サポーター養成講座スタッフ（サポーターの支援者。運営スキルアップ指導）
時　間 ▶	週1回、約60分。時間帯は地区により異なる
場　所 ▶	区保健福祉センター会議室、各地区集会所、マンション集会所
内　容 ▶	運動プログラム（30分）＋脳活性・コミュニケーションプログラム（30分）
	第1週　いきいき百歳体操　＋　まちがい探し
	第2週　いきいき百歳体操　＋　思い出パズル
	第3週　いきいき百歳体操　＋　思い出の歌
	第4週　いきいき百歳体操　＋　チャップリン・スピーチ（思い出のお題）
グループ編成 ▶	第1週から第4週までのプログラム終了後グループ替えを行う（4週ごとのグループ変更）。上記プログラムを12週間継続し、3か月で1クール終了。新しい参加者を迎えて、次クールを開始する

目的

　認知症高齢者が住み続けられる街づくりをめざすという区長の提案でこのプロジェクトは始まりました。区に居住する高齢者自らが、認知症予防活動を実践し、地域とのつながりのなかで認知症の理解とその予防活動の輪を広げていくことを目的としていま

す。「頭」と「からだ」と「こころ」を動かし、認知症になるリスクをみんなで軽減しながら、街に人とのつながりをつくるためのプログラムが開発されました。このプログラムの「脳活性・コミュニケーションプログラム」の部分に、「思い出をシェア」する回想法の技法を取り入れました。

方法

進め方と脳活性・コミュニケーションプログラムの内容

　養成講座を修了したサポーターと呼ばれるボランティアが運営、進行を行います。脳活性・コミュニケーションプログラムの内容は、以下のとおりです。

● 脳活性・コミュニケーションプログラムの内容

①まちがい探し	グループに分かれ、まちがい探しのプリントに取り組む。まちがい探しの答え合わせのあと、プリントの絵柄やテーマにちなんだ思い出を話し合う。例えば、春の花見、夏の海水浴、秋の柿が実っている景色や冬の雪景色など。子どもの頃の思い出などに話題を展開する。
②思い出パズル	グループに分かれ、わら草履、おひつ、足踏みミシン、たらいと洗濯板など懐かしい道具が描かれたパズルに取り組む。パズルが完成したら、答えを確認し、懐かしい道具について思い出を語り合う。パズルにあらわれた道具とその頃の生活についての経験を分かち合う。
③思い出の歌	歌集のなかから、グループで1曲ずつ選曲する。全体で1曲選び、歌詞を朗読したり、音源を聞いたりする。全体で歌い、その後、歌にまつわる思い出やその歌が流行していた当時の生活についての経験を分かち合う。
④チャップリン・スピーチ	「小学校のときの担任の先生3名の名前を披露してください」「歌声喫茶で歌った曲は何の曲でしたか？」「懐かしの芸能人といえば？」など思い出のお題の書かれたカードを各グループに配布する。配られたカードを各グループで裏返しに並べ、1人ずつめくり、出てきた思い出のお題について思い出を話す。

サポーターへの支援体制

　困りごとや質問などは各地区担当の保健師が対応します。巡回する担当保健師より、サポーター養成講座スタッフ（サポーター支援チーム）に伝えられ、各プログラム担当の職員（言語聴覚士、音楽療法士、健康運動指導士、臨床心理士）が対応します。サポーター交流会やスキルアップ講座、支援チームの巡回指導など、継続的な支援体制のもとに各教室が自主的に進めています。

結果および効果

教室参加者80名を対象として3年間の追跡調査を実施し、運動機能、認知・記憶機能、心理適応について検討しました。その結果、①3か月の参加で、運動機能と心理適応に顕著な効果が認められ、②6か月以上の継続で認知機能と記憶機能への効果が認められました。また、③認知機能と記憶機能への効果は2年後の調査においても認められ、④参加者の主観的幸福感が6か月後、1年後の調査では改善されていることがわかりました。[3-1]

また、参加者からは、「話を聴いたり、話したりできることが楽しい」「教室外で会ってもあいさつや話ができる」「道で声をかけられる」など、本プログラムへの参加が個人の認知症予防に効果があるのみならず、地域の日常生活においても新しい関係をつくり出していることが報告されています。

考察

本教室の当初の立ち上げは行政によるプロジェクトでしたが、教室運営はすべてサポーター（ボランティア）が行います。グループ回想法を地域の活動において、そのまま実施することに難しさを感じ、音楽や脳活性のプログラムのなかに回想法の要素を取り入れるものとしました。そして、運営するサポーター自身が思い出話で楽しめることを大切にしました。最初は心配でしたが、サポーター自身の「楽しい！」という体験に支えられ、参加者にとっても懐かしい思い出をしばし語る場になりました。まちがい探しやパズルの答えを求めたり、昔の懐かしい歌を歌ったりするだけではなく、その題材を囲んで少しの思い出を語り合う時間をもつことで、参加者同士の心の距離はあっという間に縮まるのだと、回想法のもつ偉大な力を実感しました。

実施者としての学び

地域での回想法の実践は課題が多いと構えていましたが、グループのファシリテーターを務めるサポーターの包容力と積極的な姿勢は眼を見張るものがありました。長年の人生経験を活かし、よい聴き手となるその姿は当初の予想をはるかに超えていました。もちろんサポーターを支援する職員や、担当地区の保健師による後方支援があってこそだと思います。地域のなかで共通する思い出話もたくさんあり、教室開始当初は「時間が短すぎる」という意見が寄せられるほどでした。プロジェクト開始時はまさか10年以上もの長い間、地域で継続されるものになるとは想像もしていませんでした。地域住民のパワーのすごさを学ばせていただきました。

実施にあたっての留意点

■ 思い出話を囲んだコミュニケーションプログラムですが、地域でボランティアが実践するとなると、プライバシーの問題も含めて、かなりの配慮が必要です。話した内容が地域に筒抜けにならないよう、教室では6つの約束を決めています。[3-2]

①みんなが話に参加できるようにする。　②時間を守る。

③よかった、楽しかった思い出を分かち合う。　④人の話を聴く。

⑤人の話は否定しない。　⑥聞いた話は教室内でおさめる。

■ 試行錯誤の最初の頃は、戦争体験の話が止まらなくなったり、全員が話せなかったり、人の話を否定したり、色々な相談ごとがもち込まれました。教室に参加した人たちが気持ちよく、元気になれるようにという目標から、「教室はよかった、楽しかった思い出をみんなで分かち合う場にする」ということになりました。地域でのつながりを深める目標から検討するとこのような約束となり、参加者も理解して随分と落ち着いて運営ができるようになりました。

■ サポーター側の留意点としては、「サポーターとして活動できるのは、居住地区以外の地域でとする」としています。日常生活の活動圏とサポーターとして人の話を聴く活動を区別してもらうためです。また、「無理に思い出させない」ということも、養成の過程で理解してもらいます。サポーターの役割は大変ですが、楽しみながら仲間で助け合いながら、長く続ける人が多いです。

「まちがい探し」の例
出典：『月刊デイ』2019年7月号、p.184、
　　　　QOLサービスを一部改変

大都市における認知症予防教室のプログラムの一部に回想法を取り入れ、グループのファシリテーターの意欲の高さが示すように、研修やプログラムの肉づけが極めて重厚な事例です。また、ていねいな効果評価をふまえて、地域資源の見直しも視野に入れています。大都市における壮大な事業で、これからも継続が期待されるプログラムです。

野村豊子

1
回想の力を
ケアに活かす

2
地域でケアやQOLの
向上を目的として行う

3
地域で「人」や「時」をつなぐ
ことを目的として行う

4
回想法を学ぶ、
伝える

懐かしさを誘う「昭和日常博物館」における「お出かけ回想法」

市橋芳則

グループ
回想法

事例の概要

　回想法を用いた高齢者ケアや高齢者の支援事業などを実施していく際に、地域の歴史や民俗、高齢者の生活歴などを理解するための資源として、地域の博物館や歴史民俗資料館などを活用することは有効な手段です。

　愛知県北名古屋市歴史民俗資料館は、「昭和日常博物館」というユニークな別名で親しまれています。昭和時代の日常生活を実物資料で残していく活動に取り組んでおり、かつての暮らしのなかで見られたものをすべて残していくことを目標にしています。館内には、昭和の暮らしで使われた電化製品などの道具や菓子・食品などのパッケージが展示してあり、家族や友人と楽しげな表情で語り合う来館者の姿をよく見かけます。ごくありふれた日常生活で使われた品々だからこそ、多くの来館者の記憶を揺さぶり、笑顔を引き出しています。昭和日常博物館では、こうした機会を「お出かけ回想法」と称し、場の提供とサポートを行っています。

きっかけ

　回想法の普及に伴い、懐かしい道具を展示する博物館やいにしえの設えをそのまま残した建物などへの、在宅高齢者や施設入所高齢者の見学・利用が急増しました。高齢者入所施設やデイサービスなどでのお出かけ行事が、回想法に基づいて行われるとしたら、ケアのなかに「お出かけ回想法」というスタイルが定着することが想定されました。実際には、高齢者施設等による利用に限らず家族単位や個人での見学も多く、同様の効果が期待できるため、個人利用であっても「お出かけ回想法」の対象に含めて活動しています。

目的

　博物館や歴史民俗資料館といえば、教育施設というイメージが強いのが現状です。しかし博物館は、学習や調べものといった目的にとどまることなく、回想法を目的として利用することができ、地域に暮らす高齢者をはじめ世代を越えて人々が結びついていくきっかけになります。また、地域における回想法の普及にもつながっていきます。

　一見、敷居が高いと思われがちな博物館を活用することで生き生きとした高齢者の笑

顔を引き出すことができます。

方法

　博物館に出かけ、見学します。自身が使ったり食べたりしたことのあるものがガラスケースのなかに展示してあると、おのずとその展示品を指差し、「これ使ったことがる!」という言葉に続いて思い出話が始まります。話の合間に、同行している高齢者施設等の職員が質問をすれば、より生き生きと話が展開していきます。

　そこで昭和日常博物館では、1時間ほどで回想を楽しみながら見学できるような「見学マニュアル」を作成しました。展示空間のなかで効果的に回想法を体感してもらう方法を示し、高齢者施設や高齢者と暮らす家族に提供しています。当館ではこうした機会を「お出かけ回想法」と名づけました。グループ回想法を意識して来館する高齢者施設の入所者のグループも多く、施設職員が数名の高齢者に同行して展示を見ながらセッションを行うこともあります。

展開過程

事前準備

　より有効な見学にするために、各博物館の展示内容や注目する展示コーナーを把握しておくことが大切です。健常者だけでなく車いす利用者や介助が必要な人に合わせて、途中の段差箇所、エレベーターやトイレ、参加人数に合わせた休憩場所、駐車場なども確認しておきます。そのためには事前の下見が大切です。その折に、見学目的や予定、参加人数などを博物館職員と打ち合わせできると円滑に進めることができます。また、参加者の心身の状態や興味をもっていることなどについても、確認しておきましょう。

お出かけ回想法の実際

【特別養護老人ホーム入所者4名と施設職員5名の例】

　施設職員が一人ひとりをサポートしながら館内を見学します。タバコ店の再現コーナーで立ち止まり、タバコにまつわる思い出話が始まります。吸っていた銘柄や値段、喫煙量などの話題を施設職員が提供すると、入所者からは「フィルターなんてなかった」「1日2箱」「俺は○○○をのんでた」などの声が聞かれます。順路に従って移動しながら思い出を語る様子が見られます。

【高齢者を含む三世代家族の例】

　自転車の三角乗りや洗濯板を使う様子などの身振り手振りを交えながら、祖父母世代が子や孫世代に思い出を語り聞かせている姿がよく見られます。生き生きと語る祖父母の姿や、ふだん聞かない話は若い世代には新鮮に映るようで、家族の関係性がさらに深

1

回想の力を
ケアに活かす

2

地域でケアやQOLの
向上を目的として行う

3

地域で「人」や「時」をつなぐ
ことを目的として行う

4

回想法を学ぶ
伝える

まるきっかけになっているようです。

【比較的健康なデイサービス利用者7〜8名と施設職員4名の例】

　歩行に支障がない人は比較的自由に展示会場を回ることができるため、興味をもつものが広範囲にわたります。博物館内を一周したあとで休憩スペースや展示会場の一角に腰を据え、それぞれが興味をもったことや思い出を話し合うことで、20分程度のグループ回想法を実践することになります。

「お出かけ回想法」実施後の振り返り

　博物館での見学について感想を話し合う機会をもつことが大切です。見学当日だけでなく、数日を経てから写真などを見ながら感想を聞くことも有効です。

　また、施設職員は「お出かけ回想法」が効果的に実施できたかを確認することも必要です。

結果（効果）

　日常では語られない高齢者の生活体験や思い出を、介護する側も共有することは有意義なことです。それは、高齢者施設でも家族でも同様です。

　親子であっても、「はじめて聞いた話だった」「そんな一面があったんだ」といった驚きの声を聞きます。また、認知症などの症状を抱えた人について「○○さんは、ふだんはあまりしゃべらないのに」「笑顔を久しぶりに見た」といった感想が、介護職員から寄せられることもしばしばです。高齢者にとってはなじみ深い、懐かしい実物資料に囲まれることによって、自然に気分が高揚し、自身の思い出を話したい、誰かに伝えたいという積極的な感情があらわれるようです。

実施者としての学び

　昭和日常博物館には、一万点を超える資料が展示してあります。多くの人の興味を引きそうな資料を目立つ場所に展示することが多いのですが、来館者の経験や思い出は実に多様であり、私たちの意図とはやや外れた資料を指差して熱心に話し始める人も少なくありません。展示した私たちも把握していなかった用途やものとしての背景などを、こういった会話から知り得たことも何度かありました。当たり前のことですが、100年近くの経験のなかで出会ったものや思い出は、博物館にも納まりきらないことを痛感するとともに、こうした場や実物資料の有効性を実感しています。

実施にあたっての留意点

■ 出かける先は、施設職員と高齢者双方にとって慣れない環境です。何よりも安全を優先し、無理のないスケジュールで動くようにしましょう。

■ 懐かしい時代が、すべての人にとって幸せな時代であったとは限りません。思い出したくない記憶やつらい思い出のある人もいるはずです。乗り気でない人にむやみに感動を押しつけることなく、施設職員のほうが盛り上がりすぎないように、常に高齢者の気持ちを優先することに留意しましょう。

■ 高齢者と接していると声が大きくなりがちですが、博物館内でふだんの声量で会話をすると他の見学者に迷惑になる場合があります。また、写真撮影や水分補給が可能な場所が決められている博物館もあります。事前準備の打ち合わせの際に確認しておきましょう。

■ 多くの博物館では新型コロナウイルス感染症に対応した利用制限や見学ルールが定められています。以前は利用できた休憩用のいすや貸出用の車いすなどが一時的に撤去されている場合もあるため、必要な場合には準備をして、感染対策には十分注意して出かけましょう。

昭和日常博物館ロビー

お出かけ回想法を楽しむ高齢者

回想法を活用することにより、博物館を地域の人が結びつくきっかけづくりの場としています。回想を用いたこのような活動は、欧米では以前から着目され展開していましたが、筆者の知るところでは、日本では、「昭和日常博物館」がはじめての取り組みだと思います。この動きは、現在、多くの博物館や歴史民俗資料館において取り入れられています。

野村豊子

PART
2
回想法の実践事例

1 回想の力をケアに活かす

2 地域でケアやQOLの向上を目的として行う

3 地域で「人」や「時」をつなぐことを目的として行う

4 回想法を学ぶ、伝える

23 介護予防を目的とした
デイサービスでのグループ回想法

川江妙子

グループ
回想法

事例の概要

　筆者（ケアマネジャー）は、市の委託を受け、介護予防を目的とした「生きがいデイサービス」を運営しています。ここでは元気な高齢者が、体操や麻雀、手芸、カラオケなどを行っているのですが、そのメニューの一つとして、回数に制限を設けずに、毎週1回、グループ回想法を行っています。ここでは、思い出話に出てきた飾り物をつくるといった活動を交えた回想法を紹介します。

　語り手 ▶ 65歳以上の元気な高齢者（介護保険対象外の高齢者）
　聴き手 ▶ ケアマネジャー
　時　間 ▶ 毎週金曜日、午前11時〜12時までの60分
　場　所 ▶ 介護予防のデイサービス内のフロアおよびキッチン
　テーマ ▶ 時系列、非時系列、参加者からのリクエスト　など
　準　備 ▶ テーマに沿った道具、難聴の人のための筆談用具、参加簿　など

目的

① 　回想法でのやりとりを通して対人関係が進展し、地域のなかで生き生きと生活できるようになること。

② 　地域の文化や行事を思い出し、確認し、次の世代に伝えていく担い手となろうという意識をもつこと。

③ 　回想法により、生きてきた道を振り返り、自信を取り戻し、やり残したこと、まだまだできることに気づいて、残された人生を楽しく生きるようになること。

方法

　その日のデイサービス出席者に声をかけ、希望者のみ参加します。ほぼ毎回参加する人が大半ですが、時々参加するという人もいます。1グループ8名を目安にグループをつくります。参加者がリーダー、コ・リーダーを担うこともあります。難聴の人には、コ・リーダーが筆談でサポートします。参加簿は、手芸や折り紙の時間に、参加者が協力して作成します。

はじめての参加者がいるときなどには自己紹介を行います。テーマは多岐にわたります。繰り返し取り上げるテーマもありますが、その時々で新しい展開となります。

● テーマの例

・さあし柿（渋柿を甘柿にする） ・カルメ焼きづくり ・お正月飾り ・餅花づくり（小正月飾り） ・どんどん焼きの団子 ・盆飾りづくり ・わら草履を編む ・湯たんぽをつくって暖まる ・蚊帳吊り、片づけ ・大掃除の再現	・練炭の火おこし ・竹の皮で包んだ梅干しのごちそう ・火熨斗を使って ・わらいずみ（飯びつ入れ）を使ってすいとんづくり ・お雑煮 ・お汁粉 ・そば打ち ・柏餅 ・桜餅 ・田舎饅頭　　　　　　　　　　　など

　道具は、「物置にあったけど、使えたら使って」と参加者が提供してくれた物や骨董市や不用品バザーなどでの購入品を用います。室内に陳列し、探しやすいように配慮します。作業や活動を行うのは毎回ではなく、不定期です。そのときのセッションのなかで「やろう」という流れになることもあれば、事前に準備をしておくこともあります。

展開過程

　ここでは、餅花づくり（小正月飾り）の様子を紹介します。まず、「餅花」の思い出話に花を咲かせます。例えば、次のような話題を投げかけます。

①　餅花って何？　いつつくって、いつ下げるの？　下げたらどうするの？

②　材料や道具を思い出しましょう（上新粉、色粉、枝、蒸し器　など）。

③　つくる段取りを思い出しましょう（上新粉をこねる、蒸す、色粉を溶く、色をつける、ちぎって形をつくる　など）。

　あらかじめ材料を予測して用意しておきますが、予想外の道具や材料が語られることもあります。そのときはスタッフが調達に走ります。この回は特に予想外の物はなく、昼食をはさんで、午後から実際につくってみました。

　材料と段取りを確認し、作業を開始します。熱湯を足しながら上新粉をこねます。

「硬さはこれくらい？」「もう少しだよ」「そーっと、水を入れて」「少しずつだよ。気いつけてね」「こんくらいだっけ」

　参加者は、餅と耳たぶを交互につまんで、指先の感触の記憶を頼りに確認しています。

「うん、いいんじゃない」「いい、いい」

餅を蒸している間に、赤と緑の色粉を水溶きします。

「これくらい？」「ダメダメ、多すぎるよ」「ちっとでもすごく濃くなるからね。うんと少なくていいよ」「これくらい？」「まだ多いよね～」「いいんじゃない」「や、多いと思うよ」

それぞれの記憶が少しずつ違うため、色粉の量がなかなか決まりません。このやりとりがとても楽しそうです。やっと「こんくらいかな」と、皆が納得する色が出ました。

蒸し上がった餅を3つに分け、着色する2つは色が斑にならないよう、交代でしっかり溶いた色粉を練り込みます。

「なかなか混ざんないねえ」「こりゃあ、結構大変だねえ」「こんくらいでいいらあ」

少しずつちぎって、思い思いの形をつくっていきます。

白い餅でウサギの形をつくり、赤の餅でちょんと目を入れた人に「あんたうまいね～。すごい器用じゃん」「昔やったの思い出してさ」等々、会話も弾み、たくさんの餅花ができました。

結果と考察

作業や活動のなかで「あの頃は、よく頑張ったよね」「今だって、まだまだ、できるこたあ、いっぱいあるよ」と、自分に言い聞かせるような言葉がよく聞かれます。自信を取り戻し、やり残したこと、まだまだできることに気づいて、前向きに人生を楽しく生きていこうとしているように思われます。また、「この間みんなでつくった田舎饅頭、家で孫たちにつくってやったら、すごいね、おばあちゃんこんなのつくれるんだね、おいしいねって大喜びだったよ」など、家族のなかでの自分の存在を確認できたり、次世代への伝承が行われたりしている様子も見られます。

紹介した餅花づくりの場面では、「お湯を入れすぎないかな」「もうやめてって言ったほうがよいかな」など、手や口を出したくなる場面が多々あります。そのようなときは「半歩下がった同行者」[3-3]という聴き手のあり方について、繰り返し考えます。「半歩」とはどのくらいだろうと、いつも悩みますが、ここでは、事故のないよう見守り、参加者全員が同じように参加できるよう心を配ったくらいでした。聴き手のあり方については、実践を継続しながら問い続け、学び続けていくしかないと考えています。

参加者は皆、仲が良く「一緒に何かしたい」と前向きです。コミュニケーション能力が高く、新しい参加者を自然に受け入れ、回想法以外の場でも他者の話をしっかり聴く

力があります。その背景には、十余年、毎週、回想法を続けてきたことがあるのではないかと思います。

その後の展開

「生きがいデイサービス」での回想法の実践を通して、リーダー、コ・リーダーの技法を学んだ参加者が、ボランティアとして、地域のサロンや介護施設で回想法を実施しています。また、毎年、春と秋に、「お出かけ回想法」と名付けて市立博物館の古民家を借りて実施しています。このことをきっかけにデイサービスと博物館との交流が生まれ、学芸員から市の歴史について講義を受けたり、博物館の企画の染色教室に参加したり、参加者の生涯学習への意欲が高まっています。

実施者としての学び

毎回、必ず新しい学びがあります。地域の慣習、伝統はもとより、子育て、食事、掃除の仕方、失われた町並み、薬草、田作業など、参加者にさまざまなことを教えてもらっています。今回の餅花づくりなどは、そのよい例です。また、料理の手順などの手続き記憶の確かさ、鮮明さを実感することもあります。手続き記憶を活用することで、忘れていた他の記憶が次々によみがえる状況も目の当たりにしています。

同じ地域のほぼ同世代の人でも、まったく異なる思い出や思いが語られます。「同世代」と、ひとくくりにできない「個人生活史」があるということを実感しています。

実施にあたっての留意点

■ 食べ物を扱うときには、衛生管理に十分留意して行います。
■ 参加者には「個人情報守秘」について十分に説明し、了解してもらったうえで、回想法を実施しています。

できあがった餅花を枝に刺して完成です

「ご近所の○○さんのお宅で、何やら楽しそうに皆さんが集まっているので、ちょっと行ってみましょう」と、玄関から入ってみると、昔よく使っていた調理道具や自宅の物置にほこりをかぶって置いてあるようなものが置いてあり、ごく自然に周りの人との思い出話に花が咲きます。回想法の6W1Hをしっかりと基本に置きつつ、ゆるやかに、また安全にやり取りが繰り広げられている風景です。　　　　　野村豊子

24 「神埼の想い出レシピ」づくり
～伝えていきたい神埼の昔

江口賀子

グループ
回想法

事例の概要

　筆者が所属する大学では、1989（平成元）年より地域の高齢者を大学に招き、社会福祉を学ぶ学生の生きた学びの場として「高齢者教室／チャレンジ幸齢セミナー」（以下、セミナー）を実施してきました。参加高齢者の大半は、70～90歳代の戦前・戦中世代で、生活の変化、町の移り変わりを体験してきた人たちでした。大正・昭和初期生まれの人の生活の理解への手がかりを残すため、神埼（佐賀県神埼市）で生まれ育った高齢者の食文化について、調理実習を用いた回想法を実践し、「神埼の想い出レシピ」として冊子にまとめました。

語り手	▶ 神埼で生まれ育った地域の高齢者7名（70～90歳代）
聴き手	▶ リーダー（大学教員、大学院生）、サブリーダー（大学生2名）、記録を含むサポート役（3名）
時　期	▶ 2010（平成22）年2月～3月
時　間	▶ 1回あたり120分、全5回
場　所	▶ 大学内の健康実践センター
準　備	▶ テーマに沿った食材や調理器具　など

目的

　高齢者個人の生きてきた軌跡を聴き、記録に残し、さらには地域に共通する生活史を資料化することで、①高齢者に対する個人の尊厳に根ざした支援（パーソン・センタード・ケア）を実施するうえでの重要な資料とすること、②神埼の生活史の世代間継承を行うことを目的としました。

方法

　回想法への参加者を募る前段として、セミナー参加者53名と学生と共に、次の2つの活動を行いました。

①神埼の歴史を知るため「地勢・時代・歴史文化遺産等について」というテーマで、地域の歴史研究者の話を聞く（60分）
②回想法についての講義・グループ演習（a～cは演習テーマ）
  a　地区の歴史について興味を感じたことについて
  b　高齢者の生きてきた時代について興味を感じたことについて
  c　高齢者の生活について地域や背景がどのような影響を与えているか

　同時に、主催者側で神埼の食文化について先行文献より[3-4]、[3-5] 整理・抽出等を行いました。その後、神埼で生まれ育った7名が参加してくれることになり、「伝えていきたい神埼の昔」と称して、回想法を行いました。

● 各回のテーマ

第1回	自己紹介・昔の食事	第4回	28水害と太平洋戦争
第2回	行事と行事食	第5回	「神埼の想い出レシピ」づくり
第3回	想い出の料理（調理実習）		

展開過程

　1回あたり120分、全5回のグループ回想法を実施しました。第3回目には、参加者とともに調理実習を行いました。全5回の流れと、グループ回想法の流れは、次のとおりです。

● 全5回の流れ

①参加者へのインタビュー（1回目・2回目）
②主催者による試作
③調理実習（参加者とともに）（3回目）
④レシピ内容の確認（4回目）
⑤「神埼の想い出レシピ」の作成（5回目）

● グループ回想法の流れ

①会場の準備（季節の花を飾る、いすの配置、テーマの準備）
②参加者の迎え
③ウォーミングアップ（参加者持参品等を中心に）
④テーマに関するグループワーク①（約50分）
⑤休憩（約10分）　　　　　　　　　　　　　約120分
⑥テーマに関するグループワーク②（約50分）
⑦参加者の見送り
⑧スタッフミーティング

【1回目】

　参加者同士は、セミナーを通してすでに顔見知りであり、リラックスした雰囲気で始まりました。趣旨説明を行い、自己紹介に引き続き、昔の食事の思い出をテーマにグループ回想法を実施しました。

【2回目】

「神埼の文化財」[3-6)] の資料をもとに思い出を語ってもらいました。

> Aさん　：（70歳代）千代田方面では、じんさくさんが「♪こうとかんか〜。しこんししこんして、うまかば〜い♪」というかけ声とともに、車力でクジラ肉を売りに来ていました。慶応10年生まれの祖母が、「じんさくさんは歯なしなのに、しこんしこんしてうまか〜、て言うて、おかしかねー」とよく笑っていたものです。
>
> Bさん　：（70歳代）神埼では、えざきさんが、脊振ではしんたろさんが石タイヤの自転車の後ろに木箱をくくりつけて売りに来ていました。

【3回目】

　2回目の終わりに、メニューについて参加者の希望を聞き、3回目で実際に皆で調理を行いました。参加者が学生に調理方法を教えます。かっぽう着を身につけた参加者は、自らクジラ肉やノビルなどの食材を持参し、手際よく次々に料理をしていました。「砂糖や醤油などは戦時中なかなか手に入らなかった」「今の味とは違いますよ」などと、昔の味を思い出しながら語りました。学生たちははじめて聞くエピソードやはじめての味つけに興味を示し、参加者の生きてきた時代背景の理解を深めました。

【第4回、第5回】

　第4回では、レシピ内容をもう一度確認し、第5回では、思い出のレシピを冊子[3-7)、3-8)] にまとめる作業を行いました。

結果と考察

　参加者一人ひとりがあふれ出るように、戦時中の食糧難のなかでの食べ物のエピソードを語りました。食材や食事の内容とともに、家族の思い出や登下校中の思い出、当時のクジラ売りの行商の呼び声などが次々と語られました。

　「食事」という生活に密着したものにまつわる思い出をテーマにしたので、比較的思い出しやすく、また具体的なエピソードの回想に通じたのだと思います。また、実際に調理をすることで、調理方法や手順などが自然に再現され、食材の色や形、においや味などの刺激により、具体的な記憶につながり、よりスムーズに進めることができたのだと思います。また、冊子にまとめる作業を通して、参加者は共有した思い出のレシピや

エピソードをさらに深めることになりました。

　回想法を通して、語られる思い出のなかには大変なことだけではなく、それを乗り越えてきた自分がいて、今まで生きてきた人生に対しての誇りが感じられました。その力を振り返り、そのエネルギーを今後の力へとつなげていくような語りがあり、人生の統合感とともに、参加者の力強さを感じることができました。

実施者としての学び

　回想法を通して、参加者の生活史・食文化について学ぶ機会を得ることができました。実際の食材や食事、資料にふれ、それにまつわる時代背景を理解することで、神埼地域の高齢者とかかわる際に、より深く個人や地域を受け止めることができたと感じています。同じ出来事でも一人ひとりの受け止め方が異なる部分や共通する部分があること、その想いもさまざまであることが理解でき、個人の尊厳に根ざした支援を実施することの共通認識を参加者・主催者ともにもつことができました。

実施にあたっての留意点

■ 調理については、現在の調理方法と異なる点もありましたが、当時の食文化として受け止めることが大切だと感じました。参加者のなかには調理を行うことがむずかしい人もいるので、個々の状況を尊重した役割分担を考えていくことも大切です。

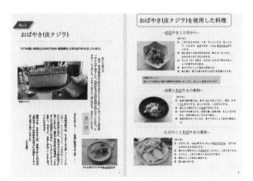

「神埼の想い出レシピ」より

地元の歴史をさまざまな文献から学ぶだけではなく、生きてきた時代、生活、地域について、暮らしを重ねてきた高齢者自身が話す場面は、語りのなかから地域の暮らしを再構成していくことにもつながります。また、食材、調理方法、食卓、団らんなど、食文化として根づいてきた情景が鮮やかによみがえります。「思い出レシピ」にまとめられたおいしい地元の料理は、地域、若者世代に、温かい夢とふくよかな香りとともに伝わっていくでしょう。

野村豊子

PART
2
回想法の実践事例

1
回想の力をケアに活かす

2
地域でケアやQOLの向上を目的として行う

3
地域で「人」や「時」をつなぐことを目的として行う

4
回想法を学ぶ、伝える

25 | 地域の誰もが立ち寄れる 認知症カフェでの回想法

川江妙子

グループ 回想法

事例の概要

　筆者（ケアマネジャー）は地域の人が気軽に立ち寄れるような「認知症カフェ」を、毎月1回、開設し、ここでグループ回想法を実施しています。運営は、「生きがいデイサービス」（事例23参照）の利用者を中心に、認知症等により「生きがいデイサービス」を卒業した人も加わってボランティアで行っています。ここは、身体状況、年齢、職業など、共通項がまったくないように見える客同士がそれぞれの思い出を話し、わかち合える社交の場となっています。

語り手 ▶ カフェの客（要介護の高齢者、幅広い年齢層の地域の人など）
聴き手 ▶ ボランティア　など
時　間 ▶ 毎月第1月曜日、午後2時～5時の認知症カフェ開催中、60分程度
場　所 ▶ デイサービスのフロア
テーマ ▶ 季節に沿ったテーマや参加者からのリクエストに応じたテーマ　など
準　備 ▶ テーマに沿った道具、難聴者に対応するための筆談用具　など

きっかけ

　ケアマネジャーの仕事を通して、要介護状態になった人が、「地域の人との交流がなくなり、寂しい」とこぼす声を聞いてきました。そこで、要介護状態になっても、地域の人とのかかわりを続けていくための場として、認知症カフェをオープンしました。そして、元気な人も介護が必要になった人も、高齢者も若者も子どもも、カフェに来たすべての客が楽しく交流できるようにと、回想法を取り入れました。

目的

① 「介護が必要になっても、地域の一員として生活していきたい」という思いをかなえること。
② 　さまざまな世代が交流することにより、失われていく地域の文化や伝統、日常の生活や行事を思い出し、伝えていく場を提供すること。

方法

① カフェ利用中の客に回想法への参加を呼びかけます。参加は自由です。

② 1グループ8名を目安とし、参加人数によりグループの数を調整します。

③ 難聴の人には、コ・リーダーが筆談でサポートします。

④ 60分程度を目安とします。終了後に座なおりの時間をつくり、参加者全員で、回想法の感想、最近の地域の出来事などを話します。

展開過程

夏が来ると、毎年、蚊帳の中で回想法を実施します。ここでは、夏休み中に中学生が参加して、三世代交流の場となった回の様子を紹介します。

事前にフロアに蚊帳をつっておき、リーダー、コ・リーダーが参加希望者に中に入るよう呼びかけます。

> Cさん ：（80歳代、女性）蚊帳だね〜。懐かしいね〜。
> Dさん ：（70歳代、女性）ほんとだね〜。
> Eさん ：（80歳代、男性）（蚊帳を5本の指でつまんで揉むようにしている）

参加者は、蚊帳の外から眺めているだけで、中に入るのを躊躇している様子です。Eさんが、懐かしそうに蚊帳を指で揉んでいる様子を見て、リーダーはEさんに声をかけました。

> リーダー：Eさん、これってどうやって中に入るんですか。すみませんが皆さんに、入り方を教えていただけませんか。
> Eさん ：こんなもん、別に教えるなんてもんじゃねえよ。こうやってバタバタって叩いて、サッって入るんだよ。
> リーダー：バタバタでサッですね。
> Eさん ：そう、バタバタでサッ。
> リーダー：バタバタでサッ、ですって。皆さん、やってみましょうか。

Eさんが、はじめに蚊帳の中に入ったことで、周りにいた人があとに続きました。

> Fさん ：（30歳代、男性）これが蚊帳なんだ〜。聞いたことあったけど、はじめて見たな〜。（めずらしそうに眺めまわしながら、少しだけ頭を下げて、蚊帳をまくり上げてゆっくり入る）
> Dさん ：あああぁ、だめだめ。身体をできるだけ小さく、低くして、裾をちょっとだけめくって、急いで入る。もう一回やってみ。

Dさんに、蚊帳の中に蚊が入らないように急いで入る方法を教わったFさんは、ここで、もう一度入り直しました。このように、回想よりも前に交流が始まることもあります。全員が、蚊帳の中に入ったところで、セッションを開始しました。簡単な自己紹介の後、中学生のGさんに声をかけました。

> リーダー：Fさんは、これをはじめて見たっておっしゃっていましたけど、Gさんはどうですか？　どこかで見たことありますか？
> Gさん　：（中学生）ないです。
> Hさん　：（Gさんの母、40歳代）"サザエさん"（アニメ番組）で見たんじゃない？
> Gさん　："サザエさん"で？　見たかなあ。
> Hさん　：なんか、皆でこん中で寝てたよ。
> Cさん　：そうだよ。こん中で寝たんだよ。
> Gさん　：なんで？　なんでこんな中でわざわざ寝るの？
> Cさん　：蚊がいっぱい入ってきたんだよ。だから蚊帳つんないと、蚊に刺されて、刺されて……。
> Gさん　：どうして？　そんなにいっぱい蚊が入ってくるの？

　3人だけの会話が続いています。リーダーは「この3人の時間」を大切にしたいと思いました。しかし、他の参加者の耳には届いていません。このようなとき、リーダーの介入のタイミングは、とてもむずかしいものです。このときは、Gさんの問いを受け、ここまで発言のないIさんに向けてみました。

> リーダー：どうして蚊が入ってくるの？　って、Gさんが聞いていらっしゃいますけど、Iさん、どうしてなんでしょう。どうしてそんなに蚊が入ってくるんですか？
> Iさん　：（70歳代、女性）網戸なんてなかったし。田んぼばっかだから、蚊はいっぱいいたさねえ。

　その後、電気を消して蚊帳越しに見た満月のきれいだったこと、穴の開いた所は手ぬぐいで補強したことなど、次々と思い出が語られ、最後にEさんを中心に、つってあった蚊帳を皆でたたんで、この回は終了しました。

結果と考察

　「夏の夜には蚊帳をつる」という、忘れられようとしている文化や伝統が、認知症カフェで行う回想法のやりとりを通じ、若い世代に伝えられました。伝える高齢者の表情

は生き生きとし、誇らしげで、自信に満ちています。教わる若い世代は、驚きと尊敬の表情で、目を輝かせて聴いています。「座なおり」の場では、参加者同士がすっかり打ち解け、笑顔で話しています。この認知症カフェでのひとときは、認知症等によって地域から遠のいてしまった高齢者が、地域の一員として、皆から承認され、自身も自己承認することができる場になっているのではないでしょうか。

　この後、「サロンや三世代交流を目的とした集まりで回想法を実施したい」という要望が聞かれるようになり、カフェを運営する高齢者のスタッフと筆者が、地域のサロンにて回想法を実施するなど、地域とのかかわりが広がっています。

実施者としての学び

　世代を超えて行う回想法は、高齢者が次の世代に自分たちの体験や経験を伝えるだけの場ではありませんでした。高齢者が「LINEってすごいんだよ」などと、若者から得た知識を嬉しそうに話してくれることもあります。また、「若者には回想するような昔はない」と思いがちですが、若者にも「回想する昔」は存在するということに改めて気づかせてくれます。若者にとって回想法は、自分のちょっと前の時代を思い出して、自分のことを振り返る場になっています。認知症カフェにおける回想法は、認知症の人が活躍する場であると同時に、参加者が自分の過去から今、今から未来を見つめ直す場になっているように思われます。

> ### 実施にあたっての留意点
> ■ 認知症カフェの客同士は初対面のこともあります。また、参加者一人ひとりの事前アセスメントはないので、個人の生活歴はわかりません。そのときの参加者を短時間に把握して、その日のテーマと道具を選ぶことが大切です。
> ■ はじめての参加者には開始までの時間に声をかけ、セッションのなかでその人が「主役」になる場面をつくる方法を考えます。要介護の人は、同行の家族にも最近の様子、今日の体調などを確認します。このように開始前の時間に少しでも参加者とかかわることが、参加者の緊張もスタッフの緊張も和らげてくれます。

> 認知症カフェという場で、「生きがいデイサービス」の参加者も心おきなく周りの人とのつながりを大切にしながら、思い出話を楽しんでいます。近所の家で行われているケアの場が、地域のつながりを生み出しています。回想法の小道具として、大きな蚊帳をかもいにかけて、つり方や蚊が入らないようにもぐりこむ方法など、遠い昔の記憶が暗い夜の闇とともに思い出されます。蚊帳の中で眠りにつく子どもの頃の体験を、懐かしい思い出とともに肌で感じる人もいると思います。
>
> 野村豊子

日常の暮らしのなかで地域の歴史をつなぐ「古地図語りの会」

本間　萌

グループ
回想法

事例の概要

　地域の人たちに呼びかけをして2010（平成22）年の夏に回想法の研修（全4回）を行いました。その後、研修の参加者であるJさんより「自分が住む地区で回想法を実施したい」との話があり、グループ回想法を実施することになりました。参加者はK地区在住の67〜85歳の男性延べ7名で、全31回開催しました。はじめは特別養護老人ホームの会議室で会を開いていましたが、その後、参加者の自宅にある庚申塔やポンプ式井戸、お稲荷さまを見るなど開催場所が地域へと広がりを見せました。最終回にはこれまでの会で語られた話を冊子にまとめて参加者に渡し、感想を聴きました。

> 語り手　▶　60〜80歳代男性延べ7名
> 聴き手　▶　ソーシャルワーカー
> 時　期　▶　2011（平成23）年1月〜2013（平成25）年5月
> 時　間　▶　月に1回90分ほど、全31回
> 場　所　▶　特別養護老人ホーム会議室、参加者の自宅や地域

目的

　昔の地図をもとに集まり、お茶を飲みながら子どもの頃など昔の話を聴くことを目的としました。

方法

　グループ回想法の参加者はJさんが地域の人に声をかけて集めてくれることになり、実施前に会の参加への同意を得て事前アセスメントを行うことにしました。事前アセスメントでは、①昔の話をすることはありますか、②地域をどう考えていますか、③会に期待することはありますか、の3点を尋ねました。その回答から、自分たちが住む地域の昔の話を聴きたい、もっと深く知りたいという思いが参加動機となっていることがわかりました。また、今残さなければならない、後世に語り継ぎたいという思いがあり、同じ地域に住む人たちとのかかわりから時代の流れを感じていることがわかりました。

　第1回は昔の地図を準備し、会の名前や進め方について参加者に聴きながら決めていきました。毎回、テーマを設定するのではなく参加者が話したいことを自由に語ってもらう場としました。

● **各回の話題の例**

第1回	会の名前、進め方について、小学校の思い出
第2回	昔の風景、火事の知らせや火消し、葬式
第3回	正月の行事、田植え、おいしかった食べ物、祭り
第4回	月並念仏、祭り、山仕事、川遊び、炭焼き
第5回	神社や寺とのかかわり、結婚式、連絡手段、遊び、生き物
第6回	電気、五右衛門風呂、炭焼き、屋根の茅葺き、田植え
第7回	井戸掘りと井戸の掃除、テレビの普及、撮影所、戦時中の物資

　第6回では参加者の1人が記憶をたどって山や川、谷戸、屋号などを描いた昔の地図を見ながら、屋根の茅葺きに必要な茅刈りについての思い出が語られました。

Lさん	：茅場があったのよ。馬入らずっていう所。馬が入らなかったんだね。
リーダー	：馬が入らないくらいせまい道路。
Lさん	：うん、そうだったろうね。で、馬入らず。
Mさん	：馬も入れなかったんじゃないの。
Lさん	：名前が馬入らずって。そこの所にね、茅場があったのよ。昔はみんな、茅の屋根だったね。講中（仲間）があって、茅場の講中があってね。それでね、大体1軒で、何年ぐらい経つか、3年ぐらい経つか。
Nさん	：あれ何段、何段って数えたでしょ、茅。あれどういう単位でやったのかね、一段、二段って。茅は。何段、何段って言ってたね。
Lさん	：茅場講中があってね。この上に茅場があったんですよ。そこで茅を変えた頃になって、茅を刈り込みに行ったわけ村中で。講中の人が。
リーダー	：茅っていうのはどんな植物なんですか。
Mさん	：ススキ。
リーダー	：本当のススキを茅に。
Lさん	：そうそう。
Mさん	：あれの背丈位のがあるでしょ。それを専門につくっている山があるわけです。それはこの前も言った講中で、要するに仲間を。茅葺き屋根の家だけ40軒か50軒集まって共同でつくって。だから今年は誰々の家を直そう、来

年は誰々の。講中が、じゃあ縄を持って来いとか、その茅を、ここで刈った以外に足らないから、どっかで探して持って来いと。そういうことで共同で皆で。30年から40年に1回屋根替えをしてたわけですよね。

　第26回では、Lさんが描いた生き物の絵を見ながら、近くの川で見られた生物の話を聴きました。

○さん	昔は農薬がなかったからね田んぼに行けばドジョウでもエビでも何でもね。
Lさん	タツボね。こういうの。
○さん	カタツムリの格好したのがタツボ。田んぼにいたんです。みんな食べられます。茹でて、ちょっと泥臭いけど。田んぼにいるのは全部食べられたね。
Lさん	エビはたのくろ（田畑を区切るために土を盛ったところ）にいたの。人が歩くようにつくってあるでしょ。いっぱいいたんだ。
リーダー	エビってザリガニじゃないんですか？
○さん	川にいるのは、今の天ぷらとかかきあげにするようなやつ。田んぼの中はほとんどザリガニです。外来種が増えてきてから。川にいたのは川エビか、手長っていう2、3種類いた。
○さん	ザリガニのほうが食べる身が多いでしょ、みんな食べましたよ。
Lさん	雑巾バケツみたいの持って行って。
○さん	ザリガニは食用カエルの餌に持ってきたものなんですよ。それでこの辺に増えた。
Lさん	それが全国に増えていった。
リーダー	たくさん採れたんですか？
○さん	いくらでもいたんですよ。どこにでもいた。台風の後なんか道路なんかに全部歩いてた。子どもの頃にバケツ持っていったら、すぐ一杯とれましたよ。釜茹でにしちゃって。

結果（効果）

　最終回にこれまでの会で語られたことを冊子にまとめて参加者に渡しました。そして、会に参加しての感想を聴きました。

「貴重だし少しでも残したい。我々の代になると全然わからない」
「昔のことを思い出させてもらって本当によかったです。昔は何にもなくて寄り合いは1月15日に1回あるだけですから。仕事を教えたり教わったりはするんだけどこういう話は親子で先まで残していくという考えは何にもなかったです」

「古地図語りの会」は、回想法の研修に参加したJさんの思いから始まりました。参加者の選定は発起人のJさんに依頼しました。その結果として、幼い頃からの関係性や日常の関係性がグループのなかでもみられる地域への誇りや愛着が高い参加者が集まりました。先祖代々住まう地域の歴史や習慣を後世に残していきたい、引き継いでいきたいという思いが互いに語られるグループとなりました。昔の思い出が参加者の関係性や地域の歴史とともに自由に語られることはその地域固有のものといえるでしょう。

実施者としての学び

参加者の1人が「70年この土地に住んでいても知らなかったことがある」と話していたことに、筆者自身が驚かされました。そして地域や土地のことをもっと知りたい、今残さなければなくなってしまうという思いが参加意欲につながっていました。

地域で行う回想法は、多様な展開の可能性が考えられます。はじめの目的は昔の地図を見ながら、参加者に昔の思い出を聴くことでした。会が進むにしたがって、歴史や文化、習慣を後世に残したいという思いが語られ、冊子を作成するという目標ができました。さらには地域を散策する、畑にあるドクダミを採ってお茶にして飲む、というように日常生活と会とが次第に連続性を見せていきました。地域にある資源や資料、文化を活かすことで、人々の生活に根ざした回想法を展開することが可能になるということを体感させてもらいました。

実施にあたっての留意点

■ 参加者の選定やテーマは参加者に委ねました。さらに、第1回で会の名前や会の進め方について参加者と一緒に考え、決めていく過程はグループ回想法の場を参加者のものとし、自主性を高めることにつながります。

高齢者が語る話には、その人の人生を超えて地元の風物の情景とともに、風習や伝統が息づいています。「古地図語り」という命名のもとに始まった試みは、古地図から地元の探索にまで広がっていきます。先祖代々伝承されている昔からの地名の記憶を、次の世代に引き継いでいきたいという参加者の強い意思の一端が、地図という媒体にあらわれています。活動がまとめられた冊子を地域で継承していくことも期待されます。

野村豊子

男性グループによる回想法

来島修志

事例の概要

　市民に向け男性ばかり10名の参加者を募集し、毎週1回、全8回のグループ回想法「北名古屋市回想法スクール男性専科」（以下、「男性専科」）を実施しています。「北名古屋モデル」といわれる回想法事業の進め方と男性ならではのグループの印象と波及効果について紹介します。

参加者 ▶	市の広報誌を見て申し込んできた男性、市民活動の団体や個人に声をかけたり、既参加者の口コミで誘い合ったりして参加の同意を得られた男性10名を定員として、毎年1スクール開催
聴き手 ▶	NPO法人職員
期　　間 ▶	2か月間
時　　間 ▶	週1回、約60分、全8回
場　　所 ▶	公民館など地域の集会所
準備品 ▶	思い出の品、出席簿、名札、色紙、文房具、デジタルカメラ、毎回の参加の様子を撮影した印刷写真、お茶セット　など

きっかけ

　2002（平成14）年度より「北名古屋市思い出ふれあい（回想法）事業」がモデル事業としてスタートし、その効果検証の実績をふまえてグループ回想法を継続してきました。この事業は、地域の住民にとって回想法をもっと身近なものとして日常生活に活かすことで良好な人間関係を築き、充実した生活の一助としてほしいとの考えから、新たな試みとして「治療を目的として、医療・福祉施設で行うのではない地域の回想法」として提案されました。そこで、高齢者をはじめその家族や一般の人、回想法センター来館者、ボランティア関係者に紹介し、参加者10名程度の集団で行う「回想法スクール」が、年4スクールずつ実施されるようになりました。

　そのなかで男性の参加者が少ないことが課題としてあがり、2009（平成21）年度より男性のみで行う「男性専科」がスタートしました。筆者は事業開始当時から毎年1スクールのリーダーを務めてきましたが、2010（平成22）年度からはこの「男性専科」の担当となり、2020（令和2）年度まで、計11スクールのリーダーを務めました。

目的

　地域住民の介護予防や認知症予防を目的とした事業としてスタートしました。そのなかで、参加の少ない男性市民に「回想法スクール」を知ってもらい、男性グループとして臆することなく参加してもらうことを目的に実施することになりました。

方法

　市のホームページや広報誌を通じて、市内在住のおおむね65歳以上で会場まで自分で通える人を対象に、定員10名（先着順）で募集しています。「地元デビューしませんか。かつて自分が体験したことに思いをめぐらせることで、心や脳を元気にしましょう。教室終了後は、自主活動ができるように応援します」と呼びかけます。テーマは、表のとおりです。

● 各回のテーマ

1回目	生まれ育った懐かしのふるさと	6回目	苦難を乗り越えるには　（その他、卒業〜旅立ちの思い出、思い出の旅・列車・乗り物、おまじない・ゲン担ぎ・不思議な体験、残しておきたいコトバやモノなど）
2回目	たかが遊び、されど遊び		
3回目	思い出の小学校		
4回目	手伝い、家事、暮らしぶり	7回目	思い出を形にしましょう
5回目	初恋、あこがれ、片想い	8回目	夢、希望、これからのこと

　回想法の進め方は、初回に「北名古屋市回想法事業」の経緯とともに「回想法とは？」「回想法の効果」について紹介します。それは参加者の多くが回想法についてよく理解しておらず、また実際に説明を求められるため定着しました。そして自己紹介とともに「ふるさと自慢」からスタートします。なお、スクールの会の名前を提案してもらい、多数決で決定しています。その後「遊び」「小学校」「手伝い」「初恋」などのテーマで思い出を語り合います。具体的な回想につながったタイミングで、あるいは最後にテーマにちなんだ懐かしい物を出し、見て触ってやり方を実演してもらいます。そして、ひと言ずつ感想を言い合い、次回のテーマを伝えて終了します。

　7回目には色紙を人数分用意し、「思い出を形にしましょう」というテーマで、それまで語り合った思い出や座右の銘などを書いたり、自身の思い出の写真や毎回撮影してきた会の様子、昔の生活道具などの写真を切り貼りしたりして「思い出の色紙」を完成させ、皆で発表し合います。最終回では「夢、希望、これからのこと」というテーマで、回想法を体験してみての全体の感想や自身にとっての意義や効果などを語ってもらい、これからの夢や目標などを話し合います。その際には、これまでに回想法スクール

1 回想の力をケアに活かす

2 地域でケアやQOLの向上を目的として行う

3 地域で「人」や「時」をつなぐことを目的として行う

4 回想法を学ぶ、伝える

を修了した先輩たちから、自主活動グループ「いきいき隊」の活動紹介と入会をすすめてもらっています。最後にリーダーより「いきいき隊隊員証」を授与しスクールは終了となります。そして「いきいき隊」の新しいグループとして自主活動を継続するための話し合いの日程を決めてお開きとなります。

　このスクールでは、リーダー以外に北名古屋市回想法センターの職員が毎回、会場の準備、参加者の受付と出席簿の捺印、記録、お茶の準備などを行います。また「いきいき隊」のメンバーに、コ・リーダーや写真撮影係として手伝ってもらうようにしています。今後の回想法リーダーの育成に向けて、リーダーの役割を学ぶ機会としても位置づけており、毎回終了後に、リーダーとコ・リーダー、記録係の全員で振り返りを行います。

結果および考察

　「男性専科」ならではの回想として印象に残っているのは、何と言っても「初恋の思い出」です。「通学途上の電車でいつも一緒だった女学生……」「文通相手に会いに出かけてサイクリングをした……」「奥手だった……」「働き始めて通った食堂の看板娘……」「『こんな女に誰がした！』という名台詞を発した映画女優……」「はじめての給料で買ったマイカーで初ドライブのデートをした……」など、一人ひとりが照れながらも情感たっぷりに披露する様子を今でも忘れません。

　その他、お墓で火の玉を見た話、水を抜いた池で大鯉を手づかみでとった話、近江商人の心意気などなど……。かなり細やかな描写やこだわりともいえる人生史が語られることもありました。

　「男性専科」の印象として、まず、回想法スクールの初回に回想法の目的や意義、効果について質問をする人が多いことがあります。市の職員やすでに参加したことのある仲間からすすめられたものの、疑心暗鬼のまま参加している人がいるということです。その場合はもちろんていねいに説明をしますが、最終回にはこちらから、自身にとっての回想法の意義について尋ねてみることにしています。回想法に疑問をもち、何かを感じ取ったり考えたりしながら参加している人ほど、終了後も積極的に自主活動を継続しています。また最初から回想法や「いきいき隊」の活動に興味をもち、目的意識をもって参加する人、メモを取りながら回想法を学ぼうという意欲的な人もいます。

　2点目に、女性の多いグループに比べて、発言の順番を意識してかリーダーからの指名がないと発言しなかったり、時計回りなど順番どおりに発言したり、自分より年配の参加者の発言を促したりと、人の語りの途中で話し始めることが少ないように感じます。職業経験や地域活動の経験から会議慣れしているのではないかとも思いますが、グループや年長者に対する誠実で律儀な参加態度がうかがえます。

　3点目に、スクール修了後に開催される行政や諸団体の視察対応への協力や回想法の

研修への参加率が高いように思います。また「いきいき隊」の役員となりリーダーシップを発揮する人も目立ちます。もともと地域活動の世話役をしていた人もいると思いますが、北名古屋市の回想法事業や「いきいき隊」のまちづくりの活動に対し誇りを感じているようです。他市のイベントに出向いたときに出会ったボランティアから「『北名古屋市といえば回想法の聖地ですね』と言われたことが嬉しかった」と話す人もいました。「いきいき隊」の活動を新聞社やテレビ局から取材されることもあり、地元愛がさらに高まり嬉しく感じられているように思います。

その後の展開

回想法スクール修了後、「むかしと今をつなぎ、人と人をつなぎ、地域の輪を広げ、健やかでいきいきとしたまちづくりを推進するいきいき隊」の隊員として、スクールが開催された地区の公民館や回想法センターを拠点に、毎月1回程度、同じグループのメンバーが集い、自主活動を展開しています。自分たちで回想を楽しむことのみならず、竹鉄砲などの工作や昔の遊びを通して地域の小学生を集めて教室を開催したり、合同行事の運営に力を発揮したりしています。また行政や福祉関係者などの視察・見学者への対応として、回想法体験のリーダー役や回想法の説明も担っています。

実施者としての学び

「男性専科」のリーダーを長く務めてきて、筆者自身が回想法の意義・目的について改めて深く考えるようになっていること、回想法をさらにわかりやすく市民目線で伝えようとしていること、回想法スクールの取り組みが、個人の介護予防や認知症予防の目的を超え、仲間づくりや世代間交流などさまざまな活動に広がり、また継続されていくといった波及効果を強く実感しています。

「男性専科」という名前のとおり、6W1Hの「誰に対して」という要素に、テーマ、相互交流、リーダーシップ、他の活動への継続など、さまざまな特質や学びが重ねられています。時代的な背景をふまえて、共有できる思い出が選ばれています。また、第二、第三の人生の発掘のきっかけになるような今までに打ち込んできたことの回想などは、「誰に対して」という要素を集約した結果、得られた知見ではないかと思われます。聴き手の実践者としての経験により、参加者の新たな見方を深めることへとつながっています。

野村豊子

PART
2
回想法の実践事例

1
回想の力をケアに活かす

2
地域でケアやQOLの向上を目的として行う

3
地域で「人」や「時」をつなぐことを目的として行う

4
回想法を学ぶ、伝える

28 「離れていてもつながろう！」オンラインでの回想法

来島修志

グループ
回想法

事例の概要

　グループ回想法では膝を突き合わせ対面で語り合うことが通常でした。しかし新型コロナウイルスの感染が拡大している状況下においては「3密」を避ける対策をとらなければならず、さらに「緊急事態宣言」が発出された場合は、開催自体が困難となります。そこで、自宅でグループ回想法を行おうという試みの1つとしてZoomを用いたオンラインでの回想法を1年間行ってきました。ここでは、運営方法と手ごたえ、回想法をオンラインで行うメリットとデメリットについて紹介します。

- 語り手 ▶ 回想法の経験のある健康なシニア8名
- 聴き手 ▶ NPO法人職員
- 時　期 ▶ 2021（令和3）年6月〜
- 時　間 ▶ 月1回、約60分
- 方　法 ▶ Zoomを用いたオンラインミーティングの形式で開催。主催者の進行により、各参加者がパソコンやタブレットでアクセスして、自己紹介から各月のテーマによる回想を語り合う

きっかけ

　これまで「介護予防・認知症予防」を目的とした、自治体における回想法事業を継続してきましたが、コロナ禍において延期や中止となり、事業継続が危ぶまれる状況となりました。そこで「離れていてもつながろう！」を合言葉に新しい生活様式における新しい回想法を模索しようと、これまで愛知県北名古屋市、岐阜県恵那市の回想法スクールや愛知県名古屋市、京都府精華町における回想法研修等を修了した地域のリーダーに呼びかけ、名づけて「オンライン回想会」を毎月1回定例で行うようになりました。

目的

　新しい生活様式における新しい回想法をともにつくりあげ、離れていてもコミュニケーションを絶やさず、人と人の交流、社会参加を継続していくことが目的です。また自治体における回想法事業の運営方法に一石を投じる意図もありました。この「オンラ

イン回想会」で経験を積んだ人たちが、回想法センター等で新たな回想法事業を後押しするようになること、つながりたくてもつながれない多くの高齢者を、新しい回想法に導いていけるようになることを目標としています。

方法

　参加者への呼びかけは、回想法センターでの声かけとともに、以下の文言を添えたチラシを直接、あるいはメール添付にて送ることから始めました。

> 　ウィズコロナ（コロナとともに）の時代を迎え「離れていてもつながる」新しい回想法のあり方を模索したいと考えています。そこで「オンライン回想会」を有志で企画いたしました。大変申し訳ございませんが、インターネット環境がありパソコン等でZoomを使用できる方々に限られてしまいますが、ご賛同いただける方がいらっしゃいましたらと思い、お誘い申しあげます。
> 　なおZoomはインストールする必要はなく、主催者が送る招待メールのアドレスをクリックすれば参加が可能です。パソコン、タブレット（カメラとマイクが備わっているはずです）がおすすめです。事前に私のメールアドレスに参加希望のメールをお送りください。私から返信いたしますメールに記されたアドレスをクリックしてご参加ください。

　「オンライン回想会」は毎月1回実施しています。新しい参加者には希望に応じ、事前にパソコン操作の手ほどきを行います。時には携帯電話で操作の仕方を説明することもあります。パソコンの画面上で顔が見えるかどうかはもちろんですが、特に音声の聞こえ方を互いに確認し、パソコン等のスピーカーの音量を調整することが大切です。

　当日の流れとして主催者がZoomホストとして、15分前にはZoomミーティングを開始し、参加者のアクセスを待ちます。そして、アクセス順に入室を許可し雑談を始めています。慣れてくると参加者同士が近況報告をしていることもあります。遅れて参加する人もいますが、時間が来たら始めることにしています。

　最初に「オンライン回想会」の趣旨と前月の内容を紹介し、事前にメールで知らせておいた本日のテーマを確認し、テーマにちなんだ写真を見てから、自由に思い出を語ってもらいます。主催者は最初と最後の進行役とタイムキーパーを務めること、発言のない参加者に声かけをする配慮は行いますが、それ以外は、語り手に質問をしたり感想を述べたり、自らも回想を話したりする自由な会としています。つまり、特定の人の支援を目的とした回想法ではなく、回想会と名づけて、そのうち進行役も交代しながら運営していこうと考えています。

　また、2020（令和2）年1月～2月には文化庁事業「博物館資料を活用したデジタルコンテンツを用いた回想法」に協力して4回実施し、アンケートやディスカッションを通して手応えと感想を聴きました。

PART
2
回想法の実践事例

1
回想の力をケアに活かす

2
地域でケアやQOLの向上を目的として行う

3
地域で「人」や「時」をつなぐことを目的として行う

4
回想法を学ぶ、伝える

これまでのオンライン回想会の毎月のテーマと語りの内容の一部を紹介します。

開催月	テーマ	語りの内容（一部）
6月	我慢することが当たり前だった子ども時代	「みんな貧乏だったから我慢という感覚があまり…」 「たまご…。兄は食べれたけど弟の自分は食べれず我慢した」
7月	夏が来れば思い出す♬〜夏の思い出	「夏といえば川で泳ぎ場の取り合い…。泳いだ後は魚採り」 「トノサマガエルの足の指から皮を剥いでそれを餌にザリガニ釣り。おいしかった！」
8月	夏の思い出〜夏の終わりに思うこと	「宿題やってなくて寝られなかった。絵が苦手で兄貴にスイカの絵を描いてもらった」
9月	自己紹介〜ふるさと自慢	参加者それぞれの故郷ととっておきのふるさと自慢を披露
10月	秋の思い出	「人の家の柿を盗っていたらとうとうつかまって、その家のおじいさんに叱られた」
11月	運動会の思い出	「玉入れ、カンガルー競争、借り物競争。和尚さんやお婆さんを借りてこいなんていう競技も…。楽しかった」
12月	冬支度の思い出	「12月28日か30日に家族皆で餅つきをやった。29日は苦餅と言って避けたんだ」
1月〜2月 ※毎週1回	①遊びの思い出 ②学校の思い出 ③昭和少年少女 ④くらしの移り変わり	①（馬跳びの写真を見ながら）「イチジクニンジンサンマのシッポ♪」 （ベーゴマの写真を見ながら）「ビンのふたの上に乗せるのが優越感！」 ②（弁当箱を見ながら）「アルマイトの弁当箱！　温める棚が廊下にあった」「教室の中にあったのでにおってきた」 ③（ミシン、編み機の写真を見ながら）「母が洋裁やっていて洋服をつくってもらっていた。シャーシャーって」 ④（昭和の家電や乗用車の写真を見ながら）「その頃の憧れ、苦しみも楽しみも懐かしく思い出した。家庭雑誌（服飾）の中も見たい！」 ※「博物館資料を活用したデジタルコンテンツを用いた回想法」（文化庁事業）に協力
3月	春を待つ思い出	「ツクシを採るのが好きで畑や田圃でツクシを採った。醤油をかけて調理して食べた」
4月	年間計画	これまでのオンライン回想会を振り返り、次の1年間の計画として日程とテーマについて話し合った。
5月	身近な小動物の思い出	「祭りの夜店でヒヨコを売っていた。生き残った一羽が大きくなって卵を産まずコッコッコッコとよく鳴いていた…」

結果

　文化庁事業「博物館資料を活用したデジタルコンテンツを用いた回想法」への協力を通して、5グループ20名の参加者と各グループの回想法実施者（リーダー）5名にアンケート調査とインタビューを行う機会を得ました。その結果から、参加者にとってはじめて行うオンラインの回想法は、それほどむずかしいとは思われず回を重ねるごとに慣れていく様子がうかがえました。一方リーダーは、「むずかしいと思わない」の割合が高かったものの、音声が途絶えたりコンテンツの画像が小さく、参加者に見えにくいと感じたり、対面による回想法と比べて発言してもらうタイミングのずれが生じたりすることで、参加者が回想法を十分に楽しめず不満が生じないかといった心配やそのための配慮からむずかしさを感じたようです。全体としては、参加者、リーダー双方にとって

オンラインで行う回想法は興味深く、便利だと受け取られ、「一体感がない」「違和感がある」と感じる割合は低い結果でした。

　以下に、参加者とリーダーにインタビューした結果より、オンラインでの回想法のメリットとデメリットをまとめました。

● オンラインでの回想法のメリットとデメリット

メリット	デメリット
・移動の手間がかからない ・新しい体験や学びを実感できる ・リーダーにとってさまざまなデジタルコンテンツ（画像）を利用でき、進行しやすくなる ・参加者の反応に合わせてコンテンツの選択ができる ・意外と集中できる	・オンライン環境（WiFi）の準備が必要 ・Zoom操作に慣れが必要 ・音声トラブルが発生しやすい ・リーダーにとってコンテンツの事前準備や操作に慣れが必要、時にはコンテンツに頼り過ぎてしまう ・発言のタイミングに躊躇する ・より慎重な倫理的配慮が必要

実施者の感想

　コロナ禍における苦肉の策とはいえ、オンラインでの回想法を始めてよかったと思います。参加者は前向きに新しい回想法にチャレンジし、さらに輪を広げようと意欲的に取り組んでいます。対面の回想法では出会うことのなかった全国の回想法経験者と知り合い、回想を楽しむ仲間としての絆が深まってきたようです。また参加者より若い筆者自身も回想を語り、その回想にも共感してもらい、まさに回想会として満喫しています。

実施にあたっての留意点

■ オンラインでの回想法はオンライン環境やZoom操作に慣れることができれば、従来の対面による回想法に加えて、新しい様式として定着していくものと期待できます。ただし、デジタルコンテンツの活用に固執することなく（偏り過ぎず）、画面上ではありますがアイコンタクトを常に意識することと、発言の促しや傾聴の姿勢を示すといった対話の基本的な配慮が必要であることは言うまでもありません。

　コロナ禍において生まれた新しい試みです。何を残して、何を変えていくかが問われているときだからこそ、ツールとしての大きな可能性が秘められており、また、回想法の原則や基本を深い理解のもとにどのように活かすのかが課題となっています。ここで描かれているような今や近い将来に活用される方法が今後も展開されることを期待しています。

野村豊子

PART
2
回想法の実践事例

1　回想の力をケアに活かす

2　地域でケアやQOLの向上を目的として行う

3　地域で「人」や「時」をつなぐことを目的として行う

4　回想法を学ぶ、伝える

回想法の要素を活かした臨床美術

菅原良子・中島洋子

グループ回想法

事例の概要

「臨床美術」[※]は、絵やオブジェなどの作品を楽しみながらつくることによって脳を活性化させ、高齢者の介護予防や認知症の予防・症状改善、働く人のストレス緩和、子どもの感性教育などに効果が期待できる芸術療法（アートセラピー）の1つです。誰もが楽しめるアートであり、できあがった作品を飾り、語り合う鑑賞会があることが特徴です。小グループで行うことが多く、制作そのものを楽しむ、色・形を自ら選択する、自由にありのままを表現する、イメージし創造する、回想を活用するなど、さまざまな要素が盛り込まれています。「臨床美術士」[※]は、参加者とともに制作の時間を過ごし、その人ならではの作品づくりをサポートします。回想法は、活動の導入部分に用いられ、参加者自身の過去の体験を語り合うことで、その日のテーマに沿った制作へと気持ちを向かわせる重要な役割を果たします。

ここでは、「梅雨のガラス絵」をテーマに実施した事例を紹介します。

※「臨床美術」および「臨床美術士」は、日本における（株）芸術造形研究所の登録商標。

語り手 ▶ 一般の参加者（10～70歳代）、各回10名程度
聴き手 ▶ 臨床美術士
時　間 ▶ 月1回、120分（導入15分、制作90分、鑑賞会15分）
場　所 ▶ ギャラリーもしくは会議室
テーマ ▶ 毎回異なるテーマ（主に季節に沿った内容）
準　備 ▶ 画像、画材、BGMなど

きっかけ

アートを通して、心の豊かさやゆとりをもち、生き生きと日々を暮らしていくことを願い、社会人へのストレスケアの一環として始めました。現在では、幼児、小中学生、社会人、高齢者、障害や疾患のある人のほか、教育現場（看護大学生、高校生）での実践へと広がっています。

目的

プロセスの1つとして回想法の要素を含む「臨床美術」を通じて、心を解放し、自他

ともに認め合う時間をもつことで心身のケアを図ることを目的にしています。

方法

　臨床美術のセッションは、独自のアートプログラムに沿って導入、制作、鑑賞会の順序で進行します。導入部分において、テーマに沿った画像やBGMを用意し、個々の思い出を引き出していきます。その後、臨床美術士の声かけをきっかけに、参加者と臨床美術士がともに場を共有して各々の思い出を語り合います。

展開過程

テーマ：梅雨のガラス絵
【一般の社会人～高齢者を対象として開催】

臨床美術士	：雨の多い季節が来ましたね。雨と聞いて、思い出すことはありますか。
Pさん	：雨の日に新しい傘をさすのが嬉しかったですね。昔は傘屋があったんですよ。
Qさん	：昔はありましたよね。
Rさん	：母に朝、「今日、雨が降る？」と尋ね、傘を持って出かけたことを思い出しますね。すると、降りはじめに、ほこりっぽい雨のにおいがしてきて、やっぱりとなる。それで助かっていたなぁ。
Sさん	：私は、透明の傘から見える雨粒が好きでしたね。
臨床美術士	：見上げると雨粒の形も見えますよね。雨音まで聴こえそうですね。
Pさん	：雨が頬にあたると、「私、生きてる」って感じるんですよ。
臨床美術士	：いいですね。感じるって素敵ですね。特に梅雨の時期の思い出や印象はありますか。
Tさん	：どしゃ降りのなか、山紫陽花を見に行ったことを思い出しました。
臨床美術士	：どしゃ降りのなかだったのですね。
Tさん	：そう。でもとてもきれいでした。見たくてたまらなくて。
臨床美術士	：雨が降ると、紫陽花などの草花が色鮮やかになりますね。
Uさん	：山紫陽花と聞いて、私は電車から見た田んぼ、ふるさとの土のにおい、雨の前のにおいを思い出しましたね。
Vさん	：そうそう、田んぼで真っ暗ななか、カエルが一斉に鳴いていた記憶がありますね。
臨床美術士	：においとか、カエルの声ですね。五感で梅雨の空気感が感じられますよね。梅雨のイメージを、言葉にするとどんな感じでしょうか？
Wさん	：ジメジメ、もわっとした……。

PART
2
回想法の実践事例

1
回想の力を
ケアに活かす

2
地域でケアやQOLの
向上を目的として行う

3
地域で「人」や「時」をつなぐ
ことを目的として行う

4
回想法を学ぶ、
伝える

臨床美術士：ありがとうございます。カエルのお話も出てきましたので、実際に鳴き
　　　　　声を聴きながら、雨に濡れた土や緑のにおい、湿度の高い空気感など、
　　　　　梅雨の空気感から感じられる色を、2〜3色選んでいただけますか。

【親子を対象として開催】

臨床美術士：雨というと、私は昔、笹舟をつくって下校途中に流しながら、家まで帰っ
　　　　　ていた記憶がありますが、皆さんは、雨の日にどんな思い出がありますか。

Xさん　　：先生の話を聞いて思い出したのですが、昔は歩道が今のように整備され
　　　　　ていなくて、水たまりが泥水でしたね。学校帰りに水たまりに傘をさし
　　　　　て、水たまりの深さを測ったりしていましたね。

臨床美術士：そうですね、昔は泥水でしたね。深さを測るのは、私もやったことがあ
　　　　　るのを思い出しました。

Yさん　　：私は、雨にいい思い出がなくて。

臨床美術士：無理にお話されなくて大丈夫ですよ。

Yさん　　：デパートでツルっとこけて、とても恥ずかしかった思い出があります。

臨床美術士：きっと経験がある方も多いかもしれませんね。では、子どもたちは、雨
　　　　　の日はどんなことをしていますか？雨は好きですか？

Zちゃん　：傘をぐるぐる回して、学校に行ったことがあるよ。

Aちゃん　：傘にあたる雨の音が、好きかな。

臨床美術士：雨の日の楽しみですね。Bさんはいかがでしょうか？

Bさん　　：私は田舎育ちだったので、一面田んぼが広がって、歩くとカエルが飛び
　　　　　跳ねるので、傘を少し閉じてから傘でキャッチしていました。においは、
　　　　　もわっとしていましたね。

臨床美術士：カエルが鳴く音が聞こえてきそうですね。梅雨の印象を言葉にするのも
　　　　　面白いですね。それでは、カエルが鳴く音を聴きながら、梅雨の空気感
　　　　　から感じられると思う色を、2〜3色選んでいただけますか。

結果

　回想が始まると、緊張した表情がほぐれ、笑顔がみられるようになりました。場がリ
ラックスした雰囲気に変わり、梅雨時の空気感を五感を通して思い出し、実感をもって
独自の色選びへとつなげていくことができていました。参加者の1人は、「どう描こう
かと悩みながら、雨の情景を思い浮かべ思いのまま進めていくと、自由な気持ちがわい
てきて楽しくなり、創作意欲も出てきました。風や空気感などを感じたまま描き、雨の
なかに自分がいる心地よささえ感じられました。作品ができあがると達成感があり、頭

の疲れも薄れ、爽快感を感じることができました」と述べています。

　自ら感じて選んだ色が入るたび、作品の表情は刻々と変化します。そのつど、自らと対話するように、目の前の作品に向き合っていきます。できあがった作品は、1つとして同じものはなく、「どの表現もすばらしい」と心から思えるような多様で個性豊かな「梅雨のガラス絵」が生まれました。

考察

　回想時の誰かの言葉をきっかけに、眠っていた思い出がわいてくることがあり、他者の思い出までも追体験するような瞬間があるように感じます。また、回想は自らの作品に向かう動機やイメージ喚起とともに、創作活動の助走となっていると思われます。その結果、その人らしさが生き生きと感じられる作品に仕上がっていくと考えられます。

実施者としての学び

　参加者の語りをじっくりと傾聴する姿勢や笑顔でゆとりをもって対話することが、場の雰囲気をよくし、参加者同士の受容や共感、安心感につながると感じています。その土台のうえに、自己表現できる喜び、達成感、自信が生まれると実感しています。

実施にあたっての留意点

■ 単に回想すればよいわけではなく、そのときに五感で「感じたこと」を、自由な色と形に置き換えて、「今、ここ」の実感を伴う表現に結びつけることが大切です。そのために参加者の感覚や思いに寄り添うコミュニケーションを心がけています。

参加者の作品「梅雨のガラス絵」

梅雨の頃の季節感とともに行われた会なのでしょうか。「梅雨の頃」を飛び越えて、遠い昔の雨の情景、五感で感じたそのときの感覚がよみがえってきます。描いている自分や周囲の人とのふれ合いが、ゆるやかに一人ひとりの手や指から、その人らしい絵や創作を生み出していきます。とりわけ子どもたちには、今までとは違う「絵を描くことの楽しみ」を、母親と一緒に体験するなかで伝えてくれています。そのことが、また思い出のひとコマになっていくでしょう。

野村豊子

PART
2
回想法の実践事例

1
回想の力を
ケアに活かす

2
地域でケアやQOLの
向上を目的として行う

3
地域で「人や時」をつなぐ
ことを目的として行う

4
回想法を学ぶ、
伝える

ボランティアメンバーを突き動かした「思い出語り」の活動

～震災後も「生きること」に前向きになれるように

中屋惠久

グループ回想法

もやいの会とは

　岩手県宮古市では、高齢化率の高くなっている市の現状をふまえ、2005（平成17）年に野村豊子先生を講師に迎え、回想法ボランティア養成研修が行われました。この研修会の後、ボランティアとして参加の意欲を示したメンバー13名は、互いによく知らない間柄でしたが、同じ目的で集まったことが力となっていたのか、また、回想法の魅力や保健センターの職員の懸命さもあり、2009（平成21）年に「グループ回想法ボランティアもやいの会」が誕生しました。「もやい」とは船を岸につなぐ際の強固な結び方の1つで「もやい結び」から名付けました。筆者はその会の一員です。

　もやいの会誕生から2年後の2011（平成23）年3月11日、東日本大震災に襲われ、宮古市は大被害を受けました。保健センターからは、回想法の取り組みはできないという連絡を受けましたが、被災から1か月後には今後の活動について話し合い、活動を続けることになりました。メンバーは、回想法を重ねるなかでその不思議な力や面白さを感じていました。そして被災地の現実を目の当たりにして、「ぜひ続けたい」という気持ちが強まったのだと思います。このときからボランティア「もやいの会」が主体となり、現状で取り組める内容に修正しつつ、継続することにしました。

　もやいの会では、現在、主に、①市内の地域サロン2か所、復興住宅（被災直後は仮設住宅集会所）1か所での回想法の実施（2〜3回／年）、②市内の高齢者へ呼びかけて、参加希望者を対象に「思い出語り」を年1回実施、③もやいの会のメンバーで回想法が実施できるように回想法に関する研修を実施、といった活動を行っています。

事例の概要

　東日本大震災の年（2011（平成23）年）の12月、まだ大きな建物等は復旧しないなか、三陸鉄道北リアス線の一部（宮古─小本間）が開通していました。その区間で三陸鉄道の車両2両を貸し切り、宮古市内の高齢者、特に仮設住宅に住んでいる高齢者に呼びかけ「思い出列車」と銘打ってグループ回想法を実施しました。

　このときの参加者は、地域の高齢者40名とボランティア30名の計70名。回想法のテーマは「子どもの頃のお正月」。車内はおしゃべりと笑い、そして列車のエンジン音が大きく、各班とも顔を寄せ、膝をくっつけて、あっという間に2時間の

「思い出列車」は終着駅につきました。参加者からは、「すべてを忘れて共有できた。津波で家を流された人とも再会できた。このような機会をつくっていただき本当に感謝している」「去年までの年末は神棚を掃除するなど忙しかったが今年はやることがない。仮設にこもっていると変になってしまいそうなので参加した」などの感想が聞かれました。参加者の言葉を聞き、このような人がいることを忘れてはならないと思いました。ひとときでも皆と回想することを通して、生きることに前向きになれる「思い出語り」にできるに違いないと感じ、毎年行うことになりました。

語り手 ▶ 仮設住宅や市内在住の65歳以上の高齢者40～45名（市の広報での呼びかけ、社会福祉協議会の協力、ボランティアメンバーの働きかけなど）

聴き手 ▶ ボランティア約30名（語りと回想研究会メンバー、市保健センターの保健師、市内高等看護学校学生・職員、大学生、介護専門職、もやいの会メンバー）

時　間 ▶ 年1回、1回あたり120～180分程度

場　所 ▶ 三陸鉄道列車内、博物館、公民館などの公共施設

テーマ ▶ お正月の食べ物の思い出、冬の暖のとり方、子どもの頃のお正月、秋から冬の食べ物の思い出、忘れられない味、幼い頃ほめられたこと、子どもの頃の涼のとり方、春から夏の食べ物の思い出　など

目的

　同じ時代を生き抜いてきた経験豊富な市内在住の高齢者同士で回想法を行うことにより、閉じこもり予防や認知症予防に寄与すること、そして生きることに前向きになれるような「思い出語り」をめざしています。

展開過程

事前準備および当日の流れと役割分担は表のとおりです。

● 事前準備1（もやいの会事務局で）

①日時の設定	4月の総会であらかじめ設定する
②会場の確保	総勢70名ぐらいになるので5グループの回想法ができて昼食の取れる会場を検討する。予約は3～6か月前に行う
③広報の依頼	実施月の2か月前に「思い出語り」開催要項等の掲載依頼
④保健師派遣依頼	保健センターへ（救護支援、リラックス体操指導）

● 事前準備2（もやいの会全員で）

①参加人数の確認		人数が定員に達していない場合は、地区で参加者を募る
②リーダー、コ・リーダーの決定		事務局で原案提示、相談・決定
③グループ分け		事務局で原案提示、相談・決定
④テーマの決定		事務局で原案提示、相談・決定
⑤係分担の決定	参加者送迎	参加者の住所等を確認し、送迎のコース、必要な台数と出発時刻などをタクシー会社に連絡
	保険	当日の保険加入申し込み
	昼食	注文・会計・領収書作成
	名札	参加者、当日のみのボランティアの名札作成（ひもの色で区別する）
	記録	写真、ビデオ撮影　など
	礼状	集合写真に言葉を添えて礼状づくり、発送

● 当日の流れと役割分担（ボランティア全員で）

8：30〜8：35	あいさつ・顔合わせ・1日の流れ等の確認
8：35〜9：30	会場準備 ・参加人数分のいすを円形に並べる（1班11脚×5班分） ・いすに参加者の名札とペットボトルのお茶を置く ・会場に必要な掲示物・案内を表示 ・受付表示（地区ごと・タクシーごとの受付） ・会場備品（マイク等）
9：30	参加者来場 ・タクシー到着（会場には大体この時刻に到着するように依頼） ・出迎え（到着場所、入口等、効率よく移動できるように事前に確認） ・受付では名前を確認して、所属班の名前を伝える ・席へ案内、席についたら昼食代を徴収する
9：50	リラックス体操（保健師）で、参加者の緊張をほぐす
10：00	開会・会長あいさつ・諸連絡
10：10〜11：00	グループ回想法（テーマに沿って班ごとに行う）
11：20〜11：40	感想発表（各班1名）
12：00〜12：40	会食・団らん（会場にもよるが、参加者・ボランティア全員で）
12：40〜12：50	集合写真・閉会式
13：00	参加者退出 ・ささやかなおみやげを渡し、タクシーへ案内・見送り
13：30〜15：00	もやいの会メンバーでの振り返りと研修会

実施者としての学び

「思い出語り」は初対面の高齢者との回想法でありながら、参加者の見事な話に心が温まるのはもちろんのこと、まるで以前からの知人のようにさえ感じます。さらに参加者の花の咲いたような表情を見るたびに、回想法の醍醐味を感じます。

そのような場を生み出すにはリーダー、コ・リーダーの力が必要です。したがって「もやいの会」ではさまざまな機会に研修を行い、研鑽を積んできました。リーダー、コ・リーダーの役割は、実際に体験しなければ要領をつかめません。実際に行うことにより「回想法に参加している」という喜びや、充実感、また「こうすればよかった」「あの言い方でよかったのか」という反省も必ず残ります。振り返りを行うなかで、「もっと力をつけたい」という意欲がわいたり、会のメンバーから励ましを受けたりしながら回想法の魅力に引っ張られ、ボランティアとして誇りをもって会に参加しています。

PART
2
....
回想法の実践事例

1
回想の力を
ケアに活かす

2
地域でケアやQOLの
向上を目的として行う

3
地域で「人」や「時」をつなぐ
ことを目的として行う

4
回想法を学ぶ、
伝える

実施にあたっての留意点

- 市内の広範囲から高齢者に集まってもらうため、事故のないように配慮が必要です。また、事前のアセスメント等はむずかしいので、事前の学習や準備を綿密に行います。
- 回想法を進める際は「聴き手としての留意点」[3-9] を会員全員で常に心にし、これに沿うようにしています。
- 会のメンバーのつながりが途切れないよう連絡を密に行い、会の名のとおり、メンバーの結びを固く保ち続けたいと思っています。

時の流れは、さまざまな苦しさや悲しさを、通り過ぎた過去としてとらえられるように助けてくれるというのは確かなことでしょう。人間の及ばない力を"時"に借りながら、黙々と、力強い、まるで船を岸につなぐ際のしっかりとした結び方をさす「もやい」に象徴されるような活動が根づいています。この営みは、参加者やボランティア、かかわりあう人に、今をつなぐことや絆の大切さを改めて教えてくれます。そして、この後も、続いていくであろう期待を込めて。

野村豊子

31 「魂の賦活」につながる グループ回想法
～地域の人と交流を取り戻し、元気を分かち合う

由井秀子

グループ
回想法

事例の概要

　筆者が所属する「葛飾回想法トレーナーの会」は、東京都葛飾区の各地で回想法の活動を繰り広げています。葛飾区四つ木でも、近年薄れてきてしまった地域のつながり、住民同士の交流を取り戻すこと、参加者で元気を分かち合うことなどを目的にグループ回想法が継続し、60～90歳代の人たちが参加しています。ここではこの集まりに参加しているCさんの事例を紹介します。

語り手 ▶ Cさん（60歳代、女性）を含む地域の高齢者
聴き手 ▶ 回想法ボランティア
時　間 ▶ 月2回、1回あたり約90分
場　所 ▶ 地区センターの大会議室

きっかけ

　葛飾区における回想法の取り組みは2005（平成17）年に区の職員の指導のもとで始まりました。その後「葛飾回想法トレーナーの会」として、現在は15の自主グループが活動しています。会員である回想法トレーナーはグループ回想法を実施するほか、回想法に対するいっそうの理解とスキルアップを図るために年に一度、研修を行っています。もともと葛飾は町工場が多く、住民同士のつながりが豊かにあった地域でした。都市化が進み、街並みが変わってきたことで、人々のかかわりが減ってきたように感じられます。地域で回想法を行うことで新たなコミュニティの誕生につながり、住民同士の交流を取り戻すことができるのではないかと思っています。

　Cさんは夫との二人暮らしですが、地域とのつながりはあまりなく、閉じこもり気味の生活を送っていたところ、筆者と一緒に活動している回想法トレーナーの声かけでグループ回想法に参加することになりました。

目的

　地域の住民同士の交流をもってもらうことと、互いに元気を分かち合うことを主な目的として行っています。

方法

「事例の概要」にあるような枠組みで、80〜90歳代の参加者を中心に常時10名ほどで活動しています。前記の目的を実現させるために、年齢に合った無理のない運動を取り入れること、歌を歌うことを、回想法を始める前の大切な「セレモニー」として行っています。無理強いはしませんが、これを行うことで、参加者同士の親近感が生まれ、声も出やすくなり、よりよい形で回想法に臨めるように感じています。また、活動にかかわることを、回想法トレーナーがすべて行うのではなく、参加者にも協力してもらえるような雰囲気づくりをして、「人のためにしてあげる体験」ができる場になるように心がけています。

展開過程

60歳代のCさんにとって、80〜90歳代の参加者はかなり年上に思えたようで、最初はおずおずと溶け込もうとしているようでした。しかし、回を追うごとに大切な経験を重ねていきました。

【テーマ】「夏の思い出」

Cさんはよく冷えたおいしいスイカの話をしました。そして、「スイカには熱中症を防ぐ効力がある」との、あるテレビ番組での医師の話を伝えました。その話を聴いた参加者のDさんがすぐに反応し、「道理で近くに住む看護師の娘は訪ねてくるたびにスイカを持って来ると思いました。またスイカ!?　と思っていましたが、Cさんのお話で老母を案ずる娘の優しさだったことに気づきました」ととても感心していました。自分の話を受け取ってすぐに反応してもらえたことが、Cさんにとってハッと目が覚めるような、とても嬉しい体験となったようでした。

【テーマ】「家族の思い出」

Cさんはレトロなかわいいエプロンを着けて参加しました。参加者のEさんがCさんのエプロン姿をじっと見て「かわいいのねぇ〜」と感想を言ったことが、Cさんの心に明かりを灯してくれたようでした。自分に関心をもって、温かい言葉をかけてもらう機会が少なかったCさんは、「天にも昇る気持ちになった。救われた気がした」とそのときの嬉しかった気持ちを話してくれました。

回想法のセッションでは、Cさんのなかに子どもの頃、かわいがってくれた祖母がよみがえったようでした。「明治生まれのおばあちゃんは料理上手で、いつも割烹着を着け、そばに行くと食べ物のおいしいにおいがした。料理の他に生活の知恵も教えてもらった」と語り、玄関には花を飾ること、履物はそろえて脱ぐこと、玄関がきちんとしていると泥棒は来ないことなどを教えてくれました。

1
回想の力を
ケアに活かす

2
地域でケアやQOLの
向上を目的として行う

3
地域で「人」や「時」をつなぐ
ことを目的として行う

4
回想法を学ぶ、
伝える

結果と考察

　Cさんを見守る際には、Cさん自身のありようを大切にして、安易な慰めや励まし、常識論で判断するようなことは避け、人のもつ温かみを自然に感じてもらえるようにと心がけました。なにげない言葉のやり取りを重ねるうちに、Cさんに変化が見え始め、積極的に参加するようになりました。

　このグループは毎年秋には抹茶を点て茶席を楽しんでいました。2020（令和2）年は新型コロナウイルスの感染が拡大していたため、茶碗の共有を避ける必要にかられました。そこでCさんは発泡スチロール製の「茶碗」を用意し、日本画の絵柄を描き「マイ茶碗」として参加者にプレゼントしたのです。参加者は美しい絵入りの茶碗をとても喜び、持ち帰って大事に飾っているなどの感想をCさんに伝えました。このことも、Cさんのなかで「自分は必要とされている」と思える出来事となったように見受けられました。

　その後、緊急事態宣言が発令され、回想法の開催は休止状態となりました。「巣ごもりもたび重なると、ものうげな気分になる。これはきっと回想法の皆さんも似たような状況では……と思った」と話すCさんは、一人暮らしの人を気遣うようになり、夫の協力を得て「お便り隊」を立ち上げました。コロナ終息を願うアマビエなどを描いた塗り絵と数独や漢字の読み書きクイズをつくり、自身の近況報告を添えて参加者に郵送したのです。参加者はとても喜び、「孫に手ほどきをしてもらった、嬉しかったよ」「何十年振りかで辞書と首っ引き、刺激になった」など、お礼の言葉がCさんに届いたそうです。緊急事態宣言が解除となった日には、全員がその便りを持ち寄って答え合わせをして、その後の回想法では、久し振りに会えたことで今までにない活況を呈しました。こうして、互いに細やかに気遣う雰囲気が生まれ、会全体の成熟度アップにつながっていきました。

　その後も、長引くコロナ禍において、より難易度を高めた塗り絵を届けること、回想法で集まったときにマスク着用による聞こえにくさ対策でマイクセットを使うことなど、Cさんはさまざまなことに積極的に取り組んでいます。参加者のなかの高齢者からは「この歳になって若い友だちができるとは嬉しい」とCさんは大歓迎されています。

実施者としての学び

　「人は人とのつながりを失うと、深い孤独に陥り、時には「死」を考えてしまうようになる」とCさんは話してくれました。回想法を通して、Cさんはコミュニケーションの大切さを再確認し、人々のよい聴き手となり、何かをさせてもらう意義の理解を深めたことで、明日を拓く希望を感じるようになったそうです。Cさんの姿を通して、私たちも改めて回想法の力を学ぶことができました。

聴き手として思うこと

　筆者は70歳を過ぎた頃に回想法と出会い、以来16年近く続けています。88歳になって感じることは、過去に起こったさまざまな出来事、体験したことにふたをするのではなく、それらを見据えたうえでしっかりと考え、次の段階に進んでいくことの大切さです。例えば、自身の戦争の体験をなかったことにはできません。だからこそ、語り継ぎ、平和の大切さを伝えることが必要なのです。これは戦争に限らず、それぞれの人が自身の人生で体験してきたすべてのことに通じるように思います。

　回想法は単なるおしゃべりではありません。自身の人生を振り返り、自分なりに感じたことを語ること、聴き手がそれを大切に受け取ること、このようなやり取りを通して「魂の賦活」が行われているように感じます。もちろん、無理に語らせることはあってはならないことですが、安心して語れる場を用意することが重要だと思っています。また、回想法は高齢者だけのものでもありません。過去を振り返ることは人間だからこそできることであり、この先の人生を歩むために若い世代にも必要なことのように感じています。

　最後に、活動を続けるなかで大切にしてきたことをお伝えします。①何事にも興味をもつ、②食事はバランスよく、③散歩・軽い体操・発声・睡眠、④親しい間柄でも尊重して付き合う、これらのことを大切にしながら、ほどほどの人生を心がけ、これからも人々の多様性に寄り添い、役に立てるようにと思っています。

手描きのオリジナル茶碗

　「魂の賦活につながる回想」という言葉は、この事例の執筆者だからこそ伝えられる体験であると改めて思います。コロナ禍では、今までの何を残し、何を変えていくかを暮らしのすみずみまで問いかけられています。葛飾のメンバーが歩んでいる歴史が、今後も支え、支えられていくことを心から願います。　　　　　　野村豊子

32 回想法を通じて取り戻した夫婦の絆
～「語り継ぐ戦争体験と回想法のつどい」

伊豆由美子

グループ
回想法

事例の概要

　2011（平成23）年当時、年に一度開催されていた「語り継ぐ戦争体験と回想法のつどい」というイベントでは、前半で2〜3名の参加者が登壇し、自身の戦争での体験談を発表し、後半ではグループに分かれて戦争にまつわるテーマで回想法を行っていました。ここではイベント後半の回想法に参加した夫婦が、夫婦のあり方によい変化をもたらすきっかけになったと思われるセッションでのやりとりを紹介します。家庭での会話とは異なるグループ回想法ならではの効果が大きく働いたのではないかと感じられた事例です。

語り手 ▶ 80歳代の夫婦（夫Fさん、妻Gさん）を含む地域の高齢者
聴き手 ▶ 回想法ボランティアと区の職員
場　所 ▶ 葛飾区郷土と天文の博物館、昭和30年代の民家を再現した展示物の前
テーマ ▶ 戦争中の暮らし

きっかけ

　2004（平成16）年から始まった東京都葛飾区での回想法活動では、養成講座を修了した「回想法トレーナー」と呼ばれる50名ほどのボランティアが、それぞれ1か所から数か所の自主グループを担当して、地域の高齢者にグループ回想法を楽しんでもらっています。現在15の自主グループがそれぞれ区内の地区センターなどで月1〜2回、活動しています。他にも区の担当職員が企画・運営するイベント等での体験会や期間限定の教室などで、回想法トレーナーが手伝うこともあります。

　葛飾区シニア活動支援センター主催で2009（平成21）年より毎年行われていた「語り継ぐ戦争体験と回想法のつどい」というイベントもその1つです。毎回2〜3名が登壇し、自分の戦争体験を発表し、その後、希望者でグループ回想法を行うという流れで開催されていました。100名以上が集まり、近くの高校や看護学校の生徒が、先生とともに授業の一環で話を聞きに来たこともあります。戦争の深い部分まで話が及ぶ体験者の生の声は聴き手の心を打つものがありました。時の流れによって戦争体験の語り手が減ってしまったこともあり、残念ながら現在は行われていません。

当時86歳だった夫のFさんは、月2回のグループ回想法に2年ほど続けて通っていました。とても声がか細く、「しゃべるのはここ（回想法）くらい」とのことで、1回でも休むと、ほとんど声が出なくなってしまうような人でした。そのようなFさんが自身の戦争体験を発表し、妻であるGさんとともに発表のあとのグループ回想法に参加しました。

目的

イベントの前半では実際に体験した戦争の話を若い世代に伝えることによる世代間交流を、後半の回想法ではふだんなかなか話せない戦争のことを思う存分語り合うことを目的としました。

方法

事前公募や当日応募した人が8つのグループに分かれて、各グループに3名の回想法トレーナーが、リーダーやコ・リーダーとして参加し、グループ回想法を行いました。

展開過程

先に夫のFさんの話す順番が来て、前半に発表した入隊後の厳しい訓練や自身の技術を活かし通信兵として活躍した体験談のさらに細かな話として、出兵のときの裏話や上官からの理不尽な暴力の話などをしました。その間、妻であるGさんは、Fさんを見ることもなく無表情で座っていました。

そして妻のGさんの番になると、Gさんは堰を切ったように東京大空襲で焼け出され、炎と煙で目も開けられないなか、道端に転がるたくさんの死体を避けながら隣りの県にある実家をめざして歩いた話、疎開先での苦労話をしました。話が進むにつれ涙ながらにどんどん声も大きく感情的になっていきました。周りが口をはさむすきもなく、リーダーを務めていた筆者もどう展開したらよいのか困っていたところ、夫のFさんが発した「そうかお前……、そうだったのか」という一言で空気が変わりました。

Gさんは驚いたような顔で夫のFさんを見て、「何よ！　今までだって何度も……」と言って一瞬泣き崩れ、すぐに静かになりました。そして凛とした顔を上げ、「私の話は以上です。もういいのです。この体験を多くの人に伝えたくてまとめてきたのでどうぞお読みください」と5枚の原稿用紙を筆者に差し出し、締めくくりました。

結果

回想法が終わったあとは、夫のFさんがGさんの大きな荷物を持ち、2人で寄り添うように帰って行きました。その後、Fさんが参加する思い出語りの会に妻のGさんも参

加するようになり、いつも仲良くいたわりあう様子に、周りからは「おしどり夫婦」「仲いいわねぇ」などとうらやましがられていました。

　Fさんの声もわずかですが以前より張りが出て聞き取りやすくなってきました。また、それまでは、どんなテーマのときも戦争の話が出てきていたのが出なくなり、回想する話題が広がるようになりました。そして、あるとき、「私の戦争はもう終わったのです」と言いました。

　それから1年近く経ち、Fさんが体調を崩し、2人とも会を休むようになりました。さらに2年ほど経ったある日、妻のGさんが菓子折りと大きな風呂敷包みを抱えて会場に来て、「主人との最期、とてもよい時間を過ごすことができました。これも回想法のおかげです。ありがとうございました」と深々と何度も何度も頭を下げました。そしておもむろに風呂敷の中からFさんの遺品である軍服を取り出し、「お役立てください」と寄付してくれました。固くしっかりとていねいにのりづけされた軍服からは、夫のFさんに対する深い愛情が伝わってくるようでした。

考察

　語り手にとって本当にわかってほしい相手に話を聴いてもらうというのは、何にも代えがたい癒しの効果があることを感じました。自分の苦労を何十年も経ってようやく理解してもらえた、とGさんが実感できたときに、ずっと凍りついていた何かが溶け出したのを目にしたように感じられました。「そうかお前……、そうだったのか」という夫のFさんの言葉は、まさにはじめて聞いたかのようでした。

　一方、Gさんが言いかけた「今までだって何度も……」に続く言葉は「話したじゃない」ではなかったかと想像します。Fさんが妻のGさんの話を受け入れるには時間が必要だったのかもしれませんが、グループ回想法という語り手の話を皆でじっくり聴くという場の力が役に立ったのではないでしょうか。

実施者としての学び

　この事例を通して、改めて夫婦や家族といった身近な間柄ならではの奥深さと回想法の効果を実感しました。人は誰しも自分のことを理解してほしい、受け入れてほしいという感情を本能的にもっているといわれます。この夫婦の場合は、幸い一番わかってもらいたい相手に伝え合うことができました。しかしそれがかなわない場合は、代わりにきちんと思いを受け止められる回想法トレーナーでありたいと改めて学ばせてもらいました。

　後日、夫婦の娘から次のような話を聴くことができました。

　「娘から見た両親は仲が悪く、けんかが絶えませんでした。しかし回想法に出会いお

互いに最後はわかり合えたのはよかったです。子どもの頃からよく聞かされた父母の戦争の体験話も少しは皆さんのお役に立てたのかなと思い、2人だけでなくやはり言葉の力で皆さんに聞いてもらえたのがよかったんだと思います」

PART 2 回想法の実践事例

1 回想の力をケアに活かす

2 地域でケアやQOLの向上を目的として行う

3 地域で「人」や「時」をつなぐことを目的として行う

4 回想法を学ぶ、伝える

実施にあたっての留意点

■「つらい体験や苦しい思いが語られるときには、静かに耳を傾け、深く共感する。焦って慰めたり、『そんなことはない』など即座に否定したりしない」[3-10] と教わりました。つくづくそのとおりだと、常に心にとどめ、語り手の話を聴くようにしています。このときも私は、一緒に涙ぐみながらただ話を聴くことが精いっぱいでした。いざとなると何も言えなくなることもありますが、それでもよいのだとも思っています。

■グループ回想法において併せて心がけるのは、決して語り手に恥をかかせない、ということです。たとえ語り手が感情的になって取り乱したり、突拍子もない話を始めたとしても、すべてを受け入れ、温かく包み込むように落ち着いて話を聴くようにしています。

■グループ全体が批判のない安心できる場になると、他の参加者から思いがけない素敵な言葉が出てくることも増えるように思います。この事例で、夫のFさんが発した「そうかお前……、そうだったのか」という一言も、素直な言葉を発してよいという安心感があればこそではないでしょうか。

会場に展示されたFさんの軍服

コールマンは、戦争・大災害・天変地異など、忘れがたいつらく悲しい体験が、言葉や記述となってあらわれるのには、数十年の歳月が必要だと述べています。晩年を迎えた夫婦の心の通い合いは、2人の間のものだけではなく、娘さんが思い出を受け止め直すことを促し、周囲の人や平和の尊さを訴える心からのメッセージとして伝わってきます。

野村豊子

33 個人の生活史についての語り
～伝えていきたい神埼の昔

江口賀子

個人
回想法

事例の概要

2010（平成22）年2月から3月にかけて、70～90歳代の高齢者7名で調理を含めたグループ回想法を行いました（事例24参照）。その翌年に、参加者のうちの5名について、承諾を得て個人回想法（ライフレヴュー）を行い、個人のエピソードをふまえ「ライフレヴューブック」を作成しました。

語り手 ▶ 神埼（佐賀県神埼市）で生まれ育った高齢者5名（70～90歳代）
聴き手 ▶ 聴き手（大学教員）1名、記録を含むサポート役（大学院生または大学生）1名
時　期 ▶ 2011（平成23）年2月～3月
時　間 ▶ 1回90分、全2回
場　所 ▶ 大学内の健康実践センター
準　備 ▶ 本人に思い出の写真や物を持参してもらう

きっかけおよび目的

1989（平成元）年より地域の高齢者を大学に招き、社会福祉を学ぶ学生の生きた学びの場とすることを目的とした「高齢者教室／チャレンジ幸齢セミナー」を実施してきました。そのなかで、学生が高齢者との会話で特に印象深かったこととして、神埼の歴史や高齢者個人の生活史が多数あげられました。その理由としては、平成生まれの学生たちにとってははじめて聞く生活であり、個人の生活史を聞く機会や資料にふれたことが少ないことがあげられました。そこで、「高齢者に対する質の高い個別支援の参考にする」ことを目的に、個人の生活史についての回想法を実施することになりました。

方法および展開過程

2011（平成23）年2月～3月にかけて「伝えていきたい神埼の昔」として、グループ回想法を5回実施しました。その参加者7名のうち5名に個人回想法を行いました。1回の流れおよびテーマは表のとおりです。

● 1回の流れ

①会場の準備（季節の花を飾る、いすの配置）
②参加者の迎え
③ウォーミングアップ（語り手の持参品等を中心に）
④テーマに関する回想①（35分）
⑤休憩（10分）
⑥テーマに関する回想②（35分）
⑦参加者の見送り
⑧スタッフミーティング
1回目終了後：ライフレヴューブックの案作成
2回目終了後：ライフレヴューブックの仕上げ

● テーマ

幼い頃：ふるさと、家、幼い頃の思い出
学校に通っていた頃：学校生活、遊び
青年時代から大人への入り口の頃：青年団、就職、成人式
仕事の思い出：職業
余暇活動：趣味、地域活動
結婚生活と子育て：馴れ初め、結婚式
その他：母親の介護、今とこれから
　　　　　　　　　　　　　　　　など

※語り手が自分の話したいテーマを選択する

PART
2
………
回想法の実践事例

1
回想の力を
ケアに活かす

2
地域でケアやQOLの
向上を目的として行う

3
地域で「人」や「時」をつなぐ
ことを目的として行う

4
回想法を学ぶ、
伝える

Hさん

【テーマ】「幼い頃（ふるさと）」

「今も、家は建て替えましたが、同じところで暮らしています。戦時中は朝鮮から来た人が村のあちこちに家族で家を建てて暮らしていました。私の家の下のほうにも一軒あって、冬はオンドル（床暖房）にしているためかとても暖かかったのを覚えています。遊びに行って赤くて辛い漬物をもらったり、一緒にそこの子どもたちと川遊びをしたり、山に薪を取りに行っていました。終戦になると皆引き上げて行きました」「昔は冬、雪が深く、ひざくらいまで積もることもありました」

【テーマ】「母親の介護」

「私は母とずっと一緒に暮らしてきました。母は100歳で総理大臣から表彰されました。県の人の講演会を聞きに行ったときに母のことを話すのを聞いて嬉しく思いました」「母は、いつも笑顔を絶やさない人で、誰かが来ると『お茶の一杯でも飲んでいきなさい』と言って招き入れる人でした。今は、自分が知らないうちに母と同じようなことをしているなぁ、と思います」「母が呆けるのではないかと心配していましたが、最期までひどい呆けはなくとてもよかったと思っています。それには大学に行って対応の仕方を習ったり、本を読んだりして、気をつけていたこともあるかと思います」

【今とこれから】

「私がもし認知症になったら、今まで主人に我慢して言わなかったことを言うかもしれないし、クワや鎌を持って、『畑に出んばならん』と言って外に出ようとするかもしれんから、わかっておいてくれるように子どもたちに言っています」

Iさん

【テーマ】「幼い頃（家）」

「一緒に暮らしていたのは姉と私と両親。小さい頃は家でお蚕さんを飼っていました。8畳間と10畳間にびっしりと何段も蚕棚をつくり、お蚕さんが寒くないようにいろりがありました。中にもみ殻や炭を入れてふたがあるものでした。朝、姉と2人で畑の桑の葉を摘んで、お蚕さんに餌をやってから登校していました」「母親がほめ上手で、『お前が加勢したけん（手伝ったから）、がん、さばけた（仕事が効率よくできた）』って言うから、嬉しくてまた加勢しよう、と思いよったです。あらかじめ、『学校から帰ったら城山に来なさい』と言われ、『母ちゃん、母ちゃん』と手前から大きな声で呼びながら山に入っていき、母を見つけて一緒に薪を取って帰っていました。薪取りに行っていたのが城山。五右衛門風呂を焚いていたから、薪ばっかりでした」「井戸にはポンプがついていたから水汲みはしたことはありませんでした。孟宗竹の中をくりぬいて、つなげて風呂に水を入れていました」

【テーマ：母親の介護】

「三男の嫁やけど、夫の母（認知症）を看取った。私のことだけはわかっとりんさったもんね。だけん、形見の指輪を、いつもはめとります」「夫の母が呆けかけました。五男がいて、うちは三男。五男宅で世話をしていた孫が大学行ってから姑は呆けてきました。私が早く仕事を辞めたから、うちに来てもらいました」「鍵をかけて私が買い物に行って帰って来たら、向こうからばあちゃんが片方ずつ私の下駄を持って裸足で歩いて来ていました。『ばあちゃんどこに行きよう？』って言ったら、私の顔を見てニコーッと笑って『あんたを迎えに来よった』と言いました。その頃、言葉も不自由になり、自分の息子の顔も次第にわからなくなっていました」「姑は、私がさじでご飯を口に入れると、ニコニコして食べていました。見舞いに来た実の娘たちがやろうとしても口は一文字。娘の顔は忘れてしまいましたが、私と弟嫁だけは、『見てくれるもの』と死ぬまで思っていたようです。それだけは救いね……って2人で言っていました。姑が亡くなったあと、ばあちゃん（姑）がはめていた指輪を弟嫁が私にくれました。今もはめているこの指輪を見るとばあちゃんを思い出します」

【自分の人生を振り返って】

「波はあったけれども、今思えば幸せ。これからも大事にしていきたい思いとして、近所付き合い、親戚付き合いは大事ということを伝えたい」

結果および考察

　グループでは話さなかった個人の思いや大切にしていることについて、時にはわき出る泉のように、時には考え込みながら話をしてくれました。5名の高齢者それぞれの振り返りにより、自身の人生に納得していることが、「今思えば幸せ」という言葉や晴れやかな顔で締めくくる様子からうかがうことができました。

　最後に、高齢者とともにそれぞれの話を1冊の本にまとめる作業を行いました。自分のライフレヴューブックを手にすると、参加者は「自分自身が主役となり、人生の振り返りが行えた」「自分自身で今までの生き方やこれからの生き方の希望を伝えることができた」と喜んでいました。

実施者としての学び

　対人援助職の基本として、利用者を理解する力が求められます。利用者を理解するためには、その時代の社会の動き、地域の特性を理解し、それらが利用者の生活にどのように影響しているのかなどを理解することが必要です。高齢者の価値観や信念、生活習慣、生活実感（日常生活で実感する喜びや悲しみ）などは、個人を形成してきた背景をもとに理解する必要があり、神埼地区の生活史をとらえることは、今後専門職として高齢者にかかわる際に必要な能力・技術であると考えます。

　個人の語りを通して、「今後の希望」には、今までの人生で大切にしてきたことが集約されていることを改めて感じました。介護予防や認知症介護において、個人の今までの生きてきた姿や希望を取り入れることの大切さを学ぶことができました。

実施にあたっての留意点

■ 当初は5名の参加でしたが、1回目終了後に、「2回目は用事があるので参加できない」と言う人が1名いました。日程の調整を提案しましたが、「迷惑をかけるのでいいです」と言い、本人の気持ちを尊重し、そこで終了としました。個別に行う場合でも、無理に進めるのではなく、状況に応じた配慮が必要だと感じました。

> グループ回想法への参加、学生を含めた聴き手の存在、個人ライフレヴュー、ライフレビューブックの作成などを通して自分の人生を振り返るという、今までにない体験が蓄積していきます。また、回想法の取り組みを暮らしの場で穏やかに、ゆるやかに繰り広げることによって、一人ひとりの高齢者の過去・現在・未来への橋渡しをていねいに行っています。
>
> 野村豊子

PART
2
回想法の実践事例

1
回想の力をケアに活かす

2
地域でケアやQOLの向上を目的として行う

3
地域で「人」や「時」をつなぐことを目的として行う

4
回想法を学ぶ、伝える

34

高齢者との思い出語り
〜思い出を安心して語れる場をつくる

伊波和恵

個人
回想法

事例の概要

　近親者や地域のボランティア活動のなかで、高齢者の昔話を聞くことがあります。親しい間柄での他愛のない昔話は、社交の時間でもあり、楽しみごとでもあります。ただ、思い出話をすることに関心はあるけれども、そのような機会はふだんあまりないという人も少なくありません。すでにある関係性や親しい雰囲気を大事にしながら、聞き手が意識的に回想法の手法を使うと、ふだんの世間話とはまた違った話が引き出されることがあります。ここでは、特に枠のない状況での個人回想の事例を紹介します。

　Jさん（90歳代、女性）とKさん（80歳代、男性）の2人に話を聞きました。Jさんは敷地内同居家族（孫世代）が、Kさんは近居家族がいます。2人は東京近郊の別の地域の農家に生まれ育ち、結婚後はずっと現在の居住地にそれぞれ住んでいます。互いに気心の知れた間柄で、Jさんのほうが5歳年上です。会場のJさん親戚宅には、Kさんが車を出してくれ、一緒にやってきました。

語り手 ▶ Jさん（90歳代、女性）、Kさん（80歳代、男性）
聴き手 ▶ 心理専門職
時　間 ▶ 思い出語りとお茶等で60分程度
場　所 ▶ Jさん親戚宅

目的

　特に枠を設けず、すでにある関係性を大事にしながら、思い出語りの場をつくり、回想法的なかかわりをすることで参加者が楽しめるようにすることを目的に行いました。

方法

　思い出話に関心はあるけれども、日頃あまり語り合う機会がないという高齢者を対象としました。事前に思い出話の会に誘った際に、「ちょうどいい写真がある」と、Jさんから提案がありました。当日、Jさんが持参した写真2枚（少女5人の写真①と、大きな建物の前での集合写真②）を思い出語りに使うことにしました。

展開過程

聴き手：（写真①を一緒に見ながら）これはいつ頃のお写真ですか？

Jさん　：学校を終えてすぐ、4月の娯楽会でね、「軍艦マーチ」を踊ったときに撮って
　　　　　もらったの。

Kさん　：この頃は青年団が盛んでね。他に楽しみもないものだから、素人演芸が楽し
　　　　　みだったんだよ。子どもが大勢いたね。

Jさん　：いたねぇ、1クラスが80人はいたね。

聴き手：80人ですか。随分と大勢ですね。

Jさん　：この写真（写真②）がクラスの集合写真。卒業したあと、2年ばかり経って、
　　　　　講堂ができたときに集まった写真なの。全員で80人ね。1学年は3組よ。

Kさん　：うちらもそれくらいだった。うちは男組と女組が分かれていたもんだ。

Jさん　：部落でも同級が18人、女子は10人。兄弟も多くて。お宅もでしょう？

Kさん　：同じくらいだったね。うちは大きい部落だったから、15、6人だったかな。女
　　　　　は7人ばかり。分校から本校へ移ったときはまた雰囲気が変わったよね。

聴き手：本校は遠かったんですか？　通学は部落のお子さんたち皆で？

Jさん　：そうそう。遠くてね。神社で集まって、私は7人くらいで通っていたよ。耕地
　　　　　をずっと通ったもんだから、吹きさらしだった。

Kさん　：うちのほう、本校までは1里あったからね。今の4kmほどだ。よく歩いた。

聴き手：本校や分校は、地域で違いましたか？

Jさん　：時期でも違ったんだよね。お宅のときはもう国民学校と言ったでしょう？

Kさん　：そうだね。国民学校が6年、中学校が3年。

Jさん　：変わったのよ。私のときは尋常小学校。尋常高等小学校が上で、6年と2年ね。

このような通学事情からはじまり、ほかにも服装、学用品についてなど、当時の様子を具体的に聴いていくうちに、会話の流れができていきました。

聴き手：学校生活で覚えているのは？

Kさん　：俺らのときは、もう戦争が始まった頃だったから。小学3年のときに、開戦の
　　　　　知らせを聞いたんだよ。学校でも勉強になんかならなくてね……。本当に勉
　　　　　強にならなかったんだよ。登校中に空襲警報が鳴ると、そのままとっとと家
　　　　　に帰って、あとは待機になるんだ。登校できた日でも、勤労奉仕ばっかりで、
　　　　　ろくに勉強なんてできやしない。俺らなんか、元々農家だから慣れていたけ
　　　　　れど、町のほうから疎開していた寺住みの子たちなんかは大変だったろう。
　　　　　腹は減っている、慣れない畑仕事はさせられる。本当に気の毒だったね。

Jさん　：そんなだったかねぇ。

> Kさん　：学校帰りには、俺らは子ども連中で山へ行って、薪取りをした。粗朶（細い
> 　　　　　木の枝）とかね。それが遊びにも手伝いにもなっていた。
>
> Jさん　：お宅は薪？　うちのほうじゃ、葛掻きへ行ったよ。牛車でね、朝暗いうちに
> 　　　　　行って、取って、束ねて、薪置きに積んでおいたね。
>
> 聴き手　：その頃、卒業後の将来については、どんなことを考えていましたか？
>
> Jさん　：いやあ、どうということもなかったね。農家だったから……。
>
> Kさん　：男も、皆、兵隊に行くのが当たり前で。死ぬのも兵隊へ行くのも当たり前。
>
> Jさん　：私の年だと、もう召集令状はなくって。少し学年が上だと、うちの姉なんか
> 　　　　　は、工場への動員があったのね、女子挺身隊ね。家にはいられなかったの。
>
> Kさん　：2、3歳のところで、そりゃ大きな違いだったよね。

　その後は、戦後の暮らしぶりの話題に転じました。都会の闇市に甘い食べ物めあてに
出かけた話、町から物々交換をしにやってくる「たけのこ生活」（たけのこの皮を1枚
ずつはぐように、衣類・家財を少しずつ手放しつつ食いつないでいく生活をそう呼んで
いました）が数年続いたこと、農家は3、4年で食糧難を抜け出したようだったが、都
会では10年近く続いたらしいということ、青年団は、若者の貴重な社交の場でもあっ
たことなど、ゆったりとしたテンポで思い出話はひとしきり続きました。

結果と考察

　今回、Jさん自身の写真を使うことで、より具体的な話を聴くことができました。こ
のように、思い出を語り手にあわせて焦点化するのに、写真はとても有効です。写真
に、たまたま映り込んでいる事物に注目が集まり、回想が想起されることもあります。

　回想法のなかでは、「学校」を人生初期のテーマとしてしばしばとりあげます。学校
は、はじめて出会う学びの場であるとともに、生活の場、社交の場でもあります。老若
男女多くの人々が共通して語ることができるのが学校というテーマの特徴ですが、Jさ
んとKさんのやりとりからは、戦争によって無邪気な学校生活がかなわなかった時代が
あったことが伝わってきました。

　また、今の高齢者は、幼い頃から家庭でも家事の分担を負い、よく働きました。兄弟
の数も多く、多忙な親に代わって、年上の子どもが幼い弟妹の面倒をみるのは、この地
域の農家の家庭にとっては当たり前の生活だったことが語られていました。

実施者としての学び

　「1歳違えば、戦争体験は随分と違うものなんですよ」と、以前、著名な心理学者か
ら実感のこもったコメントをもらったことがあります。学徒動員に関する個人的な体験
に基づく、非常に切実で重みのある指摘でした。

今回の回想は、学校がテーマではありましたが、第二次世界大戦とその時期が重なった世代の人であったことから、「2人の5歳差」「それぞれ体験の違い」を強く意識しながらの思い出語りとなりました。それぞれの回想を、知らない者の感覚で束ねないようにする、ということを改めて学びました。

実施にあたっての留意点

- 複数人で行う回想の場合、相違点が見えてくることがよくあります。今回も、5歳差とはいえ、学校制度の変更や戦争の影響の有無、性別、地域性など、大小さまざまな相違点があることによく留意しながら話を聴きました。どちらが正しいとか、多数決とかではなく、どちらもその時その人が経験したことなのです。「案外と違うものだ」「(違いが)面白いね」という受け止め方を聴き手ができることがまず大切なことです。
- 気心が知れた者同士の2人の会話が弾むときには、聴き手は質問をはさまず、控えめに相づちを打ったり繰り返したりする態度にとどめます。一方、質問をするときには、校舎や行事、友人や通学の様子などをより具体的に想起できるような短い問いを選んで投げかけます。そうすることで、2人は当時の行動や思い、エピソードをより思い出せるようになり、時折、遠い目をしながら互いに深い回想に至ることができたようでした。
- 当時はつらかったことでも、今、笑って話せる相手がいるならば、案外と楽しく懐かしい。安心して語れる思い出語りの場であるように、聴き手としても心がけました。

PART
2
回想法の実践事例

1
回想の力を
ケアに活かす

2
地域でケアやQOLの
向上を目的として行う

3
地域で「人」や「時」をつなぐ
ことを目的として行う

4
回想法を学ぶ、
伝える

写真①：1943（昭和18）年頃の4月。女子青年団の娯楽会で「軍艦マーチ」を踊ったときの記念写真

写真②：1945（昭和20）年4月。地域に新設された講堂の前でのクラス集合写真

　いつも会っている人と、一味違った話をする楽しみは、ありそうでいてなかなかないかもしれません。聴き手の態度、質問の方法等により、いつも会っている人だからこそ、心が穏やかにほぐれていき、苦しい思い出さえも、「案外と楽しく懐かしい」という思い出語りの場になっています。

野村豊子

※本事例は「写真で回想する高齢者との思い出語り」『おはよう21』2017年3月号、pp.58-59の記事を再構成したものです。

35

母と娘がつむぐ思い出語り
～『百歳記念「ハナさん思い出語り」』の作成

中屋惠久

個人
回想法

事例の概要

「ハナさん」の娘である筆者は、1941（昭和16）年10月に生まれました。父は私の生まれる1か月前に太平洋戦争で召集されました。残された母は乳飲み子を抱えて父の帰りを待ちましたが、父は1944（昭和19）年にニューギニアで亡くなりました。お骨が届いたのが1947（昭和22）年で、私が小学校に入る前年でした。母は学歴もなく、定職もない状態で呉服の行商や裁縫をして私を育ててくれました。

そのような家庭環境にありながら、私は職業をもちたいと思い、大学を出て教員になることを望み、母はそれをかなえてくれました。その母の一生を何らかの形で残しておきたいと思い、回想法を活かしながら、「ハナさん思い出語り」という冊子にまとめました。

きっかけ

定年退職して間もなく、回想法について話を聞く機会がありました。回想法については十分には理解できませんでしたが、とても興味のある内容と講師であった野村豊子先生の話の仕方に魅せられて、話を聞きながら「これから毎日、朝から晩まで一緒の私と老いた母親との生活に回想法を活かせるかもしれない」と考えました。

方法

回想法を母との生活に活かすために、「個人生活史チャート」「個人生活史記録表」[3-11]を使ってまとめると全体が見通せると考え、また母の記憶が少しでもはっきりしているうちがいいと思い、早速、年表づくりに取りかかりました。母が90歳のときでした。

母の幼い頃の話も少しずつ聴くことにしました。また、私が生まれてからはずっと母と一緒に暮らしてきましたので2人で思い出話をするということになりました。

展開過程

幼少期～結婚まで

母の名前は「ハナ」といいます。母は、幼少期には2人の兄と杉の葉拾いや桑の実採

り、目の前の海ではウニを採ったり、祖母にはわらで縄をなってお金に換えることを教わったそうです。元気で走るのが得意で、学校を代表する選手としてさまざまな大会に出たことが一番の思い出だと話してくれました。それが生涯生きる原動力になっているように感じました。

高等科卒業（14歳）と同時に呉服屋に奉公。そろばんや裁縫をみっちり教わり、19歳で同じ呉服屋の質屋の番頭をし、質札は筆で書き、警察へは台帳調べで毎日通い、忙しかったけれど信頼されて充実した生活ができて自分に自信がもてたということでした。24歳で呉服屋の奥さんの甥と結婚しました。結婚相手は大工で、2人は仕事を求めて北海道富良野に向かったそうです。

親子での生活1（ハナさん：20〜30歳代）

北海道富良野で出産。出産2か月後の12月8日、真珠湾攻撃の日に、内地から迎えに来た叔母と3人で、吹雪のなか、そして揺れる連絡船で北海道を旅立ち、母の実家に帰って来ました。戦争中でとても大変な生活だったようですが、そのようななか1944（昭和19）年、戦地に発つ自分の兄に私の写真を持たせ、「戦地で夫にあったら渡して」と頼みます。母の兄はニューギニアの部隊で実際に夫（私の父）に会い、写真を渡してくれたそうです。夫から娘の写真を見たという葉書が届き、その葉書が最後の便りになったとのことです。母は、「人生いろんなことが起こるものだ」と自分の無鉄砲さを自慢していました。

夫は帰らず、母は親子2人で生活することを考え、母の奉公先の呉服屋のお世話で行商を始めました。娘の私が小学校に入る前は一緒に連れて行商に出かけました。行き帰りは歩きですから2人で歌を歌います。「お馬の親子」「鐘の鳴る丘」など、たくさんの童謡を歌ったことを覚えています。

親子での生活2（ハナさん：50〜95歳）

娘の私が結婚したあとは、娘の夫と2人の孫と5人で生活しました。孫の幼い頃は一生懸命世話をしました。60歳代となり、自分の時間ができて生活の心配もなくなると母は農作業や老人クラブの旅行など、自分の好きなことを楽しんでいました。70歳代に体調を崩しパーキンソン病と診断され、3年ほど治療ののちに回復。その2年後には軽い脳梗塞になり、若い頃、一生懸命に身につけたそろばんを娘（私）とともに取り組み、機能回復を図り、縫物ができるようになりました。

その後10年くらい「ハナちゃんボール」（孫娘が命名）づくりに夢中になりました。つくったボールは保健センターや地区の保育園・幼稚園に贈ることができました。脳梗塞ののち、自身と娘（私）と孫娘で富良野に行き、お世話になった人の子孫に会うと

1
回想の力を
ケアに活かす

2
地域でケアやQOLの
向上を目的として行う

3
地域で「人」や「時」をつなぐ
ことを目的として行う

4
回想法を学ぶ、
伝える

いう感動の旅もありました。

親子での生活3（ハナさん：95〜100歳）

　95歳になったとき、このボールづくりが嫌になったと言い出しました。好きで取り組んでいた計算ドリルも何の役にも立たないと言いきってやめてしまいました。この頃、様子が一変して、楽しんで行っていたデイサービスにも行きたくないと自宅にいることになりました。うつ状態のようだったので、主治医と相談して薬を処方してもらいました。主治医からは「できるだけ1人にしないように」と言われました。母も娘の私と一緒にいるほうが安心なのかもしれないと感じることが多くなってきました。

　今までの母には見られないような言葉を言ったりするようになったので、母にとって心穏やかに過ごせるように生活全般の見直しをしました。何かさせたいと思い、簡単な塗り絵を提案したら、色鉛筆は力が必要できれいに仕上がりません。そこで絵の具（力をあまり必要としない）で塗り絵をすることにしました。あまり得意ではなさそうでしたが喜んで取り組み始めました。

　絵の原画は娘の私が鉛筆で描き、絵の具は顔料を使い色具合は私が調合して始めました。画材の杉の葉を描くときは、娘の私が杉の葉拾いをした話を始めると母は拾って学校に持って行ったことやパリパリ音を立てて燃える様子を楽しそうに話し出すのです。そのあと母は色づけをし、日付と名前を書きます。完成した絵は母と寝ながら今日描いた絵のことなど話すため、母の寝室に貼りました。

　母は画材から回想することが多かったと思われますが、「今日は8月16日だ」と娘の私が言うと「今日は宿下がりと言って奉公先から日帰りで実家に帰れたもんだ。小遣い銭は1円か1円50銭もらった。1円で反物が1反買えたが」とちょっとしたことでも回想し、気持ちも穏やかになっていきました。このようなことが95歳から98歳くらいまで続いたので、絵は450枚近くになりました。どの絵にも思い出話がついて、私も楽しい時間でした。

　また、寝ながら幼い頃行商の行き帰りに2人で歌った歌を歌いました。歌もよく覚えていて5番、6番まである歌詞をそらんじて、当時の記憶を呼び戻してくれる歌につらかったことも温かく思い出されました。

結果と実施者としての学び

　母が100歳を迎えた記念に、今までの母との回想を『百歳記念「ハナさん思い出語り」』としてまとめました。母の一生を回想することを主として過ごした約10年間、老いていく母の姿を見ながらも思い出話に互いに心穏やかになり、心が温かくなり、楽しくかかわることができたと感じています。

母は「ハナさん思い出語り」を読んであげると「よく私のことがわかるねえ」「質札も、うそ字を書いたかもしれないねえ」「質屋に来る人があめっこを買ってきてくれてねえ」とまともなことを言ったり、「かあさん（私のこと）私とどこで一緒になったあべえ」と言ったり……。正直なところ、いくらかでも母が理解できるうちに思い出語りが完成できてよかったと思いました。回想法を知り、色々なテーマで母とかかわることができ、母も一生を回想しながら心穏やかに人生の最期を迎えることができました（100歳9か月）。

私の心に残る言葉に「人生は過去の体験や出来事が縦糸や横糸になって織りなされる1枚の織物のようなものです。無数の織目には、楽しさやうれしさと同時に、つらさや悲しみも込められており、それには、1枚として同じものはありません」[3-12)]というものがあります。私も「母と私のつむいだ人生の織物はどんな織目で、どんな色合いになっているかなあ」と、母と語り合った日々を回想し、高齢になった母とのかかわり方を私に教え、気づかせてくれた回想法の不思議な力に感謝しています。

実施にあたっての留意点

■ 母からの聞き取りであっても、「聴き手としての留意点」[3-13)]を心して対話をしていたと思います。ずっと一緒に暮らした親子ですから「あれ？　そうだったかな」と思うこともしばしばありましたが、そのまま聴くことを心がけていました。

■ 「笑顔・明るく・元気」を心がけ、ちょっとしたことでも母をほめることが多かったと思います。心がけてはいても娘の私が穏やかでないときは、周りにいる家族（私の夫）に助けられました。

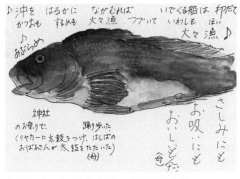

あぶらめ　「ハナさん思い出語り」より

長い年月を共に暮らす母と娘がつむぐ人生の織物の完成を、「回想」が少し手伝わせてもらっています。ユーモアと人生の叡智にあふれた2人がつくる織物は、ほのぼのとした、そして、見事な筆致の絵と響き合い、読み手に、「人生って素晴らしい」という思いを届けてくれます。　　　　野村豊子

36 認知症カフェで「よい関係」をつくる
〜回想という種子に水をやる

竹内弘道

　森のリスは働き者で、木の実をせっせと収穫してはあちこちに蓄えます。しかし、そのほとんどは消費されることがありません。無駄に蓄えられた木の実は春に芽吹き、やがて立派な森を構成していきます。

　回想記憶も、脳のあちこちに分散して蓄えられているのだそうです。

カフェで、認知症の"見える化"を

　1980年代から20数年間、母のアルツハイマー病と併走しました。1990年代には家族会の活動を始め、2012（平成24）年には自宅で認知症カフェ「Dカフェ・ラミヨ」を始めました。現在、東京都内の目黒地区で15の「Dカフェ」を運営しています。

　地域の介護者（家族）や市民の認知症の知識はいまだガラパゴス状態で、「Dカフェ」ではこのような光景が日常的です。

> 市民Lさん　　：お元気ですね。おいくつになられました？
> 認知症の本人：43歳だったかしら。
> 市民Lさん　　：？？？

　年齢を尋ねればこういうことになります。生年月日を聞けば、正確に答えられるのに……。

> 市民Mさん　　：毎日、何されてるんですか？
> 認知症の本人：店を開けて、掃除してね。忙しいの。
> 介護者（娘）　：違う、違う。それは昔の話！

　娘は母の発言をいちいち訂正しています。認知症の人に「訂正」「説得」「叱責」「励まし」などは禁物なのに……。

　「Dカフェ」は認知症を"見える化"して、ケアの基本を共有していこうと活動しています。

意味の世界に住む人たち

　老年期認知症は病気というより「状態」ととらえようとする考え方が一般的です。認知症の人のベースにある感情は「不安」です。「自分も、周りの世界も、何かおかしい」という漠然とした不安。そこに寄り添うことなく、周囲のペースで物事を進めていくと「認知症という状態」をこじらせてしまうことになります。

　看取り医の大井玄さんは「認知症の人は意味の世界に住んでいる」[3-14] と言います。意味の世界とは何でしょう。それは「脳に蓄えられた過去の経験や記憶が創る自分の世界」なのだそうです。現実とは異なる仮想の世界です。先の「Dカフェ」で語っていた認知症の本人は、あの日のあの瞬間、夫と商売を切り盛りしていた40歳代を生きているのでしょう。それは周囲の「リアルな外界」とはつながっていません。高齢者の「意味の世界」を推察し、束の間、一緒に暮らしてみる。そこに入る鍵となるものは何なのでしょうか。

　筆者の母は娘時代、横浜の税関に勤めていました。調べてもらったら、税関本関庁舎（通称「クイーンの塔」）が竣工した、1934（昭和9）年から1941（昭和16）年まで在籍していたとのこと。そのクイーンの塔が改装され一般公開されるというので、「鍵となる小さな記憶に出合えるかもしれない」と、車いすを押して出かけてみました。でもどうもピンとこないようです。ところが、クイーンの塔から保税倉庫（赤レンガ倉庫）へ向かう橋を渡っているとき、ふいにハミングが出ました。

　「赤い靴 履いてた 女の子 異人さんに 連れられて 行っちゃった」

　以後、『赤い靴』の歌は「意味の世界」へ入る鍵の1つになりました。

言葉に出せない記憶

　認知症の人は徐々に言葉を失っていきます。しかし、残った数少ない言葉は粒だってきて、「珠玉のダイアローグ」になります。

　「アリガトございます」

　「いいこと、いいこと」

　母の残された言葉に寄り添っていくのが私の介護ライフの要諦になりました。

　口の形が「大切な何か」を表現していることもあります。「あっ」「あれっ」という唇をしている……。頭の中を何かのイメージがよぎったのでしょう。でも、それは束の間で、すぐに消えてしまいます。

　まったく言葉を失ってしまった70歳代の男性がいました。ある日、カフェのピアノに向かいます（彼はピアノは弾けません）。そして鍵盤を押さえます。音が出る、鍵盤を叩く、音が出る……、これを繰り返します。男性はどこか遠い目をしています。この瞬間、確かに何かを想っているのです。ロゴス（言葉・論理）は失っても、ピュシス

PART

2

回想法の実践事例

1 回想の力をケアに活かす

2 地域でケアやQOLの向上を目的として行う

3 地域で「人」や「時」をつなぐことを目的として行う

4 回想法を学ぶ、伝える

（感情・いのち）は鼓動しているのです。

　認知症の人の「声なき言葉」を受け止め、そこからいのちのコミュニケーションを深めようと思うのです。

不思議な夢と古い記憶

　人はさまざまな夢を見ますが、目覚めてみればほとんど覚えていません。反対に、ある時期ひんぱんに見たのに、その後、まったく見なくなったなど、「覚えている夢」というのもあります。私は、こんな夢を覚えています。

　「広い電車道を横断し、小さな橋を渡ると、長い下り坂。右側に同じ造りの映画館が坂下までずっと続いている。歩いている人はいない」という、今は見なくなった夢。

　妄想の風景かと思えるのですが、「原風景」も想起できます。ふるさとの町の一本松の丘。そこから下っていく長い坂。その途中に双子の映画館（洋画系と邦画系）があったのです。しかし、同じ建物がずらっと、という景色には思い当たるものがありませんでした。

　この夢を見なくなって20年くらいして、DVDでジョン・フォード監督の『わが谷は緑なりき』（1941年）を観たとき、ふいにその景色が出てきたのです。英国ウェールズ地方の炭鉱住宅（長屋）の映像です。幼い頃に一度観たきりの映画で、すっかり忘れていたのに、あの夢の映像とピタリ結ばれました。

人が最期に見る夢は？

　死の10か月前、母の状態がガクっと落ちました。「終わりの始まり」を感じました。傾眠が増え、1日のほとんどを眠って過ごしていました。幸せそうな笑みをたたえて……。一方、ふいに手を振る、大きく口を開けるなど、不可解な行動をとることもありました。手を振らされ口を開けさせられている感じです。脳神経が悪さをしていたのでしょうか。

　8月末の暑い日でした。小規模多機能型デイサービスで夕食を済ませ（「うなたま丼」ほぼ完食）、午後8時にパジャマ姿で帰宅しました。送迎の人に「アリガトございました」と声をかけてベッドへ直行。微熱が続いていたので2時間おきに検温したのですが、「どんな楽しい夢を見てるんだろう」と思わせるニコニコ顔です。肌は「いのちの灯」に照らされているかのように輝いています。翌朝6時の検温で「あれっ?!」。胸に耳を当て死亡を確認しました。「なんだ、ひとりで逝っちゃったんだ……」と思いました。

　人は最期の瞬間に一生分の夢を見るといいますが、母はどうだったのでしょう。幸せな夢を見ながら逝けるのなら、こんな素敵なことはないと思うのです。私もそうありたいと思うのです。

人が回想するということ

認知症ケアのポイントは「よい関係性をつくることができるか」にあると思います。介護職にとっては利用者との関係性はゼロから築いていくものです。しかし、家族は暮らしの継続のなかで再構築していかなければなりません。「リアルの世界」と「意味の世界」の衝突から深刻な軋轢（あつれき）も生じます。目の前にいる人は、以前のあの人ではない、リアルの世界に適応できない人です。そうであれば、介護者（家族）のほうで適応するしかありません。介護者（家族）が変わるしかないのです。でも、自分を変えるのはそう簡単なことではありません。

最近、回想をテーマにした認知症カフェをスタートさせました。名称は「Dカフェ・回想愉快」。過去の経験や記憶からなるその人だけの世界に思いをはせ、認知障害がある人も、そうでない人も、対等につながり合うカフェです。少人数で、静かに、回想をつむぎ合い、即興演奏のように応答し、意識の底に眠っている回想という種子や生命史的な記憶に水をやり、光を当てる作業を辛抱強く続けていこうと思っています。

Dカフェ・ラミヨの様子

> さまざまのしがらみにとらわれないゆるやかな発想により、日々の暮らしのなかに、「人が最期に見る夢は」など、生きることの叡智がちりばめられています。認知症カフェ「回想愉快」は、集う人の喜びや楽しみにアンテナを張りながら、思い出話や回想語りを取り入れています。
>
> 野村豊子

PART
2
回想法の実践事例

1
回想の力をケアに活かす

2
地域でケアやQOLの向上を目的として行う

3
地域で「人」や「時」をつなぐことを目的として行う

4
回想法を学ぶ、伝える

37 高齢者の力を活かした地域における回想法の展開
～認知症予防リーダー養成講座での取り組み

来島修志・本間　萌

研修

事例の概要

　名古屋市では、2016（平成28）年度より認知症予防リーダー養成講座を実施しています。対象は60歳以上の人で、講座では認知症予防にかかわる知識や技術を習得し、地域のサロン等の場で普及・啓発することが期待されています。ここでは認知症予防リーダー養成講座や回想法ステップアップ研修、回想法実践交流会の内容をその展開も含め紹介します。

講座のきっかけと目的

　認知症サポーター養成講座が全国で展開されたことにより、「認知症の知識や理解にかかわる学びの場が広がった一方で、その後の活動に結びつきづらい」等の新たな課題も明らかになりました。そこで地域で認知症や認知症予防にかかわる知識・技術を習得し、さらに地域のサロン等の場で回想法や運動しながら頭の体操をするコグニサイズのプログラムを行うことができるリーダーを養成することを目的に「認知症予防リーダー養成講座」が始まりました。

方法

　「認知症予防リーダー養成講座」は、2日間の回想法研修を含め全8日間で構成されます。研修には地域活動の実際や認知症予防教室での実習、認知症サポーター養成講座なども含まれています。

　回想法研修の1日目は、回想法の基本に関する講義、ワークショップ「回想の体験」「1対1での回想の共有」を行います。回想法の基本的な理解を図り、懐かしいふるさとの思い出を回想する体験をします。さらに語り手や聴き手という役割を意識して二者における回想を体験します。2日目は研修修了者にリーダー役として協力してもらいグループ回想法を体験します。グループ回想法の体験後、①体験しての感想、②回想法の意義・目的、③我が区の活動のアイディアの3点を話し合い、グループごとに発表します。

展開過程

　認知症予防リーダー養成講座は年に3～4回開催し、3月には各区の1年間の取り組みを報告し、活動に活かすことを目的に地域のサロンや福祉施設などでの実践を報告する回想法実践交流会を開催しています。また、2018（平成30）年度からは回想法ステップアップ研修を開催しています。この研修は、認知症予防リーダー養成講座を修了し地域で回想法を実践している人を対象に、区を越えて相互に学ぶ機会をつくることを目的に企画しました。研修プログラムを検討するため参加者を募り、2018（平成30）年10月に各区の代表16名が集まりました。

　このときには、回想法を実践しての具体的な課題が複数あげられました。「会場がせまいと他のグループの声が入ってくるためどう工夫したらよいか」「回想法を始めるにあたっての雰囲気づくりはどうしているか」「リーダーの役割はわかりやすいがコ・リーダーの役割がわかりにくい」「障害のある方や認知症のある方へのサポートをどうしたらよいのか」「回想法を知らない人にどのように説明したらよいか」等が話されました。

　話し合いの内容をふまえ研修を計画しました。1日目は回想法のプログラムづくり、2日目はリーダーの役割と認知症の人への回想法の実践を学ぶ内容としました。回想法のプログラムづくりでは、グループに分かれ回想法を実施するための事前準備の悩みや課題を整理し、それまでの経験談もふまえてどのような工夫ができるかを検討しました。リーダーの役割については、講師陣によるロールプレイを見てグループで考えました。認知症の人への回想法については、講師による実践の映像を視聴し学びました。

　2019（令和元）年度のステップアップ研修では同じプログラムを2回実施することで、より多くの受講者の実践に役立ててもらうこととしました。前半は講師によるグループ回想法のロールプレイを観察し、後半は認知症の人への回想法の映像を見て、それぞれ気づいたことや対応の工夫をグループで話し合いました。

　新型コロナウイルスの感染拡大により会場が閉鎖となったため、2020（令和2）年度は研修会場であった大学と各区の福祉会館とをオンラインでつなぎ開催しました。開催にあたっては運営ガイドの作成や事前のオリエンテーション等を実施しました。さらに、2021（令和3）年5月にはパソコン環境のある受講者が自宅から受講する、完全なオンラインによるステップアップ研修を開催しました。特に、コロナ禍の新しい生活様式における回想法の活動のあり方を学び、検討しました。

PART
2
回想法の実践事例

1
回想の力を
ケアに活かす

2
地域でケアやQOLの
向上を目的として行う

3
地域で「人」や「時」をつなぐ
ことを目的として行う

4
回想法を学ぶ、
伝える

● 回想法研修のこれまでの展開

	時期	実施内容	人数
2016年度	2016年8月～2017年1月	認知症予防リーダー養成講座	196名
	2017年3月	回想法実践交流会	約300名
2017年度	2017年4月～2018年2月	認知症予防リーダー養成講座	257名
	2018年3月	回想法実践交流会	166名
2018年度	2018年4月～	認知症予防リーダー養成講座	196名
	2018年10月	ステップアップ研修検討のためのヒアリング	16名
	2018年12月　回想法プログラムづくり 2019年　1月　リーダー、コ・リーダーの役割	ステップアップ研修	62名
	2019年3月	回想法実践交流会	151名
2019年度	2019年4月～12月	認知症予防リーダー養成講座	174名
	2020年1月（2回開催）	ステップアップ研修	81名
	2020年3月	回想法実践交流会（中止）	
2020年度	2020年12月	認知症予防リーダー養成講座（各区の福祉会館から参加）	59名
2021年度	2021年5月	オンラインによるステップアップ研修(自宅から参加)	21名

結果（効果）

　下記は、回想法研修2日目のグループ回想法を体験した受講者が回想法の意義・目的について発表した内容の抜粋です。

● 研修であげられた回想の意義・目的

・昔のことを思い出すのは楽しいと感じた。
・生きる気持ちが出てくる。
・思い出すことでわくわく感が増して若返りができる。
・話すことで相手の元気をもらったり、あげたりすることも目的になる。
・話を聞くことで、その人を知ることができる。
・グループに一体感が生まれて身近に感じることができた。
・それぞれが歩んできた時代、道を振り返り1つの課題に共感でき仲間意識が深まる。
・違う世代に興味をもち、リスペクトしたり、知らないことを調べたりする。
・話し合うことで理解してもらえたり、生かされていると感じ、関係構築につながる。

考察

　近年、回想法の実践者は専門職に限らず、回想法を学んだ地域に暮らす高齢者へと広がりを見せています。研修受講者からあげられた回想の意義・目的からは、懐かしい思い出を語り合うことは肯定的な感情や活力をもたらすこと、そして、歩んできた人生そのものを聴かせてもらう回想法は他者への理解を深め、仲間意識の醸成や互いに尊重し合うことへとつながっていることがわかります。

　また、認知症予防リーダーによって行われる回想法は、地域のサロンや認知症カフェ、喫茶店、銭湯やショッピングセンターなどの場、さらには区民まつり、小学校や児童館での子どもたちとの交流イベントや行事においてなど、多様に展開しています。回想法の目的に合わせて地域の資源を活用して場を設定することが可能になったともいえます。

実施者としての学び

　研修のなかで受講者が「思い出は誰でももっている」と話してくれました。回想法を学んだ高齢者が地域で回想法を実践することは、参加する高齢者と同世代であることや同じ体験をしてきたという共通点があり、ともに楽しみ合うことにつながります。これまでの生活や地域における人とのつながりを活かしながら、さらなる新しい活動を生み出していく高齢者の力はますます広がりを見せていきます。

実施にあたっての留意点

■ これまで暮らしてきた地域、これからも暮らしていく地域で回想法を行うことを認識し、プライバシーへの配慮が大切です。

　大学と実施主体との密な連携のもとに、大都市の認知症予防プログラムの中核として展開している事例です。プログラムの進行過程に沿って、高齢者へのアンケートと多様なインタビューを重ねる詳細な評価方法を採用し、新規の事業の有効性を検証しています。

野村豊子

震災を乗り越えて継続してきた
回想法ボランティアグループの活動

野﨑瑞樹

研修

事例の概要

　10年以上の間、地域で「思い出語り」としてグループ回想法を実践し、高齢者との交流を続けているグループがあります。このグループは東日本大震災の大きな被害を受けた三陸地域（宮古市）で、震災を乗り越えて活動を継続してきました。活動の継続要因には、メンバーの学ぶ意欲と実行力の高さがあります。メンバーは学びと実践の繰り返しにより、回想法への理解を深め、楽しんでいます。ここでは研修の1つを取り上げて、メンバーの回想法に臨む姿勢について紹介します。

● 「もやいの会」の主な研修会（2016（平成28）〜2019（令和元）年）

	内容		内容
第1回	回想法で気をつけたいこと①	第11回	生活史から学ぶ
第2回	回想法で気をつけたいこと②	第12回	グループ回想法スーパービジョン
第3回	震災後の宮古市における回想法活動の展開	第13回	宮古市における三陸思い出パートナープロジェクトの実際
第4回	時間・空間を共に過ごすこと	第14回	もの忘れカフェの取り組みについて
第5回	グループ回想法の学び	第15回	見守りについて
第6回	グループ回想法を体感しよう！	第16回	「もやいの会」の活動の振り返り
第7回	高齢者のためのアートセラピー	第17回	回想法のチカラ・高齢者のチカラ
第8回	実践・ライフレヴューブック	第18回	お化粧のチカラ
第9回	回想法の展開 〜人・世代・地域のつなぎ手	第19回	回想法の基本〜よい聴き手とは
第10回	「もやいの会」の活動の振り返り	第20回	グループ回想法の基礎

きっかけ

　回想法を学び、地域でグループ回想法を実践してきたボランティアグループの活動メンバーから、「学べば学ぶほど、回想法は素晴らしいとの思いが深まるが、自分がかかわっていけるのか不安も出てくる」との声がありました。そこで研究者や心理専門職、

ソーシャルワークの実践者を講師として、講話やワークを用いた研修を開始しました。研修はメンバーからあがった不安や要望を各回の具体的課題として設定し、毎回、異なる内容で企画されました。

目的

研修の多くは、グループ回想法のさまざまな技法を習得するもので、地域での回想法実践のなかで感じた不安や疑問を具体化し、解決することを目的としました。ここで取り上げる「第8回：実践・ライフレヴューブック」は、語り手・聴き手の役割を体験し、語り手の理解を深めること、回想法の意義を確認し、実践者が自ら企画したり、工夫したりする力を促進することをめざしました。

方法

「第8回：実践・ライフレヴューブック」では、ライフレヴューブックの概要と作成方法および注意事項について、研究者と心理専門職が講師となって講話を行いました。ライフレヴューブックは語り手と聴き手の協働作業であること、開始時のポイント、周囲の協力の必要性、準備するもの、作業のヒント等の説明を行いました。その後、ライフレヴューブックの一部分の作成として「娘時代に好きだったこと」をテーマに、メンバーが2人1組になって語り手と聴き手を体験しました。語り手と聴き手の役割を交替しながら、聴くこと、記録することと同時に、語ることについても意識しました。

展開過程

1対1の個人回想法の実践練習形式で行いました。語り手役は「語り手」の気持ちを感じながら、思い出語りを楽しみました。聴き手役は「娘時代に好きだったこと」を相手のペースに合わせながら、まとめることを意識して聴きました。ふだん、聴き手を担っているメンバーは、語り手役では回想し語ることの楽しさを実感しながら言葉を選んでいました。聴き手役は目の前の相手に集中していねいに聴きながらも、まとめることのむずかしさを感じていました。以下は研修の振り返りの一部です。

【語り手として】
・とても大切なことと思った。青春時代を夢中で過ごしていた人生を今一度思い出し、とても楽しい時間だった。
・やってみて、自分の人生を振り返ることができた。これまでの自分の頑張りがちょっぴり感じられ、元気も出た。

【「聴き手として」聴くことの意味】
・相手の人生観を思った。

・それぞれの生き方に感心、感動させられた。

・その方の人生に寄り添う意味では貴重なお手伝いとなるのではないか。

・相手の存在を尊重できるいい機会だと思う。ふれ合う、聞き入れる、その中身は必ず心の叫び、心の大きさ等がわかる気がする。たいへん勉強になった。

・「今話せることが来年話せなくなるかもしれない」そのとおりだと思った。「今を大切に生きる」ということにつながると思えた。

【「聴き手として」むずかしさ】

・他の人の人生について聴くということはむずかしかった。かつ、うかがい方の勉強の必要を感じた（今の自分がそれをどう感じるか）。

・話すことも聴くこともよかったが、まとめるとなればまとまらないこともあった。

・（ライフレヴューブックを）つくり上げるまでは大変な苦労だと思う。そこまで責任をもてるのか疑問だが、人とのふれ合いは楽しいと思った。

・聴く立場、聴かれる立場いずれもこのようにいきたいと思う方向づけが必要かなと思った。本人の一番言いたかった部分をくれぐれも落とすことがないようでありたい。

・本（ライフレヴューブック）になる人物は、自分史の一部となるわけだが、色々な人の目にふれる部分は吟味に吟味したほうがよいと思った。本人ともう一度話し合い、意向を聴くことが大切と思う。

結果

　語り手の立場を経験することで、思い出し、語る楽しさを感じていました。メンバー自身も60歳代、70歳代が多く、自身の人生について振り返り、自信を感じ、現在を生きることにつながっていることを実感していました。メンバーはこの経験から聴くことの意味を深め、聴き手としての役割の大切さを改めて認識したようです。

　聴き手として、1つのテーマから相手の人生をまとめていく経験をしました。これまでメンバー間でお互いの人生に向き合う機会があまりなかったこと、語り手と聴き手という形で共有する機会を得たことで、それぞれの人生、回想法活動への向き合い方を感じ取ることができました。今後のグループメンバー間の関係性にも影響がありそうです。一方で、その場で語り・聴くことに終わらず、まとめて形にすることのむずかしさを感じていました。まとめることの意味やよさを感じつつも、その責任を理解し、注意を払う重要性を学んでいました。

考察

　実践のなかで感じた疑問や不安を明確化し、研修という形で学びを共有することで、

各研修の目的以上の気づき・考察が得られていました。各回の研修では、むずかしさに気づくことで自身の役割（リーダー、コ・リーダーなど）や責任および限界（自分にできることなど）を意識する機会にもなっていました。それがさらなる学習意欲をかき立てるものになると考えます。また、このような地域で実践されている活動の研修は、楽しみながら刺激を受けながら、各自の無理のない範囲で受講するものと考えます。参加方法やかかわりの程度を考慮しながら、継続的に参加できることが大切です。

研修「実践・ライフレヴューブック」では聴き手の技法ばかりでなく、語り手を経験することで得られた感覚が、回想法を通じたコミュニケーションの面白さを増大させ、活動への意欲を高めていました。ボランティアであっても聴き手としての責任や姿勢を意識して、深く考える機会となり、今後の活動に活かされることと思います。

実施者としての学び

「支え合い」が大切といいますが、「支える」ばかりでなく時には「支えられる」側を経験することで、活動全体を俯瞰し新たな一歩を踏み出すことができると考えます。研修を通じてさまざまな役割を経験することで、多面的な理解につながり、回想法の可能性を広げます。

研修のなかには、多世代との交流機会としての回想法実践もありました。世代を越えた回想法を用いた交流は、文化継承、地域活動としての展開が期待できます。多様な世代の思い出をつなぐことは、地域文化を醸成し、「支え合い」を実現した社会づくりに貢献することでしょう。

実施にあたっての留意点

■ 研修内容は参加者の不安や疑問を、具体的な課題としてポイントをしぼって計画することが望ましいです。具体的な設定によって、実践における悩みや不安が解消したり、解決のためのヒントを得られたりして、理解や安心、自信につながります。

■ 研修を評価し、次の研修の計画に活かすことも大切です。研修後の感想等をまとめて、講師や参加者と共有して次を計画することで、活動する人たちの主体的な参加を促進でき、より効果的な研修になります。

東日本大震災という未曽有の災害を乗り越え、地域在住の高齢者の皆さんが、「よい聴き手」として回想法グループを続けています。支援する側、される側の壁を取り払って活動する、ボランティアの人たちの生活者としての日々の営みとともに、回想法の取り組みは今後もおだやかに続けられると確信しています。

野村豊子

PART
2
回想法の実践事例

1
回想の力をケアに活かす

2
地域でケアやQOLの向上を目的として行う

3
地域で「人」や「時」をつなぐことを目的として行う

4
回想法を学ぶ、伝える

39 | 介護福祉士養成課程における回想法の教育

中村将洋　研修

事例の概要

　A社会福祉専門学校では、2002（平成14）年から介護福祉士養成教育課程（2年課程）において回想法教育プログラムを導入してきました。

　対象は介護福祉士の資格取得をめざす2年生で、学生は前期の半年間で15回（1回あたり50分）の学習を行います。また、学内での学習にとどまらず、9月には回想法のボランティアグループ「もやいの会」との合同研修会（事例40参照）を行い、11月の施設実習では、実習施設の協力を得て、施設の利用者に対し個人回想法を実践し、学生はさらなる理解を深めました。その教育実践や学習効果について紹介します。

対　象 ▶ 介護福祉士養成課程（2年課程）の2年生
時　期 ▶ 2年次前期
教科名 ▶ 高齢者への対人援助技法
回　数 ▶ 15回（1回あたり50分授業）、実習にて個人回想法を実践
場　所 ▶ 教室、ホール、実習室、実習先などプログラムに適した場所で展開
準　備 ▶ テキスト[※]、資料、パワーポイントなど

※野村豊子編集代表、語りと回想研究会＋回想法・ライフレヴュー研究会編『Q&Aでわかる回想法ハンドブック──「よい聴き手」であり続けるために』中央法規出版、2011年

きっかけ

　2年間という短い養成期間のなかで、若い世代の学生が福祉サービスを利用する高齢者一人ひとりの心に寄り添いながら、人生で培われた経験や強さを理解していくコミュニケーションの方法を模索するなかで、野村豊子著『回想法とライフレビュー──その理論と技法』（中央法規出版、2011年）に出会いました。そのなかに「高齢者の知識や英知は、若い世代との交流でさらに生かされる」[4-1)] と書かれていました。また、支援する側の効果として、「高齢者の生活史や生き方に対する敬意が深まる」[4-2)] と説明されており、回想法の価値を介護福祉教育に導入することはできないかと考え、野村先生に師事し協働で教育プログラムを開発することになりました。

目的

「回想法を勉強する」となると、介護を学んでいる学生は、就職後に介護現場において学んだことを実践したいとの思いから、回想法の手順や技法の習得に興味が向かいがちです。しかし、回想法を介護福祉教育に取り入れる目的はほかにあります。

介護現場では、利用者のこれまで歩んできた人生の経験や強さ、そして、語りのなかにある本人の願いや思いを適切なコミュニケーション技法によって聴きながら、信頼関係を深め、利用者個人をより深く理解していくことが重要です。そのためにも回想法を構造的に学ぶのではなく、対人援助職としての適切な態度・姿勢を身につけ「よい聴き手」となり、より深く利用者を理解していく視点を培っていくことを目的として、教育プログラムを検討しました。

方法・展開過程

学習プログラム、授業の概要、展開方法については次ページの表のとおりです。

前半の導入部分（1～5回）では過去の思い出から喚起される感情を、学生自身が体験的に理解できるよう個人回想法をベースに演習形式の授業を中心に展開します。授業では実際に学生同士で思い出を語り合い、「語り手」は思い出を相手に伝えることで起こる肯定的な感情を確認し、「聴き手」は相手の話題に心を寄せて聴き、情景化しながら相手の感情をとらえていく練習を行います。また、場所を変えながら行うことで、回想に適した環境の理解も深めます。

授業の中盤（6～11回）は、回想法の意義や展開について理解を深めるよう、グループ回想法をベースに学習を進めます。グループから生まれる力を体験できるよう意図的にグループワークを用いたり、臨床場面の映像教材に解説を加えたりしながら、グループの力動性や対象者の心の変化についてとらえていきます。回想法の展開に必要な準備や、高齢者とのコミュニケーションにおける望ましい姿勢についてもここで確認します。

後半（12～15回）は、回想法のボランティアグループ「もやいの会」との合同研修会（事例40参照）を行い、グループ回想法を実際に体験します。この体験を振り返るとともに、最終的にまとめとして、「よい聴き手」としてのあるべき姿や適切なコミュニケーション技法について確認します。

教育の効果

「施設福祉サービスを必要とする高齢者」に対する印象の変化

教育の効果について、「高齢者への対人援助技法」の授業を受けた学生と、受けていない学生を同じ条件で比較した調査[4-3]によると、授業を受けた学生のほうが、受けて

● 各回の講義題目と授業の概要

回	講義題目	授業の概要
1	人生を知る、その人を知る（演習）	相手の人生を知るということは、その人自身を知ることにつながることを体験的に学習する。
2	思い出し、語り、聴くことの意義（演習）	「聞く」と「聴く」の違いについて検討。また、実際の過去の出来事を振り返り、相手に伝えることでわき起こる感情について確認する。
3	思い出を情景化して聴いてみよう（演習）	相手から語られる思い出話を頭のなかで情景化（イメージ化）して聴く練習を行う。
4	回想に適した環境とは？（演習）	対象者が心地よく過去を振り返ることができる環境について、演習を通じてグループで検討する。
5	コミュニケーションの望ましい姿勢とは（演習）	演習を通してコミュニケーションに適した相手との距離、対面角度、目線、タッチング等について考える。
6	回想法の対象と効果（講義）	回想法の起こりと対象について解説。また、回想法の効果について実践事例を交えて説明する。
7	グループサイズの理解（演習）	グループで回想法を行う際の適した規模について理解を深めるとともに、グループ回想法と個人回想法のそれぞれのメリットについて考える。
8	グループ回想法の準備と計画（ビデオ①巻・講義）	ビデオ※を見ながら回想法の意義を再確認するとともに、グループ回想法に必要な準備や計画についての理解を深める。
9	グループ回想法のセッション（ビデオ②巻・講義）	グループ回想法の展開についてビデオを見ながら学習し、スタッフのかかわりの基本姿勢や連携方法について理解を深める。
10	道具・材料の効果的な使い方（演習）	対象者に、より回想を楽しんでもらうための道具・材料の効果的な使用方法を事例とともに解説する。
11	グループ回想法の技法と展開（ビデオ③巻・講義）	グループ回想法で用いられる技法を理解するとともに、グループのなかに生まれてくるパワーを確認する。
12	グループ回想法の実践（講義・演習）	「もやいの会」との合同研修会で、グループ回想法を実際に体験する。
13	相手に伝わるプラスのメッセージ（演習）	語り手の否定的な感情をしっかりと受け止め、聴き手がプラスの意味と言葉で伝え直す。また、聴き手の「うなずき」や「相づち」、「話し方」などの適切な接し方について確認する。
14	メンバーの心の変化、評価の視点（ビデオ④巻・講義）	ビデオの登場人物のこれまでになかった心の動きをとらえる。さらに回想法の評価の視点について解説する。
15	まとめ「よい聴き手」とは（演習）	これまでの学習の総まとめ。「よい聴き手」としてのあるべき姿をグループワークを通じて全員で確認する。

※テキストは、野村豊子編集代表、語りと回想研究会＋回想法・ライフレヴュー研究会編『Q&Aでわかる回想法ハンドブック──「よい聴き手」であり続けるために』中央法規出版、2011年、ビデオ教材は、野村豊子監『回想法──思い出を今と未来に活かして（①～④巻）』中央法規出版、1997年を使用。

いない学生よりも「施設福祉サービスを必要とする高齢者」に対する印象が、「信頼できる」「尊敬できる」「魅力がある」「価値がある」などといった、特に親和性の面で肯定的に変化しました。

　また、その後の実習を経て、授業を受けた学生は、「近づきがたく」「卑屈である」という印象が緩和され、「堂々とした」「活発な」存在として印象が変化することがわかりました。

学生の学習意欲と実習先からの評価

　同調査において、授業を受けた学生らの「実習に対する意欲」や「今後の学習意欲」が向上したことがアンケートの結果から示されました。また、施設実習終了後の実習施設からの実習評価の結果では、授業を受けていない学生よりも良好な評価が得られました。

考察および実施者としての学び

　「高齢者への対人援助技法」の授業は2002（平成14）年から2019（令和元）年まで継続して実施してきました。毎年学生たちはこの授業を真摯な態度で受講し、短期間のうちに力をつけていった印象です。この授業を通じて、学生らは「施設福祉サービスを必要とする高齢者」の印象が肯定的に変化することがわかりました。とりわけ利用者を「魅力がある」「価値のある」対象として認識し、「尊敬」し「信頼」しながら介護の臨床現場に臨むことは、利用者との良好な関係を築き、利用者中心のケアを提供していく礎になるものと期待しています。

　パーソン・センタード・ケアを提唱したトム・キットウッドは、「共感」とは相手との信頼関係から、これまでどのような人生経験をしてきたのか、彼らの人生の歩みについて理解を深めることを意味すると説明しています。学生らはこの授業においてこの真の共感の意味も併せて理解できたものと信じています。

> 回想法の学習を専門学校のカリキュラムに組み入れることで、専門職としてのあり方、援助観を変容させていく過程が描かれています。また、高齢者への見方だけではなく、学生が、自分自身の今後の生き方にも反映させる糸口が見えてきます。学生は、自分に自信をもちつつ、他の人生を歩んできた人への共感を自然に寄せることにつながります。
>
> 野村豊子

40 介護福祉を学ぶ学生と ボランティアグループとの合同研修
～グループ回想法の実践を通じた学生の学び

中村将洋

事例の概要

　介護福祉士養成課程（2年課程）で回想法教育を取り入れているA社会福祉専門学校の学生らは、介護現場で利用者の心に寄り添い、相手をより深く理解する「よい聴き手」となるため、2年生の4月から回想法について学びます（事例39参照）。2016（平成28）年からは回想法のボランティアグループ「もやいの会」とグループ回想法の実践を通じて学び合う機会を得ることができました。1日限りの研修ですが、学生らの心に残る印象的な研修となっています。

研修日	研修内容	テーマ	学生	もやいの会
2016年11月※	思い出語りの会参加＋振り返り	冬の暖のとり方	7名	15名
2017年9月	講義＋もやいの会との回想法実践	運動会の思い出	19名	12名
2018年9月	講義＋もやいの会との回想法実践	運動会の思い出	15名	10名
2019年9月	講義＋もやいの会との回想法実践	出会えてよかった人	16名	10名

※台風10号の影響により、9月に予定されていた合同研修は中止となり、有志の学生7名が11月に行われた「思い出語りの会」に参加した。

きっかけ

　A社会福祉専門学校では、東日本大震災があった2011（平成23）年から毎年9月に「震災復興ボランティア」と称して、岩手県の沿岸地域で、がれきの撤去や福祉施設での清掃などのボランティア活動を続けてきました。

　震災から5年が経過した2016（平成28）年になると、ボランティアへのニーズもだいぶ落ち着いてきましたが、学生らは、なおも不自由な生活を強いられている人たちがいる沿岸地域で何か活動ができないかと模索していました。そして、同じ時期に、宮古市で活動を続けてきた回想法のボランティアグループ「もやいの会」を中心に回想法の実践や研修を継続的に行う「思い出パートナープロジェクト」がスタートするとの情報を得ました。

　世代は違えども、「よい聴き手になること」を目的として回想法を学んでいる団体同士が相互に学び合うことで、回想法の価値・知識・技術の理解が深まるのではないかと

考え、プロジェクトの主催者である野村豊子先生に相談し、合同研修会を計画しました。

目的

　A社会福祉専門学校の学生と「もやいの会」は、研修会当日にはじめて回想法を学ぶのではなく、それぞれで回想法の基礎的な学習を経て研修会の当日を迎えます。研修会当日までの学習形態や学びの場はそれぞれで違いますが、互いの目的は「よい聴き手になる」という点で共通しているところが特筆すべき点です。

　この研修会の終了後に学生は「よい聴き手とはどのような人か」について、振り返りを行います。

方法・展開

　合同研修会はまず全体講義から始まります。回想法の起こりや展開方法、聴き手としての視点、多面的効果などについて1時間程度の講義を受講します。

　続いてグループ回想法を実践します。学生と「もやいの会」のメンバー混合で、1グループ6〜7名のグループに分かれます。テーマは「事例の概要」に示したとおりで、リーダーは「もやいの会」のメンバーが務め、およそ1時間程度、グループ回想法を実施します。グループ回想法終了後は、全体で振り返りを行い研修は終了です。

　研修会終了後は、毎年、楽しく学び合った「もやいの会」のメンバーと別れを惜しむ学生の姿が見受けられます。

結果

　学生に対し、「もやいの会」との合同研修会の前後で「よい聴き手とはどのような人か」についてアンケート調査を行いました。その結果の一部を紹介します。

　研修参加前の学生の「よい聴き手とは」の回答は、「安心して話せる人」「親身になる」「信頼される」「相手に寄り添う」など、「聴き手自身の態度」の大切さの次元にとどまっており、抽象的で教科書に書かれているようなステレオタイプ的な回答が目立ちました。

● 「よい聴き手とは」（学生へのアンケート調査より）

	【研修会前】 →	【研修会後】
学生A	知識があり、傾聴できる人	今回、もやいの会の皆様と回想法を行ったが私たちが話していることに対し、うなずきや相づちなどを打ち、話をしていた。私たちが話しやすい雰囲気をつくってくださったので、そういったことができる人は「よい聴き手」だと思った
学生B	語り手の話に途中で口をはさまないで、語り手の想いに寄り添う気持ちがある人	半歩下がった同行者。先を行って先導するのではなく、後から追いかけるのではなく、少し後ろから話を共有する
学生C	話していて安心できると思われるような人、信頼できる人	その人が発言しやすい流れ、雰囲気、気持ちになれるように促したり、下手に否定や訂正を加えずにまず話の内容を受け入れる。そして過去を振り返って懐かしめるように聴く人
学生D	利用者様の心に寄り添えるような人 心と心の共鳴	心の共鳴が大切になると思った。利用者様に、耳だけではなく心を傾けることで互いによい時間を過ごせると思った
学生E	安心して語れるなと思われるような人	ただ話を聞くのではなく、心で聴こうとすること、また、否定せずにそのまま受け止めて話を聴く人
学生F	親身になって相手の話を聞く人	目を見てじっくり話を聴く人。グループ回想法を通じてそのことが理解できた
学生G	相手の話を聞き取れて、表情や想いを汲み取れる人	自分の価値観で判断せず、そのまま受け止め、今何を感じているのか、その気持ちを大切にする人
学生H	聞くことに集中する人	自分の価値観で判断せず、そのまま受け止める 関心を示す自然な姿勢、態度、共感
学生I	話す方の話を受容してあげられること 相手を否定せずに認めてあげられる人	相手の話を最後まで聴いて傾聴することができる人 悲しい出来事など、話したくないことは無理に尋ねたりせず、気持ちを否定しないで聴ける人

　しかし、研修会に参加したあとの学生の回答は、「話したいと思うような環境、雰囲気づくり」「相手に関心を示す姿勢や態度」「語り手が何を感じているのか、その気持ちを理解する」「うなずき、相づちなどの技法」「下手に否定や訂正をせずに、まずは話の内容を受け入れる」「無理に尋ねたりしない」「半歩下がった同行者」「最後までじっくりと傾聴する」「耳だけではなく心を傾ける」などの記述があり、研修会前と比較して、より具体的で幅の広い内容に変化しました。「聴き手自身の態度」の次元にとどまらず、発言しやすい雰囲気づくりなどの「環境面の配慮」や相手に関心を示す「姿勢の重要性」、「半歩下がった同行者」という「支援者の基本的態度」、自然な会話の流れなどの

「話題の展開方法」、うなずき、相づち、受容・共感的態度などの「基本的応答技術」など、よい聴き手に関して幅広い気づきを得ることができています。

考察

　学生らが編集する「卒業アルバム」には、必ず「もやいの会との合同研修会」の集合写真が大きく掲載されます。また、「2年間の学校生活の思い出は？」と質問すると、やはりこの研修会だったと回答する学生がほとんどでした。それほど学生らの心に残る時間だったようです。きっとこれからの人生のなかで、何度かこの時間を回想するのではないでしょうか。

　研修の成果について、ここでは一部しか紹介できませんが、学生は回想法を通じて対人援助に必要な知識や技術、態度を学んだだけではなく、ほかにも多くの気づきがありました。その1つが、「もやいの会」の活動を知ることによって気づいた回想法の意義です。「もやいの会」の取り組みについては、学生から「仲間や地域のつながりが深まる」「地域を支える取り組みとなっている」「東日本大震災を乗り越える力となっている」「ひきこもり対策にとても有効」などの声が寄せられました。「時間」だけではなく「人」や「地域」をつなぐことのできる回想法の多面的な魅力に魅せられ、「もっと回想法を学びたい」と学生らの学習意欲も高まったようです。

> 地域で暮らす高齢者との回想法研修を行うなかで、世代間交流を含めた体験が積み重ねられていきます。その機会は、高齢者にとっても、また、学生にとっても、相互に勇気づけられる結果をもたらします。高齢者の「話したい」という思いは、学生を相手にして、「次世代の若者に伝えたい」という思いに変わっていきます。　　　野村豊子

41

大学の教育場面における回想法の研修

伊波和恵　　研修

事例の概要

　対人援助を学ぶ学生が福祉施設にて現場実習を行う前に、利用者とのかかわり方についてシミュレーションしておく学習は一般的に行われています。座学だけでは実践に結びつかないこともあるので、演習という形式で展開する授業も工夫しています。ここでは、大学の教育場面における回想法の研修について紹介します。

参加者 ▶ B大学の社会福祉・心理学系学部演習科目受講生（3〜4年生）25名
時　間 ▶ 1回あたり90分（1コマ）、全2回
場　所 ▶ 大学の実習室
道　具 ▶ ①本人持参の私物（思い出の品、写真）、②昭和20〜30年代の写真

目的

　非薬物的心理療法について学ぶ演習科目（全15回）のなかに、個人回想法の理論と技法を学ぶ回を2回分設けました。学生は、高齢者施設での実習前に対人援助のイメージトレーニングをするとともに、回想法を通じて高齢者向けの心理的支援についての考え方と手法を学びます。ロールプレイ（以下、RP）の前に、ねらいとして以下を説明しました。

① 　回想法セッションの形式に慣れる。

② 　既習の技法、傾聴等を活用し、語り手とのかかわり方について考える。

③ 　1回目では、語り手として、自分自身の回想をRPで体験することで、語り手の心情を確認する。2回目では、祖父母世代の生きた時代について、昔の写真を材料とし、グループで考える。RPを通じ、高齢者の思い出語りを聴く模擬体験を行う。

方法

① 研修の構成と時間配分

　1回目は、講義（30分）、個人ワーク（15分）、RP1（35分）、振り返りを行い、2回目は、教示（10分）、写真検討と共有（35分）、RP2（30分）、振り返りを行いました。

② 講義

　最初に、資料を用いた講義を行いました。傾聴や共感など、既習知識と関連づけなが

ら回想法や記憶の仕組みに関する心理学的理論と用いる技法の概略を説明しました。

③ 個人ワーク（想起の掘り起こし）

回想への導入として、約15分間の個人ワークを行いました。何気ない回想の断片を意識的に掘り下げ、明確化する作業と、当時と現在とを意識的に往来する作業とを通じて、回想をていねいに扱う感覚をつかんでもらいました。

まず、講師の教示で、学生は「今、ふと思い出した昔のこと、場面」をそれぞれ1つ想起し、紙に書きます。教示に従い、さらに具体的にその情景や状況、言動、心境などに思いをはせました。想起がむずかしそうな学生には、講師が個別に声をかけました。続いて、意識を"今"に切り替えるようにとの教示を受け、学生は現在の視点から、その当時のその場面、あるいは自分を見て、どのように感じるかを紙に書き出しました。

④ RP1の手続き（資料配布、口頭説明）

①3人1組となる。「聴き手」「語り手」「観察者」と、3つの役割を交互に体験する
②事前の指示に従い、各自で思い出の品、写真、画像などを用意する（使用は任意）
③各グループで、RPを開始する
　・セッション中、観察者は傍観者に徹するために、2人から少し離れて位置するとよい
　・タイムキーパーは講師が務める（時間配分は、【RP7分＋意見交換2分】×3回）
④役割と座席を交代し、次のRPを行う。2人1組の班は、時間を11分＋4分に調整する
⑤3セット終了後、まとめミーティングを5分行う。各自の観察や感想を自由に話し合う
　・反省や自己批判だけをするのではなく、互いによい点を伸ばしたり、課題を見つけたり、改善策や代替案を提案し合う（スキルの共有化や円滑なチーム・アプローチにつながるような、建設的なミーティングをもつ）
⑥全体のまとめ（全体の振り返り）を10分程度とり、セッションでの学びを共有する

⑤ 回想写真の選択と自習

RP2では『写真でみせる回想法』[4-4] から、昭和20〜30年代の「駄菓子屋」「自転車」「授業参観」「美容院」の4枚の写真を選び、テーマを、自習として調べてくるよう指示しました。その自習結果を2回目の授業にてグループで話し合ってもらいました。

⑥ RP2の手続き

RP1と同様に行いました。写真の特徴や活用方法についてグループごとに簡単に発表してもらったあと、RPを行いました。明らかに誤っている事柄があれば、訂正しました。語り手には、できるだけ高齢者として振る舞うようにと伝え、想像がむずかしいときには、自分の祖父母だったらどう答えるかをイメージしてもらいました。

⑦ まとめ

RP終了後、全体の振り返りを行うとともに、それらの内容を学術目的で公表することに関する同意を得ました。以下、その内容について紹介します。

PART 2
回想法の実践事例

1 回想の力をケアに活かす
2 地域でケアやQOLの向上を目的として行う
3 地域で「人」や「時」をつなぐことを目的として行う
4 回想法を学ぶ、伝える

結果と考察

RP1の様子

開始とともに、持参した品物を巡る思い出を語り始める学生が多く、生き生きとしたやりとりが交わされました。持参品は、プリクラのミニアルバム、スマートフォン内の画像、ゲームカードやグッズのコレクション、ツアーグッズ、高校時代のTシャツ、ペン、ピアス、楽器などでした。思い出の場所を画像に収めてきた学生もいました。

RP2の様子

4枚の写真のなかからグループごとに1枚選んでもらい、映り込んだ事物が何か、その写真のテーマのもつ意味や回想法セッションでの問いかけ、言葉かけ等を話し合う「写真検討」の時間を設けました。学生たちは、自習内容をもとに、さらに解説文を読んだり、追加で調べたり、講師に質問したりしました。なかには、身内の高齢者にその写真を見せて尋ねたり、回想を聞かせてもらうことで理解を深めた学生もいました。

振り返りの結果

振り返り（表1）から、回想モードに入ったことが観察可能であることや、写真利用や声かけについては工夫の余地があると確認できたほか、傾聴の意義、回想の意義を理解できたこと、回想そのものの楽しさを確認できたことがわかります。

● 表1：RP1・2での受講生の気づき

回想モードの様子（観察）	話数が増える・身振りや手振りが出る・笑顔になる・表情が変わる・視線が合わなくなる・写真を見なくなる・やや上方をみている
工夫したこと	画像が複数あるときには、順番を並べておく・1枚の写真にしぼると、じっくりと話ができる・「なぜそうなったか？」を尋ねるほうが話しやすい
心にとどめたこと・学んだこと	詳しく話してくれるのは、思い入れが強いのだと感じた・共通の話題や関心、背景があると話しやすい・思い出したことを、口に出してもらうのがむずかしいと思う・声かけが大切・相手が思い出している間は、待つことも大切・言葉で表すだけが回想ではなく、思い出を引き出すことが大切・言葉に出さなくても、心の中で思い出したり、懐かしんだりできる
感想	友人ではない1人の人間の人生を聴いたという、不思議な気持ちがしたし、嬉しかった・思い出したり話したりすると、忘れていた感情（ドキドキ感）が思い出せた

どのグループも写真を用いましたが、「授業参観」の話題などでは、すぐに写真から離れ、自分自身の回想に移るグループもありました。写真に関するディスカッション（表2）により、写真は回想の促進に役に立つと確認できた一方で、写真の扱いについては留意が必要であり、意識的な傾聴が重要であると再確認できたようでした。

「素直な気持ちで相手の話に耳を傾ける」という傾聴の基本を確認するためにも、学生自身になじみのある話題を題材にできる回想法セッションは適切な課題でした。傾聴することへの苦手意識や、実習や高齢者との対話に不安を感じていた学生にも、リラックスして取り組んでもらえたようです。回想法の個人への効果である「自信の回復」や、介護者・援助者への効果である「語り手への理解・共感や親しみの深化」も短い

使用してよかった点	聴き手	話の糸口を見つけやすい・緊張せずに聴ける・写真のなか（当時）の表情を読みとることができる・話の焦点を合わせやすい・場面をしぼって聴くことで、聴きやすい
	語り手	回想写真図版の場合：当時のことを思い出しやすい・記憶がより鮮明になる・色々な思い出がバァーッと出てくる・感情移入しやすい・あると気持ちのうえで楽・写真がワンクッションになっている・具体的な話ができる 私物の場合：人間関係の把握ができる・当時と今の自分を比較しやすくなる・好きな写真については積極的に「話したい」と感じる
課題		（写真を見てしまうので）相手の観察がむずかしい・写真がほぼ現在のものだったので、友人同士の雑談になってしまった・どの写真に焦点を合わせるのかで迷う・回想というよりは、写真の説明になってしまうことがあった・写真から読み取ったことで、聴き手が早合点してしまう・画像のなかで、聴き手が興味あることをつい尋ねてしまった

RPのなかで実感してもらうことができました。

実施者としての学び

　学生からの質問には、研修内容を改善する示唆がたくさん含まれています。回想法に際しては、教科書で学ぶ歴史とは別に、その時代の生活の文脈や背景があると伝えることのむずかしさが常にあります。また、回想法セッションの場合、知識や共通の話題があると話がはずむという実感から、「共通点がないとできない」「世代差があると無理」と思考停止に陥らないような講師の工夫が必要だと感じます。調べ、準備すること、想像することで補い、知らないからこそ教えてもらう、ていねいに耳を傾けてかかわるという姿勢の大切さを学生に伝えていきたいと思います。

実施にあたっての留意点

■ 学生がなじみの薄い対人援助技法について、苦手意識をもたず受け入れられるような機会づくりが大切です。例えば、講師自身が事前に入念に教材や手順を準備すること、最初に目的や用語の説明をすること、演習は適切な人数規模で、無理なく失敗の少ない状況を設定すること、失敗してもそこから学ぶことがあればよいとすること、事後には、RP体験共有の場を設け、講師によるフォローの余地を残すことなどです。

■ RPについては、数分間の短いセッションを同じメンバーで重ねるステップアップの方法が効果的です。一度実感した体験を、もう一度、理論と結びつけて考察できるとさらに理解が深まり、後に応用がきくようになると期待できます。

■ 認知症高齢者向けにはどのようなセッションを展開するか、グループではどのように展開するか、ということについては、もう1〜2回程度の研修時間が必要です。

既存のカリキュラムに回想法研修を導入し、心理専門職である教員が回想の意義や役割を一人の臨床家のモデルとして示しています。学生は、回想法を学びの対象として習得するだけでなく、教員の臨床家としての存在をしっかりと受け止めます。　　　野村豊子

42

保健医療関連の大学院教育における認知症高齢者へのグループ回想法

内野聖子

研修

事例の概要

　高齢者ケアの現場では、看護職、心理職、福祉職など、さまざまな専門職がチームケアを実施しています。ここでは、認知症高齢者への非薬物療法の1つのグループ回想法について、大学院での授業の様子を学生の感想とともに振り返ります。

参加者 ▶ 大学院生：保健医療関連の専門職としての就業経験のある人または、現在、勤務中の人が大学院授業に参加。高齢者ケア、認知症高齢者ケア、グループ回想法は、他職種連携で行われるため、特定の職種に限定することなく進めている。
時　間 ▶ 90分（1コマ）×4回を1日で実施
場　所 ▶ 大学の教室
道　具 ▶ 懐かしの道具（お手玉、弁当箱、紙風船など）、ビデオ※
※野村豊子監『回想法——思い出を今と未来に活かして（①〜④巻）』中央法規出版、1997年

目的

　保健医療関連の大学院教育の授業のなかで、高齢者が抱える健康問題および高齢者が健康に生活するうえで必要となる身体、精神・心理、家族、社会環境等をアセスメントするための知識を学び、解決への考え方について事例をあげて理解する目的で、グループ回想法についての教育を行いました。

方法

　授業は1コマ90分で、4コマを1日間で実施しました。内容は表に示すとおりです。
　授業のなかでは、回想法を活用したケアについての今後を考えるために、また、学生の研究の一部に活かせるように、筆者のこれまでの研究についてもふれました。パワーポイント資料を配布したほか、演習や視聴覚教材を取り入れ、回想法の具体的な内容が理解できるように進めていきました。

● 回想法の講義内容

	方法	内容
1回目	講義15分程度	認知症の予防方法、認知症の人とのコミュニケーション方法、非薬物療法・回想法について
	ビデオ（第1巻）	回想法とは・回想法の準備
	体験学習15分程度	回想体験、グループサイズの体験
2回目	講義25分程度	回想法の準備・計画について
	ビデオ（第2巻）	回想法のセッション
3回目	講義30分程度	回想法の実施、記録や評価について
	ビデオ（第3巻）	回想法の技法
	体験学習10分程度	シナリオロールプレイ
4回目	ビデオ（第4巻）	ケアへの継続
	講義45分程度	回想法に関する研究の紹介
	振り返り15分程度	感想用紙記入

展開過程

　授業の随所で、回想法のビデオ教材を使用しながら展開しました。また、用意した「道具」を手に取ってもらいながら進めました。学生の授業参加の様子を確認し、質問の有無を尋ねながら対話形式で進めました。

結果（効果）

　学生は授業を真剣に聞き、演習にも興味・関心をもって参加していました。特に、視聴覚教材を用いることで、回想法の実際が具体的に伝わったと思います。回想法について、「授業を受けて回想法の印象が変わった」「回想法の効果を実感した」「効果的に回想法を実施するための人材育成の重要さを感じた」ことなどが学生の感想からわかりました。

PART
2
回想法の実践事例

1 回想の力をケアに活かす

2 地域でケアやQOLの向上を目的として行う

3 地域で「人」や「時」をつなぐことを目的として行う

4 回想法を学ぶ、伝える

● 授業に参加した学生の感想（一部抜粋）

Aさん	最初は回想法をすることでどんな効果が得られるのか疑問に思ったが、講義と実際にビデオを見て、回を重ねるごとに変化がわかった。ただ思い出すだけではなく、表出して、フィードバックしてということを繰り返していくので、聴き手の立場がとても大切で、むずかしいこともわかった。
Bさん	回想法によるケアを実施するためには、一連の準備、実施後の評価が重要となることが理解できた。特に、高齢者が安心し、リラックスして実施しないと意味がなく、リーダーは全体を把握し、表現を聴いていかなければならないため、サポートのむずかしさを実感できた。
Cさん	すべての高齢者に回想法がよい訳ではないが、回想法を対人援助技術の1つとしてとらえたとき、聴き手、援助者にとってもよいのだとわかった。
Dさん	高齢者の人たちには、今まで過ごしてきた人生があり、その思い出を語っていただくなかで、回想法の実施における評価を通して、よりよい時間につながっていくと感じた。今までの高齢者、認知症の人とのかかわりを思い出した。
Eさん	今回の講義を聴いて、よく話を聴いて安心させてあげることが大切で、それによって、信頼関係も築け、医療現場での深夜徘徊なども減少するのではないかと思った。
Fさん	回想法は日常で高齢者の思い出話に耳を傾ける行為とどう違うのか疑問に感じていた。しかし、回想法はテーマや席の配置まで入念な準備があったうえで成り立つものとわかった。認知症の人が生き生きとした生活を送るためのより効果的な回想法を実施するには、リーダーはじめ、コ・リーダーの連携が不可欠で、一人ひとりにスポットがあたる非日常的で、かつ、居心地のよい空間づくりが重要とわかった。

考察

　講義が始まった頃には、回想法の効果について懐疑的な学生もいましたが、視聴覚教材による学習を活用することによって、回想法の具体的な方法とともにその効果の理解につながったと考えます。回想法のなかで活かされたコミュニケーション方法などを実際の自分自身の仕事に活かしていこうとする意向も確認できました。回想法の効果は、実際の人生に活かされてこそ意味合いが出てくるものと考えられます。今回、視聴覚教材とともに演習を通して回想法の実際を学んだからこそ、学生の「今後」にも具体的につながったのではないかと考えます。

　介護福祉士養成教育における回想法の教育効果については、高齢者への印象が肯定的に変化することや実習に対する意欲向上があげられており[4-5]、今回の保健医療関連の大学院教育においても、今後の高齢者ケアにも活かされることにつながったのではないかと考えています。

実施者としての学び

　これまで、筆者はグループ回想法を中心に、認知症高齢者ケアの実践、教育、研究に

取り組んできました。教育場面では、常に自身の「集大成」を学生に伝える気持ちで講義をしますが、そのつど、学生の興味・関心のもち方によって、自分自身も強調したり、強く振り返る場面も異なります。今回は、自分自身が初心に返り、襟を正す気持ちで高齢者に向き合う姿勢を改めて自問自答する機会となりました。

実施にあたっての留意点

■ 言語機能や記憶力の低下などにより参加しにくい状況がある高齢者には、サポートは必要です。その際、言語的コミュニケーションだけではなく、非言語的コミュニケーションも適宜活用していくことの重要性も伝えています。サポートを要する一方で、人生の苦楽を経験している高齢者は、グループの場を楽しみながら、グループの展開を助けてくれることも多々あります。高齢者のその時々の参加の様子から、今話したいのかなどの思いや発揮する力量を十分に観察して見極めていくことが実施者に求められることを強調しました。

■ 回想法のなかで高齢者がどう過ごしたいか、この瞬間に話したいか話したくないかなど、高齢者の表情、目の色、会話内容などを見ながら、自己決定の場を設けて、意思確認を常に行いながら進めていく必要性について、十分に伝える必要があります。

■ 参加している高齢者一人ひとりに「参加してよかった」と感じてもらえるよう、準備、実施、評価に至る一連の流れで進めていくことの重要性を理解し、対人援助としての配慮のうえで、回想法を実施しなければならないことを伝える必要があります。十分に配慮されて行われた回想法では、高齢者は生き生きと参加し、日常の生活によい影響がある人もいます。反対に言えば、十分に配慮されないままに回想法、ケア、援助は実施してはなりません。

■ チームで進めるグループ回想法では、チーム内で実施前後に検討したり、各回で明確になった課題をその次の回では改善して臨むことが求められます。十分に計画して回想法を実施し、なおかつ、毎回、高齢者一人ひとりのその時々の状況に合わせて展開していくことを十分に伝えていくことが求められます。

■ 回想法をはじめて体験する学生が興味や関心をもてるようにすることは重要ですが、すぐにできるものではないということを十分にわかってもらう必要があります。

教員の回想法に関する研究・実践の蓄積による理解の深さと教育現場での学生への真摯なメッセージが、他では得がたい授業をつくり出しています。多様な要素と留意点をふまえた実践的な構成は、治療・ケアに携わろうとする学生に、振り返ることや立ち戻ることの大切さについて、人生のモデルである教員を通して伝えています。

野村豊子

43

特別養護老人ホームにおける回想法の実践研修
～第三者の「気づき」から学ぶ

小西由香里

事例の概要

　G特別養護老人ホームの入居者は、「認知症高齢者の日常生活自立度判定基準」のⅢ（日常生活に支障を来たすような症状・行動や意思疎通の困難さが見られ、介護を必要とする）以上の人が60％程度を占めています。少し前のことは覚えていなくても昔のことや手続き記憶は保たれていることが多く、回想によって過去の頑張っていた自分を思い出し、新たな生きがいを感じてもらったり、施設のなかで仲間づくりのきっかけとなったり、認知症の行動・心理症状（BPSD）を改善する効果を感じています。そこには回想法を実践する職員のかかわりも重要なポイントとなります。

　G特別養護老人ホームでは、ふだんのケアに活かす目的で、2006（平成18）年度から毎週1回、グループ回想法を実施しています。職員の人数に余裕がないときは1人で実施することもあり、ほかの職員がどのように実施しているのかを見て学ぶ機会が限られてしまうという状況があります。また、他の職員についても、リーダーとして、回想法を進行することに集中してしまい、利用者の表情の変化や反応などを見逃していることが記録の内容から伝わりました。さらに、回想法は新人職員も担当することが多く、「これでいいのだろうか」と進め方に不安をもっていることがわかりました。そこで、毎月開催している「回想法委員会」のなかで、他者が行う回想法を観察し、第三者からの気づきを得て学ぶ取り組みを始めました。

目的

　施設職員が、他者の行う回想法を観察することで、回想法のリーダーやコ・リーダーの役割を再確認すること、利用者の表情や発言などの変化に気づくことで、リーダーやコ・リーダーのかかわり方を学び、より効果的な回想法の実践によって、利用者が生き生きと語り、仲間づくりとともに若者に教えるという役割を感じてもらえることを目的としました。

方法

　月1回の「回想法委員会」を活用し、回想法の実践と委員会メンバーによる「振り返

り」を行います。委員会には、G特別養護老人ホームの施設長および役職者、各グループから計5名のメンバー、併設のデイサービスおよびショートステイから各1名、隣接のケアハウスから1名が参加し、指導者として来島修志先生（日本福祉大学）を招いています。

時間は90分で、はじめの30分間を活用してグループ回想法を実践します。リーダー、コ・リーダーは委員会メンバーが務め、利用者は各回、4名程度です。リーダーや利用者の表情が映る場所にビデオカメラを設置し、ほかの委員会メンバーは離れた位置から観察します。終了後、全員でリーダーやコ・リーダーのよかった点やアドバイスを伝え合い、リーダーやコ・リーダーからは意識して行ったことや悩んだことなどを発表してもらいます。最後に指導者からの指導を受けます。

展開過程

リーダー、コ・リーダー、利用者の組み合わせ

委員会のメンバーが、1年を通してリーダーとコ・リーダーを1回ずつ経験できるように、リーダーとコ・リーダーの組み合わせを決めます。リーダーを担当する職員のグループの利用者に対して回想法を行います。コ・リーダーは、別のグループの職員が担当するため、リーダーは、コ・リーダーに対して、事前に利用者の特徴や生活歴、実施にあたっての留意点を伝えます。また、テーマや席順、使用する道具などを2人で話し合います。

利用者についての情報共有や事前の準備の大切さを再認識することを意図しているため、毎週行っているグループ回想法の様子を撮影して、それを観ながら委員会で検討するのではなく、あえて他グループの職員と組み、リーダーやコ・リーダーの細かい感情や記憶があいまいになる前に振り返りを行う形式で行っています。

振り返りの視点

観察していた職員は、よかった点やアドバイスを発表するときは、なぜそれがよいことなのか、なぜそうしたほうがよいのかを説明しながら伝えるようにします。言葉で説明することで理由がはっきりすることと、発言者自身も理解が深まるためです。

例えば、よかった点としては、「はじめに今日のテーマをきちんと伝えていたことがよかった。利用者が回想しやすくなるから」「大きな声でゆっくりと皆さんの顔を見ながら話しかけていてよかった。聞き取りやすいし自分に話しかけていることが理解されやすいから」「難聴のHさんに他者の発言を伝え、Hさんの発言を皆さんにも伝えることをコ・リーダーがしっかり行っていたので、一体感があった」「発言の内容を実際の動作とともに伝えていたので全員がイメージしやすくなった」「最後に、『教えていただ

PART
2
回想法の実践事例

1
回想の力を
ケアに活かす

2
地域でケアやQOLの
向上を目的として行う

3
地域で「人」や「時」をつなぐ
ことを目的として行う

4
回想法を学ぶ、
伝える

いてありがとうございました。とても勉強になりました』と感謝を伝えていたので、『こんなことでよかったらいつでも話すよ』とIさんが言っていた」などです。

　アドバイスについては、「事前にJさんの地元の祭りについて調べておくとよかったと思う。そのほうが、Jさんの発言をわかりやすく他者に伝えることができるし、回想があまり聞かれなかったときに思い出すきっかけを提供することができるから」「Kさんが発言したことを聞くだけで終わっていたが、その発言を繰り返したほうが、リーダーがちゃんと聞いてくれていると感じてもらえるのではないかと思う」「リーダーは参加者全員の様子が見られる位置で背中を向けないようにしたほうがいい。リーダーが全体を見るようにすると参加者の変化に気づきやすいから」などです。

　リーダーとコ・リーダーは、はじめて一緒に回想法を行うため、事前にテーマを相談し、リーダーは、利用者の特徴や配慮すべき点をコ・リーダーに伝え、互いの役割分担を決めて実践します。したがって、実践のなかで工夫した点なども発表します。また、実施の途中で困ったことや、反省点も述べます。最後に、指導者から参加者が気づかなかった点や委員会メンバーからのアドバイスの補足をしてもらうことで、全員の学びを深めます。

結果

　「回想法委員会」で行う回想法は、他グループの職員がコ・リーダーを担当するため、事前の打ち合わせが大切です。グループ回想法の計画書を作成するときも利用者のフェイスシートなどから情報を収集し、適したテーマを選ぶ必要があり、「計画」の重要性を改めて感じることになります。リーダーとコ・リーダーは、指導者や多くの職員が見ているなかで回想法を実施しますので、相当な緊張感に包まれますが、率直な意見や助言は学びとなり、かつ映像で客観的に振り返ることで実践中にはわからなかったことに気づくことができます。そして、指導者や委員会メンバーからの「よかった点」の指摘は、自信につながっていきます。

　観察していた委員会メンバーにとっては、自分は気づかなかった点を他者が発表することで実践中の観察ポイントを学ぶ機会となったり、よかった点は、自分が行うときにも取り入れていこうという意識づけになっています。

　終了後に利用者から、「楽しかった、こんな話なら私にもできる」「あの人も九州の生まれだったんだね。知らなかった」などの言葉が聞かれ、その後も話が尽きないことも多々ありました。ふだんは何を聞いても「忘れた」と返答する利用者が、他者の話を聞きながらうなずいたり相づちを打ったりする様子には、グループ回想法の力を改めて感じます。

考察

　回想法の実践を客観的に振り返ることは、リーダーやコ・リーダにとっては大切な機会であるとともに、第三者の気づきを共有することが回想法のスキルアップに大変効果的です。利用者の回想を引き出し、語られた回想を他の利用者へとつないでいくことが、グループ回想法の目的の1つである「交流」を生みます。したがって、回想法実践中も気持ちにゆとりをもち、第三者的な視点で利用者の反応を敏感に感じ取る力も重要です。それには経験を重ねることが大切だと感じます。

実施者としての学び

　この取り組みを継続していくなかで、職員の気づきが増えたと同時に、実施者も気持ちにゆとりをもった実践になっていきました。日々の回想法でも利用者の表情が豊かになり、回想の内容も広がり、終了後も話が尽きない様子に、高齢者が回想することの意義を再確認することができました。生活上の助けを受けている利用者が自らの経験を語り伝えることで、職員にとっての「先生」となり、伝える楽しさを感じてもらうことができると実感しています。

実施にあたっての留意点

■ 多くの職員に観察されるなかで実践することの緊張感を理解しましょう。アドバイスは批判にならないように、理由とともに伝えます。

■ よいと感じた点を伝えることは自信につながります。とかく人の欠点は見つけやすいものですが、観察するときのポイントとしてはよい点を見つけることが大切です。

■ 利用者への配慮として、大勢の人に見られているという緊張感により回想や集中の妨げにならないよう、観察者は利用者の視界に入らない位置で観察します。

ビデオを用いたセッションの振り返り

高齢者施設の職場内研修の一環として回想法を取り入れ、ていねいな教育プログラムをつくっています。研修で学ぶだけではなく、利用者のケアにどのように反映できるかを職員一人ひとりが自らの実践を振り返り、新しい学びを最大限に応用するよう努めています。研修を受ける職員、一人ひとりの意向や考え方が尊重されています。

野村豊子

44 | 回想法実践者の養成研修

中嶋惠美子

研修

事例の概要

　ケアの現場において回想法を実践し続けるためには、回想法のよさを理解するだけでなく、回想法を実践できる人の養成が必要です。そこで、実践者の養成を目的とした養成講座やスキルアップ研修を開催してきました。

　ここでは、社会の変化や受講生のニーズに合わせながら18年間続けてきた回想法実践者の養成講座について紹介します。

受講者 ▶ 回想法を学び実践したい人（全日程を受講できる人）
講　師 ▶ 回想法実践者、養成講座修了後の体験発表者
時　期 ▶ 2004（平成16）年〜
時　間 ▶ ①1日2時間、全6回、計12時間で、年に3講座開催（2004（平成16）年）
　　　　　②1日3時間、全5回、計15時間で、年に1〜2講座開催（2005（平成17）年〜
　　　　　　2013（平成25）年）
　　　　　③1日5時間、全3回、計15時間で、年に1講座開催（2014（平成26）年〜）
場　所 ▶ 特別養護老人ホーム会議室、医療福祉研修センター貸し会場

きっかけ

　2000（平成12）年春に開設した高齢者施設で管理職として勤務しながら、開設翌年の2001（平成13）年から重度認知症フロアにおいてグループ回想法を実施していました。身体介護に人手が必要なため、回想法を実施するために職員を1人以上配置することはむずかしい状況でした。この状況に困っていたところ、知人がボランティアとして、参加者の誘導やクールダウンのためのお茶出しを手伝ってくれるようになり、スムーズな展開ができるようになりました。「回想法を手伝っていると、私もお年寄りから学ぶことがたくさんある」というこの知人の言葉に、施設も地域に「学びの場」として貢献できる社会資源であることを気づかせてもらったことが1つのきっかけとなり、養成講座が始まりました。

目的

回想法を理解するだけでなく、「回想法を実践できる人」を養成することを目的とし

ました。

方法および展開過程

　2003（平成15）年に介護福祉士養成校にて、1回90分、全14回の授業を実施した経験をふまえながら、「回想法トレーナー養成講座」（以下、養成講座）の開催回数、時間数、人数、講義の内容、体験学習の内容を考案し、2004（平成16）年から1年間に3か所で、1日2時間、全6回の講座を開催しました。翌2005（平成17）年には、地域のための養成講座の基本スタイルとして、1日3時間、全5回の有料の講座を開講しました。

　講義（知識）の内容は、グループ回想法と個人回想法の2つの内容で組み立て、「何のために」「誰が」「誰に」「いつ」「どこで」「どのような方法で」を解説し、どのような効果があるか、また、実施に関してのリスクも学びます。当初の2年間は、回想法の参考になる内容として「現代生活史」を組み込んでいましたが、懐かしい道具の展示物や参考図書の教材で補うことにしました。回想法の内容に特化させるために、認知症の知識については除外して組み立てています。

　体験学習は、「呼吸合わせ」→「思い出を語る」→「グループサイズの違いの体験」→「シナリオによる模擬回想法」→「模擬回想法」→「回想法の実際」という流れで組み立て、段階的に実践に結びつける方法に統一しています。受講者自身が思い出の品を使って、個人回想法を体験するプログラムも取り入れています。また、講座の効果を補強するため、使用教材や参考図書の展示、講座修了者の体験発表、交流会を組み込んでいます。

　その後、遠方からの受講者が増えたことから、1日の時間数を3時間から5時間に増やし、開催回数を3回に減らした現在のスタイルに落ち着きました。

● 養成講座の概要

	講義の内容	体験学習	補助教材の展示物
第1回	・回想法とは ・回想法の効果 ・始める前に ・修了者体験談	・過去から学ぶ	参考図書・懐かしい道具（おもちゃ）・過去の招待状と参加簿
第2回	・グループ回想法 ・始める前と始まってから ・修了者体験談 ・交流会	・グループサイズの違い ・シナリオ回想法 ・模擬回想法	参考図書・懐かしい道具（写真/本）・過去の招待状と参加簿
第3回	・個人回想法 ・修了者体験談 ・さあ、回想法をやってみよう	・個人回想法の実際 ・グループ回想法の実際	参考図書・懐かしい道具（生活道具）・過去の招待状と参加簿

PART
2
回想法の実践事例

1
回想の力をケアに活かす

2
地域でケアやQOLの向上を目的として行う

3
地域で「人」や「時」をつなぐことを目的として行う

4
回想法を学ぶ、伝える

結果

　当初の受講者は、回想法を本やテレビで知っているくらいの人がほとんどで、回想法を実際に見たり、体験したことがある人は30名中2～3名でした。10年を経過した頃からは、回想法を実際に見たり、体験したことがある人が受講者の半数以上を占めるようになり、また、講座修了者の紹介による受講希望者が増えていきました。これは、講座修了者がそれぞれの場で実践するなかで、新しい仲間や回想法の輪が広がっていることのあらわれであったと考えます。

　また、当初の受講者は、受講料を自分で負担して公休日を使って受講し、新しいことを現場に取り入れたいと考えている人がほとんどでした。10年が経過したあたりから、職場からの出張扱いで受講する人が2～3割に増えています。この変化は、回想法を行う介護施設などが増えたことから、職場内における実践者の育成が必要になったためと思われます。

考察

　講義と体験学習の構成は、「講義3：体験学習2」の割合で組み立て、体験学習に力を入れることにより実践的な人材の育成につながったと考えられます。特に、体験学習は回を重ねて段階的に進めることで、目標とする回想法の実践に到達しやすくなったと感じます。

　1日の時間数を増やしたことにより、休憩時間に展示してある教材を手に取るなどの機会が確保され、講義の補足ができています。また、交流会は受講生同士の交流以外に、回想法の実践場所や実践予定場所に関する生の情報を集める貴重な場となります。最終日ではなく講座の中盤に設定することで、受講者同士の交流やサポート体制が高まり、実践につながりやすくなります。さらに、講師の話だけではなく、複数の回想法実践者の体験を聞くことで、回想法の実践を身近に感じられるようになります。

　なお、養成講座修了者のうち希望者には、実践現場として施設内のデイサービスのフロア、重度の認知症の人のフロア、身体的に虚弱な人のフロアを案内しました。受講後、すぐに広い領域でグループ回想法を実施できたことは実践力の向上に役立ちました。

実施者としての学び

　回想法を知りたい、学びたいという気持ちから養成講座に出会い、15時間の学びを終えるひな鳥の時期。次に先輩実践者と活動を開始する若鳥の時期。さらに新しい活動場所を開拓していく成鳥の時期。「回想法の魅力にはまってしまいました」という受講者の生き生きとした姿は、実践を通して学ぶことの強さを感じます。養成講座の場が、

実践者の卵を孵す孵卵器の役割を果たしてきたといえます。

人材の育成に、「このやり方が一番」という方法はなかなか見つかりません。したがって企画する側に迷いが生じますが、この取り組みを通じて、語り手を軸に、講師からの学び、体験発表者からの学び、受講者からの学び、参考図書などの補助教材からの学びと、学ぶための手立てがたくさんあることに気づきました。

回想法を実践し続けるためには2つの工夫が必要です。1つは回想法のよさをわかってくれる人を増やし、次に続く人を見つけ育てること、2つ目は、実践力の維持です。養成するだけでなく、スキルアップ研修を年に1回、半日で開催しています。半日程度の研修では実践力の維持がむずかしいため、養成講座修了者の再受講は、受講料を半額にすることで学び直しを応援しています。

認知症の非薬物療法の1つである回想法をより多くの人に知ってもらい、実践につなげてもらいたいという気持ちが原動力となって、この講座を18年以上続けることができたと思います。

実施にあたっての留意点

■ 養成講座の講師は、日頃、講師や教育的立場ではない人が務めることがほとんどです。魅力ある講座を運営するためには、講座の目的を明確にし、知識、技法の伝達以外に受講者のニーズをとらえ、対応することが必要です。

■ 伝える力を磨くことも、求められます。

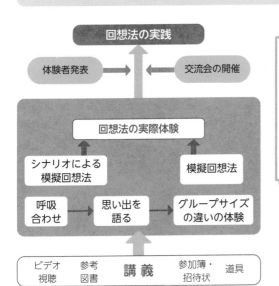

「回想法トレーナー養成講座」の全体像

出典：「『回想法トレーナー養成講座の実践』その後──実践者を育てるための9年間の取り組み」第15回日本認知症ケア学会ポスター発表、2014年

長い年月にわたり、工夫を重ねながら継続してきたこの取り組みを、成人学習としての回想法の学びととらえることもできると思われます。研修の内容に加えて、自主性、実体験、再学習が、受講者の次の人生を歩むきっかけをつくっています。　　　　　野村豊子

45

回想法トレーナー養成講座を修了した人たちのその後

回想法ライフレヴュー研究会

研修

　ここでは、「回想法トレーナー養成講座」（以下、養成講座）（事例44参照）を受講した3名が、その後、それぞれにどのような場で実践を継続してきたかを紹介します。

デイサービススタッフとして回想法を取り入れる

　非常勤の介護職員として、毎日40名以上の高齢者が利用するデイサービスに勤めています。そのなかで新しい活動としてグループ回想法を取り入れたいと考え、養成講座を受講しました。その後、現場に取り入れることができ、約10年間に29クール、計227回のグループ回想法と4回の「同窓会」を開催しました。

10年間の歩み

　養成講座修了直後から、回想法の実践をしている特別養護老人ホームで回想法のボランティアを始めました。ボランティアとして経験を積みながら、自分の職場のデイサービスだったらどのように開催できるかを常に照らし合わせながら事前準備を進めました。同時に、職場の上司や同僚にも「回想法をやりたい」と進言し続け、約10か月後に職場での回想法の開始に至りました。養成講座の同期生やボランティア仲間が快く応援してくれたことも心強かったです。

　その後、養成講座が開催されるたびに、職場のデイサービスでの「回想法ボランティア募集」の呼びかけのために、チラシを作成して足を運びました。職場の職員や友人にも声をかけて養成講座を案内しました。グループ回想法は1人ではできないことを熟知していたので、ボランティアや応援してくれる仲間を確保し続けることを意識していました。デイサービスでの回想法が定着してきた時期に、同法人の小規模多機能型居宅介護の利用者からも回想法に参加したいとの申し出がありました。同一敷地内ではなかったために、大きな道路を隔てての屋外の誘導が必要であること、利用者のその日の体調や生活時間が合わせにくいことなどむずかしい面もありましたが、この協働事業は2年間続きました。

　10年の活動のなかで、印象に残るグループがありました。「ガンバロー！　100歳の会」と名づけたそのグループでは、回想法にはじめて参加する男性がムードメーカーとなり、メンバー全員で片手をあげて「ガンバロー！」と毎回言うことで、グループのま

とまりが強くなりました。その後、「同窓会」と称して、久しぶりの再会を喜び合い、「今までに、一番楽しかったこと、嬉しかったこと」をテーマに回想法の続きをするなど大いに盛り上がりました。

心がけたこと

回想法がすべての人に合うとは限りません。参加を拒否する人や、途中でやめる人もいました。無理強いせずに様子を見て、しばらくしてからまた声をかけると参加する人もいました。回想法の場だけではなく、ふだんのデイサービスでの過ごし方や参加後の感想を聞くなど、一人ひとりにしっかりと向き合うことを常に心がけています。

また、仕事のなかで行う回想法は、利用者にとって意味のある活動であっても、担当の職員や上司の異動、職員の欠員などにより、長く続けることはむずかしく、現場の職員として実施するとなると他の業務との兼ね合いも考える必要があり、とても大変でした。そうしたなかでも、デイサービス職員のなかには、仕事の休みの日にボランティアとして回想法を続けて経験を積むことで、リーダーやコ・リーダーを担うようになる人もいて、それが、回想法を10年間、続けることができた源になっています。デイサービスのなかで、こつこつ続けてきた回想法の活動が、新たなコミュニケーションや仲間意識を誕生させる機会となり、日常業務の連携にもつながると実感しています。

(吉倉育子)

仕事でも、ボランティアでも回想法の活動を継続する

非常勤の介護職員として、デイサービスで週2日働きつつ、養成講座を受講後は、回想法のボランティア活動を数多く経験してきました。

仕事での活動とボランティアでの活動の違い

仕事での回想法の活動は、参加者の当日の朝からの様子だけでなく、回想法の日以外の様子も知っているので、参加者に必要な配慮について熟知しながら、安心して回想法を進めることができます。一方で、メンバーは、日常的に顔を合わせている「職員」と「利用者」で構成されるため、回想法を実施する際は、日常の場から離れるために、場所を変えたり、テーブルクロスや花瓶などで設えを整えることの準備が必要です。

ボランティアの場合は、訪問した時間帯だけでのかかわりになるので、事前の情報が少なく、瞬時に参加者のことを知る必要があります。しかし、日常のかかわりがない分、参加者・ボランティア双方が、日常では味わえない、緊張や解放感、新鮮さなどを伴う充実した時間を過ごすことができます。ふだんは言葉が少ないといわれている人と話ができたときや、誰も知らないことをこっそり教えてもらったときは、回想法の醍醐味を味わうことができます。

ボランティアでの回想法の活動は活動意思をもち続け、活動場所が確保できれば継続

PART
2
回想法の実践事例

1
回想の力を
ケアに活かす

2
地域でケアやQOLの
向上を目的として行う

3
地域で「人」や「時」をつなぐ
ことを目的として行う

4
回想法を学ぶ、
伝える

につながります。しかし、仕事での活動は活動意欲だけでは成り立たない環境要素がたくさんあります。例えば、デイサービスで行う場合、開催する日にちや時間をあらかじめ固定してしまうと、利用者の急な休みや現場の緊急対応などにより、実践に結びつきにくいという経験をしたことがあります。そのため、日時を事前に確定せず、身体的な介護を多く必要とする人が落ち着いて過ごしている時間があれば、そのときに柔軟に調整をしながら、開催したこともありました。

忘れられない体験

　回想法ボランティアを続けるなかで、ある男性の家族から個人回想法の依頼を受けて実施したことがあります。回想法を学んだ経験のある家族が、父親が施設で落ち着いて気持ちよく過ごせる時間になればと、個人回想法を提案したのです。ボランティアとして、ゆっくりと語られる男性の言葉を一つひとつていねいに受け止めながらかかわりました。終了後に、語られた思い出を冊子にまとめ、家族に渡すと「こんな形見はほかにありません。回想法ができる方が地域にいて、父が生きた証を残す手伝いをしてくださったことに感謝です」という言葉をもらいました。

（藤田延子）

10年続いたグループ回想法のボランティア活動

　傾聴について学ぶ講座の1コマで知った回想法について、もっと学びたいという気持ちを温め続けていたところ、養成講座の存在を知り、受講しました。その後、回想法ボランティアのグループを立ち上げ、高齢者施設で約10年間、ボランティア活動を続けました。

ボランティア活動の工夫

　「実践してみないとわからない！」との思いから、養成講座修了直後から、回想法を行っていた施設でのボランティア活動を始めました。次第に、講座の修了生からボランティア活動をする仲間が15〜20名近く集まるようになり、回想法のボランティアグループをつくることになりました。そのなかで、サービス提供責任者をしていた経験を活かし、メンバーの連絡網をつくり、メンバーが活動できる日程を調整して予定表を作成し、ボランティア活動のコーディネートをしていきました。規模の大きな施設で、多いときには1日に午前1回と午後2回の計3回、回想法を行うため、各回、数名のボランティアを効率的に配置しました。経験の浅いボランティアは見学から始めます。また、個人情報の保護のために、参加者の情報については、施設内の決められた場所でのみ共有し、施設の外では話をしないこと、活動中はボランティアグループ名の書かれた名札を付け、ボランティアであることを明示することなど、さまざまなルールを決めました。

　施設側との協力も不可欠です。施設には回想法の指導者がおり、他の施設職員もよき

理解者でした。養成講座を修了しているボランティアに対し、信頼を寄せてくれたことも、活動の原動力となりました。参加者の選定、会場への誘導、道具やお茶の準備などの協力もあり、互いに感謝の気持ちをもちながら続けていくことができました。

　回想法で使用する道具や招待状などの準備もボランティアの大切な活動です。施設内には懐かしい道具を展示するコーナーがあり、回想法に必要な道具の準備は、比較的容易にできました。事前に参加者に渡す招待状や出席の記念になる参加簿もそれぞれのボランティアが工夫しながら作成しました。最終日には、参加者とボランティア全員の集合写真を撮って貼り、記念になるようにと参加者に贈りました。ボランティアにとっても、心温まる経験となっています。

ボランティアとしての学び

　10年間のボランティア活動では、もちろん大変なこともありましたが、回想法の参加者が、回を重ねるごとに穏やかな表情になり、終わる頃には「楽しかった」「また参加したい」と言ってくれるたびに、ボランティアとしての喜びや感動につながり、活動の励みになりました。

個人と社会をつなぐボランティアの存在

　10年間の回想法ボランティア活動は、施設で暮らす参加者にとって、どのような意義があったのでしょうか。参加者から「社会的なお話を聴かせていただきありがとうございました」とお礼の言葉をかけられたこともありました。長年、住み慣れた自宅や住まいから離れ、施設に入居している人にとっては、職員でも家族でもないボランティアとの定期的な交流のなかで、施設の外の風や空気が、届いていたことになります。

　施設入居者の一人ではなく、一個人として参加し、大切な対人交流の場となったグループ回想法は、施設での日常生活において必要な社会性の維持に十分貢献できたと考えています。

（青井みよ子）

> 回想法を学ぶ人から回想法を実践する人へという共通の体験が一人ひとりの個性と工夫で展開されています。グループ回想法や個人回想法を実践するうえで、ボランティアであるからこそ、倫理や配慮は特に大切になってきます。価値観や配慮をふまえて、施設外からの風や空気がさわやかに吹き、高齢者が楽しんでいる姿が浮かびます。
>
> 野村豊子

PART
2
回想法の実践事例

1
回想の力を
ケアに活かす

2
地域でケアやQOLの
向上を目的として行う

3
地域で「人」や「時」をつなぐ
ことを目的として行う

4
回想法を学ぶ、
伝える

46

認知症高齢者ケア現場の介護職員等に対するグループ回想法の研修

内野聖子

研究

事例の概要

　認知症高齢者ケアでは、非薬物療法の実践は、認知症の行動・心理症状（BPSD）に有効であるとされています。筆者は、認知症高齢者のケアを実践している介護職員等へのグループ回想法について特に、ストレスマネジメント効果[4-6]、高齢者ケアにおける効果[4-7]、経験を積み重ねることでのグループ回想法実践能力[4-8]、グループ回想法実践能力尺度開発[4-9] などを研究しています。

　ここでは、回想法やその研修効果をまとめた研究結果[4-10] から、認知症高齢者ケアを実践している介護職員等へのグループインタビュー結果を一部抜粋し、研修やグループ回想法に参加した感想や思いを紹介します。

きっかけおよび目的

　以前から認知症高齢者を対象としたグループ回想法を介護職員等とともに実践していました。そのなかで、グループ回想法を実施した職員がきらきらした表情で、参加した高齢者の生き生きとした様子や印象的なフレーズなどを語る姿が心に残りました。そこで、グループ回想法の研修とグループ回想法に参加した介護職員等に対して実施したグループインタビューの結果から、回想法の研修の効果を知ることを研究の目的としました。

方法

　60分間の研修会と8回で1クールのグループ回想法を実施しました。その後、研修会およびグループ回想法に参加した介護職員等にグループインタビューを実施しました（インタビューガイドに沿って実施）。7名ずつの2グループで実施し、それぞれ、女性6名、男性1名で、職位は一般職員6名、管理職1名でした。グループインタビューの内容は、参加者の了解を得て録音し、逐語録を作成し、分析しました。

研修会の内容

　認知症高齢者のケア、認知症の疾患、症状、薬物治療・非薬物治療、認知症高齢者を対象にした回想法について講義を行いました。

グループ回想法

　事前に、回想法のテーマ、道具、席順などを検討し、週1回、全8回で実施しました。毎回、始まりのあいさつ、テーマの提示をして展開、テーマに関連する道具を提示して展開、終わりのあいさつという流れで実施しました。

	テーマ	道具	備考
1回目	自己紹介、ふるさと	季節の花、日本地図	・毎回の回想法実施後に評価を行う ・毎回の回想法実施後に振り返りの場をもつ
2回目	小さいときの遊び	めんこ、お手玉	
3回目	お使いの思い出	かご、レシート	
4回目	小学校の思い出	そろばん、教科書	
5回目	仕事	たび、給料袋	
6回目	結婚の思い出	結婚式の写真	
7回目	季節(回想法実施時期)の過ごし方	季節(回想法実施時期)のもの	
8回目	したいこと、食べたいもの	旅行用パンフレット	

グループインタビュー

　1グループごとに約90分のインタビューを実施し、参加者の了解を得て録音しました。

　質問項目は、①回想法参加後の仕事への取り組み姿勢の変化、②回想法参加時期の上司や同僚からのサポート、③回想法参加時期の介護職員等のストレスへの対応、④回想法に対する全般的な認識の4点でした。録音したグループインタビューの逐語録を作成し、1文節単位で類似した内容についてグループ化を行いながら分析しました。分析した結果については、高齢者看護および質的研究の専門家からスーパーバイズを受けました。

展開過程

　毎回、回想法実施後に高齢者の評価や振り返りの時間を設けて、回想のテーマや席順などの次回への改善点を確認しながら、介護職員等とともにていねいに進めていきました。振り返りの際は、各回の高齢者の言動として、特に生き生きと語った内容やそのときの表情、他の参加者に意識を向けて語った内容や様子、テーマが変わっても何度も語った内容は記録に残すようにしました。また、回想法を実施していることが参加していない職員にも伝わるように、記録内容を施設内で回覧するなどの工夫をしました。

PART 2
回想法の実践事例

1 回想の力をケアに活かす

2 地域でケアやQOLの向上を目的として行う

3 地域で「人」や「時」をつなぐことを目的として行う

4 回想法を学ぶ、伝える

● 回想法に対する全般的な認識

カテゴリー	サブカテゴリー	具体的な語り（一例）
全般的な回想法の効果	高齢者への回想法の効果	・回想法の会に出たときのお年寄りの表情、発言、身振り手振りで語って、本当に楽しまれているなあと感じた。 ・楽しそうな表情を見たときには嬉しかった。
全般的な回想法の実施状況	回想法実施時に必要なもの	・回想法をするには、自分自身も健康でないとダメだと思った。 ・回想法は人の人生を見るので受け止める側にもエネルギーが必要で、終わったあとはパワーの消耗を感じる。
	回想法と仕事との両立のむずかしさ	・日々のケアと回想法の両立がなかなかむずかしい。 ・仕事のなかでは、一人ひとりじっくり見ることができない。 ・同じ曜日に同じ人が行うというのは、毎回はむずかしい。
回想法への継続的なかかわり	回想法の継続性	・続けていくことで徐々に浸透している。 ・回想法が独立せず、ケアプランに活用し、浸透していくような形でやっていけるとよい。 ・回想法を一部の職員ではなくて、全員で共有できるようにしていきたい。

● 回想法参加後の仕事への取り組み姿勢の変化

カテゴリー	サブカテゴリー	具体的な語り（一例）
仕事における回想法の効果	回想法の評価結果の活用	・記録などで残していって、皆さんに伝えているので、その役割をしっかりと自分で果たせたらよい。 ・連絡ノートや機関誌で記録を残して貼り出して、回想法の実施状況について連絡事項という形で残している。
仕事上の回想法への継続的なかかわり	介護職員等への参加体験の促進	・他の業務を削ってでも、回想法の時間を設けていきたい。 ・1回の体験でもよいので、回想法をやってもらいたい。
	回想法の継続性	・何らかの形で評価されていることで、それが継続されている。 ・現場では、（回想法の情報を）ケアプランになかなか活かせないが、一部は活かせている。

考察

　研究成果として明らかにするなかで、回想法を実施した介護職員等が各回の終了後の振り返りで見せたきらきらした表情や言動について、その具体的な内容、介護職員等のなかでわき起こっていた感情や考えや思いを実感することとなりました。

　回想法のなかで感じる充実感や嬉しさだけではなく、通常の仕事との両立のむずかしさ、周囲の職員に対する思いも明確になりました。人材育成のための研修会の充実、現場の環境調整や組織づくり、職員間での協力体制など、回想法を継続的に実施していくための課題が明らかになりました。

　ケア現場においては、Off the Job Training、On-the-Job Training（以下、OJT）やカンファレンス等を通じて上司や同僚、他職種から学ぶ機会が多くあります。OJT

では職員が長く続けることによって、中長期的な観点での福祉サービスの質の向上に向けた取り組みが可能となります[4-11)]。回想法に関しても、事前の研修に加えて、実践のなかで経験を積み重ねることで深く学べることが多くあります。回想法の効果をより高めていくには継続的に実施できるような施設全体の環境調整が必要です。

実施者としての学び

　回想法に参加する高齢者は、それぞれの居室のあるフロアから、回想法を行う場に移動することになります。つまり回想法への参加は、活動の場を広げることとなります。回想法の場やグループインタビューの場で話を聴くなかで、高齢者のより豊かな人生、生活を実現するためには、保健福祉専門職者とのふだんからの情報共有や施設管理者の理解や認識に基づく環境調整が必要であることを改めて実感することができました。

　また、グループ回想法実施直後の介護職員等の具体的な語りから、高齢者の人としてのあり方や生き方、高齢者の生き生きとした表情や語りのとらえ方、高齢者とのまっすぐな向き合い方を感じました。さらに、認知症高齢者にとって有効なかかわり方を求めている管理職や介護職員等の思いが、よりよいケアの継続やより適切なケアの提供につながることを実感しました。

実施にあたっての留意点

- 研修会では、認知症高齢者ケアに照らし合わせて、回想法の効果を具体的に理解できるように話しました。また、回想法には高齢者の希望に沿って参加してもらい、回想法において語るも語らないも、本人の意思を尊重することを伝えました。高齢者の楽しみの場である、心地よい場であることが大切であり、決して、強制力が働くことがないような配慮が必要となることは、特に強調しました。
- グループ回想法では、毎回終了後に、高齢者一人ひとりの生き生きと参加した様子にスポットライトをあてるように、高齢者の言動を実施者とともに、具体的に振り返りました。各回で高齢者が何度も語る内容、他の高齢者への関心や集中力が高まった場面、他の高齢者への配慮や思いやりが発揮された場面などは意識的に振り返るようにしました。振り返りでは実施者の高齢者や回想法への思いもじっくり聴くようにしました。

認知症高齢者のケア現場の職員に対する回想法の意義に関しては、一人ひとりの高齢者の生活史や生き方に対する敬意の深まりと、グループメンバーの社会性の再発見、日常の接し方への具体的示唆、個々の高齢者の基礎的情報の拡大等に加えて、仕事への意欲の向上があげられています。執筆者は、回想法の諸要素の構成や手続きの側面と実践能力の形成について、両者を相互に比較対照させながら、介護職員等の意欲やストレスマネジメントに対する効果を幅広く見ています。

野村豊子

PART
2
回想法の実践事例

1 回想の力をケアに活かす

2 地域でケアやQOLの向上を目的として行う

3 地域で「人」や「時」をつなぐことを目的として行う

4 回想法を学ぶ、伝える

認知症当事者のための
セルフケアプログラム

野村信威

研究

事例の概要

　筆者らは従来のグループ回想法の枠組みをベースに認知症当事者が自らの物忘れについて語る「新しい認知症ケア」のアプローチを取り入れたセルフケアプログラムの開発を試み、少数事例からその有効性を検討しました。自宅で介護を受けながら暮らす2名の当事者を対象に、1回90分、全8回のプログラムを実施し、認知機能検査などの効果評価を行いました。介入直後には認知機能のスコアの改善が認められ、事例からは自らが認知症であることを受け入れる様子がうかがわれました。

　語り手 ▶ 認知症当事者 2名
　聴き手 ▶ 研究者と大学生
　時　期 ▶ 4か月（2018（平成30）年9月～12月）
　時　間 ▶ 1回90分、全8回を隔週で実施
　場　所 ▶ 大学内の多目的ルーム
　テーマ ▶ 故郷、遊び・学校、懐かしい音楽、家族・仕事、物忘れ

目的

　近年では、認知症であっても希望や尊厳を失わずに生きていける社会をめざし、認知症当事者が自らの状態や意見を積極的に発信したり、さまざまな啓蒙活動などに積極的に取り組んでいます。こうした認知症当事者による活動を受け、従来の認知症高齢者への看護や心理的援助とは異なる、認知症当事者のための「新しい認知症ケア」[4-12]のニーズが高まっています。新しい認知症ケアとは、T.キットウッドにより提唱されたパーソン・センタード・ケアの理念に基づいて認知症当事者の「その人らしさに寄り添うこと」を重視した当事者中心のケアといえます。

　そこで筆者らは、従来のグループ回想法の枠組みをベースに「認知症当事者同士の出会いの場を提供すること」「自らの物忘れについて語ること」を含む新しい認知症ケアのアプローチを取り入れた「認知症当事者のためのセルフケアプログラム」[4-13]の開発を試み、認知機能や抑うつ感情における有効性を検討しました。

方法

　セルフケアプログラムの参加条件は、首都圏に在住し在宅介護を受けており、言語的コミュニケーションが可能な軽度から中等度の認知症高齢者としました。また自ら「物忘れがあること」（認知症の診断を受けていること）を自覚し、認知症当事者向けのプログラムであることを了解したうえで参加の意思がある人としました。地域の居宅介護支援事業所へのチラシの郵送や広報紙への広告掲載など行い、有償でのプログラムへの参加を呼びかけ、家族および主治医の同意を得たうえで参加に応じた2名を対象にプログラムを実施しました（Lさん（男性）、Mさん（女性）、平均年齢83.5歳）。

　プログラムは原則として隔週で大学内の所定の多目的ルームで行いました。1回のセッションは90分に設定し、筆者と（認知症高齢者へのかかわり方についてレクチャーを受けた）大学生スタッフの2名がリーダーとコ・リーダーを担当しました。

　全体のうち前半の4回（第2〜5回）はこれまでに筆者が取り組んだグループ回想法とほぼ同じ枠組みで行いました[4-14]。それぞれ「故郷」「遊び・学校」「懐かしい音楽」「家族・仕事」などの大まかなテーマを設け、写真集や音楽など回想のきっかけを促す材料を用意しました（表参照）。第5回には「Googleストリートビュー」の画像（Google社）をスクリーンに投影し、それぞれの参加者の故郷の様子を紹介して感想を尋ねました。

● 各回のテーマと材料

	テーマ	材料
第1回	プレテスト/オリエンテーション	
第2回	思い出を語り合う①故郷の思い出	写真集『東京1950年代』[※1]
第3回	思い出を語り合う②遊び・学校の思い出	紙風船、お手玉、剣玉、ベーゴマなど
第4回	思い出を語り合う③懐かしい音楽	CD『青春歌年鑑50年代総集編』[※2]ほか
第5回	思い出を語り合う④家族・仕事の思い出	Google Map
第6回	物忘れについて語り合う①番組映像視聴	「認知症とともによく生きる旅へ」[※3]
第7回	物忘れについて語り合う②	「本人にとってのよりよい暮らしガイド」[※4]
第8回	ポストテスト/まとめ	セルフケアプログラムのしおり

※1 長野重一、岩波書店、2007年
※2 日本コロムビア、2004年
※3 NHK Eテレ、2017年放送
※4 地方独立行政法人東京都健康長寿医療センター発行、2018年

　後半の2回は、「物忘れについて語り合う」というテーマを設け、認知症当事者の活動を取り上げたNHKの番組映像を視聴（第6回）したあとで、それぞれの参加者に自らの認知症の症状やその思いについて語るよう促しました（第7回）。

展開過程

　ここでは参加者の1人であるLさんの事例を紹介します。Lさんは東京生まれの男性で、プログラム参加時は90歳代でした。プログラム参加の2年ほど前から物忘れなどの症状があり、2か月前にアルツハイマー型認知症の診断を受けました。その後は公的な介護サービスを利用しながら在宅で家族とともに暮らしています。

　初回のオリエンテーションでは、参加者はいずれも認知症の診断を受けていることを改めて伝え、認知症当事者でもある故・長谷川和夫氏について紹介すると、「私の場合はまさにそうですよ。まさに人生の晩節期に起こった認知症ですからね（笑）」とLさんは自らの状態について話しました。その後の回では、幼少時に双子の弟が亡くなったことや、当初は教師の道を選んだものの父親の仕事を受け継いで聖職者となったことなどがLさんから語られました。

　また7回目のセッションで自分の物忘れの症状についてどう思うかと筆者が尋ねた際、もう1人の参加者であるMさんから認知症の診断を受けた経緯が「すごくショックだった」という気持ちとともに語られると、Lさんは以下のように発言しました。この発言からは、自らが認知症であることをLさんが「当たり前のこととして」受け入れる様子がうかがわれました。

> Lさん　：私はね当然、歳とったらね、認知症っていうのかな、症状として認知症っていえると思うけど、忘れるのは当たり前だと思ってるのね。だから今でも人間ってね、それが歳で忘れるのか、あるいは病気で忘れるのかっていうその境っていうのはわからないよね。自分がなってみてもはっきりその境がわからない。というのは、一般の人も歳とったらわからなくなるんだなって、こういうふうに自分で決めちゃってるのね。そうするとね楽なのよ。だってもう90過ぎてるんで、わからないのは当たり前なんだって。

結果（効果）

　プログラムの参加前と参加直後（効果評価のためのテストは第1回と第8回で実施しました）、2か月後のフォローアップにおけるLさんの認知機能検査（日本版MoCA：鈴木・藤原、2010）[4-15]の得点は16点→19点→17点となり、介入前後で認知機能のスコアが増加し、フォローアップでは再び低下しました。その一方で抑うつ感情（短縮版GDS：渡辺・今川、2013）[4-16]は参加前から良好でほぼ効果は認められませんでした（4点→5点→5点）。またプログラムの終了後に家族に行ったアンケートからは、Lさんが（回想法に参加する）土曜日に大学に行くことを覚えており、今日が何曜日なのかを

気にするようになったことが報告されました。Lさんの事例のみからプログラムの効果について断言することはできませんが、この結果は本プログラムが認知症当事者の認知機能の改善にポジティブな効果を及ぼす可能性があることを示しています。

考察

　認知症当事者が求めるケアの条件の1つに「認知症とともに前向きに生きる当事者との出会い」[4-17)] が指摘されていますが、プログラムのなかで自らが認知症であることを受け入れる様子がLさんから語られたことは、一緒に参加したMさんにもよい影響を与えたと考えられます。実際にMさんは当初はプログラムへの参加に不安を示していましたが、次第に色々な思い出を語るようになり、後半のセッションでは介護者である家族に「もっと自分の話をしたかった」と語るようになりました。プログラムを通して参加者同士がよい刺激を与え合うことは回想法がもつ重要な治療的要素だと考えられますが、それは認知症当事者にもあてはまるといえるでしょう。

　バトラーが指摘したライフレヴューが果たす役割は、高齢者に苦痛をもたらす問題を解決して再統合させ、ありのままに人生を受け入れることだとされます。そして認知症当事者にとって最も重要な問題は、自らの症状や状態とどのように向き合うかということにほかならないでしょう。認知症当事者が認知症となった現在を含めて自らの人生を受け入れることは決して容易なことではありませんが、もしもそれが可能なら、過去の思い出を振り返って人生全体を受容することは認知症当事者もたどることの可能なプロセスだといえるのではないでしょうか。

実施にあたっての留意点

- 本プログラムはグループ回想法に新たな認知症ケアのアプローチを取り入れた試みのため介入方法が確立されておらず、実施するにはより慎重な判断が必要だといえます。また、本プログラムでは認知症当事者が自らの症状について語り合える機会を提供することを重視し、物忘れや認知症の自覚がある人を対象としています。
- 何よりも当事者が自らの症状やその思いを躊躇せずに語るには、スタッフとの間に十分な信頼関係があることが前提となります。そうした信頼関係を参加者と築くために十分な時間や労力を割くことを実施者は惜しむべきではありません。

認知症とともに前向きに生きることの大切さと、過去・現在・未来の橋渡しをうながす回想の力を重ねて、グループ回想法を展開しています。参加者の意向を最も重視し、テーマ決定、聴き手との関係性等をていねいにプログラム化し、この新しい取り組みの効果を検証しています。

野村豊子

PART
2
回想法の実践事例

1
回想の力を
ケアに活かす

2
地域でケアやQOLの
向上を目的として行う

3
地域で「人」や「時」をつなぐ
ことを目的として行う

4
回想法を学ぶ、
伝える

引用文献

1-1） 野村豊子著『回想法とライフレヴュー──その理論と技法』p.160、中央法規出版、1998年

1-2） Murata, H. & Morita, T., Conceptualization of psycho-existential suffering by the Japanese Task Force: the first step of a nationwide project, Palliative and Supportive Care, 4, pp.279-285, 2006.

1-3） 道免逸子・森茂起「ナラティヴ・エクスポージャー・セラピーの効果に関する文献展望」『トラウマティック・ストレス』第14巻第2号、p.55（p.151）、2016年

1-4） 1-3）と同じ

2-1） 原田智子・篠田美紀・曽根良昭・野村豊子・松島恭子「高齢者の心理的支援を考慮した住まいのミュージアムの活用の可能性」『大阪市立住まいのミュージアム研究紀要・館報』第6号、pp.39-44、2008年

2-2） 北澤晃「臨床美術における意味生成ケアと〈ものがたり〉」『老年看護学』第23巻第2号、pp.22-27、2019年

2-3）「誰でも楽しめるアート：大輪の花火」『別冊家庭画報レクリエ』pp.16-19、2018年7・8月号『レクリエ』のアートプログラムは、臨床美術の考え方をもとに、さまざまな現場の専門職が実践する目的で掲載された。他に「ひまわり」（2017年7・8月号）、「秋の名月」（2017年9・10月号）、「藤の花の短冊」（2018年5・6月号）など多数。

2-4） 野村豊子著『回想法とライフレヴュー──その理論と技法』pp.120-121、中央法規出版、1998年

2-5）「第6章 閉じこもり予防・支援マニュアル」『介護予防マニュアル（改訂版:平成24年3月）について』厚生労働省

2-6） Sanders, C. M., Surviving Grief and learning to live again, pp.40-119, John Wiley & Sons, 1992.

2-7） Strobe, M., Schut, H., The dual process model of coping with bereavement: rational and description, Death Study, 23（3）, pp.197-224, 1999.

2-8） 野村豊子編集代表, 語りと回想研究会＋回想法・ライフレヴュー研究会編『Q&Aでわかる回想法ハンドブック──「よい聴き手」であり続けるために』p.23、中央法規出版、2011年

2-9） 野村豊子「回想法・ライフレヴューの倫理を巡って」『日本福祉大学社会福祉論集』第136号、pp.15-38、2017年

3-1） 三木隆己・中西亜紀・篠田美紀編著『はつらつ脳活性化プロジェクト実践マニュアル──大都市における認知症予防対策として』pp. 41-43、大阪市北区役所、2014年

3-2） 3-1）と同じ、p.16

3-3） 野村豊子編集代表、語りと回想研究会＋回想法・ライフレヴュー研究会編『Q&Aでわかる回想法ハンドブック──「よい聴き手」であり続けるために』p.23、中央法規出版、2011年

3-4） 原田角朗・他編『日本の食生活全集41 聞き書 佐賀の食事』農山漁村文化協会、1991年

3-5） 佐賀県食育推進研究会・社団法人佐賀県栄養士会編『佐賀発 食で育む"生きるちから"』佐賀新聞社、2005年

3-6） 神埼郷土研究会『神埼市の文化財 伝統行事編』2010年

3-7） 江口賀子・長野恵子・副島順子・柴田和子編『神埼の想い出レシピ』「伝えていきたい神埼の昔」の会作成、2011年

3-8） 江口賀子・長野恵子・副島順子「回想法による世代間継承のための「神埼の想い出レシピ」作成──神埼地域における高齢者の生活史作成の試み（1)」『西九州大学健康福祉学部紀要』第43号、pp.79-87、2012年

3-9） 野村豊子著『回想法とライフレヴュー──その理論と技法』pp.144-145、中央法規出版、1998年

3-10） 3-9）と同じ、p.145

3-11） 3-3）と同じ、pp.166-167

3 -12) 3-3）と同じ、p.23

3 -13) 3-9）と同じ、pp.144-145

3 -14)「君、彼らの「意味の世界」に入りたまえ」大井玄著『病から詩がうまれる──看取り医がみた幸せと悲哀』pp.21-26、朝日新聞出版、2014年

4 - 1 ）野村豊子著『回想法とライフレヴュー──その理論と技法』p.4、中央法規出版、1998年

4 - 2 ）4-1）と同じ、p.6

4 - 3 ）中村将洋・野村豊子「回想法を導入した教育プログラムの効果評価」『介護福祉教育』第10巻第1号、pp.65-69、2004年

4 - 4 ）志村ゆず・鈴木正典編、伊波和恵・下垣光・下山久之・萩原裕子著『写真でみせる回想法』①、④、⑥、⑲、弘文堂、2004年

4 - 5 ）野村豊子編者代表、語りと回想研究会＋回想法・ライフレヴュー研究会編『Q&Aでわかる回想法ハンドブック──「よい聴き手」であり続けるために』pp.220-221、中央法規出版、2011年

4 - 6 ）内野聖子「認知症高齢者を対象にして行ったグループ回想法に参加したケアスタッフのストレスマネジメント効果──参加回数別に見たケアスタッフのバーンアウトとコーピング状況の変化を中心として」『お茶の水医学雑誌』第55巻第4号、pp.55-75、2007年

4 - 7 ）内野聖子・浅川典子・橋本志麻子・三好理恵「グループ回想法を実施したケアスタッフへの高齢者ケア実践における効果」『日本認知症ケア学会誌』第10巻第1号、pp.68-78、2011年

4 - 8 ）内野聖子・浅川典子・橋本志麻子・三好理恵「実施者が発揮しているグループ回想法実践能力」『日本認知症ケア学会誌』第11巻第2号、pp.551-562、2012年

4 - 9 ）内野聖子・野中恭子・大谷喜美江・吉田一子「グループ回想法実践能力尺度作成の試み」『国際医療福祉大学学会誌』第22巻第1号、pp.83-92、2017年

4 -10) 4-6）と同じ

4 -11) 社会福祉法人京都府社会福祉協議会監、津田耕一著『主体性を引き出すOJTが福祉現場を変える──事例で学ぶ環境づくりと指導法』p.33、ミネルヴァ書房、2020年

4 -12) 井口高志著『認知症社会の希望はいかにひらかれるのか──ケア実践と本人の声をめぐる社会学的探求』pp.37-45、晃洋書房、2020年

4 -13) 野村信威・森本浩志「認知症の人とその家族を対象としたセルフケアプログラム──グループ回想法に基づいた認知症高齢者への心理的ケアプログラムの検討」『日本老年臨床心理学会第2回大会プログラム・抄録集』p.53、2019年

4 -14) 野村信威・橋本宰「地域在住高齢者に対するグループ回想法の試み」『心理学研究』第77巻第1号、pp.32-39、2006年

4 -15) 鈴木宏幸・藤原佳典「Montreal Cognitive Assessment（MoCA）の日本語版作成とその有効性について」『老年精神医学雑誌』第21巻第2号、pp.198-202、2010年

4 -16) 渡辺舞・今川民雄「GDS（老人用うつ尺度）短縮版の因子構造に関する研究──信頼性と妥当性の検討およびカットオフポイントの検討」『パーソナリティ研究』第22巻第2号、pp.193-197、2013年

4 -17) 丹野智文「「認知症でもできること」から「認知症だからできること」へ」矢吹知之・丹野智文・石原哲郎編著、藤田和子・大塚智丈・鬼頭史樹・猿渡進平・前田隆行・六車由実著『認知症とともにあたりまえに生きていく──支援する、されるという立場を超えた9人の実践』pp.3-36、中央法規出版、2021年

PART
2
回想法の実践事例

1
回想の力をケアに活かす

2
地域でケアやQOLの向上を目的として行う

3
地域で「人」や「時」をつなぐことを目的として行う

4
回想法を学ぶ、伝える

参考文献

◆ 野村豊子著『回想法とライフレヴュー――その理論と技法』中央法規出版、1998年

◆ Webster, J., Construction and validation of the Reminiscence Functions Scale, Journal of Gerontology, 48 (5), 1993.

◆ 長坂剛夫「ライフレヴューを活用したアートセラピー：米国高齢者を対象に行なった治療的アプローチの事例報告」『第11回日本認知症ケア学会プログラム・抄録集』p.394、2010年

◆「3−05芸術療法（アートセラピー）における回想法はどのようなものが考えられますか」野村豊子編集代表、語りと回想研究会＋回想法・ライフレヴュー研究会編『Q&Aでわかる回想法ハンドブック――「よい聴き手」であり続けるために』中央法規出版、2011年

◆ Maggie Schauer & Frank Neuner & Thomas Elbert, Narrative Exposure Therapy. A Short-Term Intervention for Traumatic Stress Disorders after War, Terror or Torture, Hogrefe & Huber Pub., 2005.（M. シャウアー・F. ノイナー・T. エルバート著、森茂起監訳、明石加代・牧田潔・森年恵訳『ナラティヴ・エクスポージャー・セラピー――人生史を語るトラウマ治療』金剛出版、2010年）

◆ 野呂浩史企画・編集『トラウマセラピー・ケースブック――症例にまなぶトラウマケア技法』星和書店、2016年

◆ Ulrich Schnyder & Marylene Cloitre (eds.), Evidence Based Treatments for Trauma-Related Psychological Disorders: A Practical Guide for Clinicians, Springer International Publishing, 2015.（U. シュニーダー・M. クロワトル編、前田正治・大江美佐里監訳『トラウマ関連疾患心理療法ガイドブック――事例で見る多様性と共通性』誠信書房、2017年）

◆ 水島広子著『対人関係療法でなおすトラウマ・PTSD――問題と障害の正しい理解から対処法、接し方のポイントまで』pp.47-48、p.51、創元社、2011年

◆ 大津忠彦・奥村俊久・金圓景「「回想法」ボランティア活動――本学学生による試みの成果と課題」『筑紫女学園大学人間文化研究所年報』第28号、pp.41-58、2017年

◆ 小林知美・金圓景・大津忠彦「「地域回想法」と高齢者福祉――社会福祉学と博物館学の視点から」『筑紫女学園大学教育実践研究』第5号、pp.93-102、2019年

◆ Coleman, P.G., Measuring reminiscence characteristics from conversation as adaptive features of old age, International Journal of Human Development, 5, pp.281-294, 1974.

◆ 市橋芳則「地域回想法・博物館資源の活用」遠藤英俊監、シルバー総合研究所編『地域回想法ハンドブック――地域で実践する介護予防プログラム』河出書房新社、2007年

◆ 市橋芳則「地域回想法の可能性――多様な導入形態と地域への効果」『北名古屋市歴史民俗資料館研究紀要』2009年

◆ 北名古屋市歴史民俗資料館「お出かけ回想法マニュアル」（https://www.city.kitanagoya.lg.jp/rekimin/pdf/kai_01.pdf）

◆ 野村豊子編集代表、語りと回想研究会＋回想法・ライフレヴュー研究会編『Q&Aでわかる回想法ハンドブック――「よい聴き手」であり続けるために』中央法規出版、2011年

◆ 遠藤英俊監、シルバー総合研究所編『地域回想法ハンドブック――地域で実践する介護予防プログラム』河出書房新社、2007年

◆ 矢部久美子著『回想法――思い出話が老化をふせぐ』河出書房新社、1998年

◆ 野村豊子著『高齢者とのコミュニケーション――利用者とのかかわりを自らの力に変えていく』中央法規出版、2014年

◆ バーバラ・K・ハイト＆バレット・S・ハイト著、野村豊子監訳『ライフレヴュー入門――治療的な聴き手となるために』ミネルヴァ書房、2016年

◆ フェイス ギブソン著、的場瑞枝訳『コミュニケーション・ケアの方法――「思い出語り」の活動』筒井書房、2002年

◆「高齢者の居場所づくりと役割づくり――とき、ひと、地域をつないだ地域回想法10年の軌跡」愛知

県北名古屋市、2013年3月
◆ 北名古屋市ホームページ（https://www.city.kitanagoya.lg.jp/fukushi/3000165.php）
◆ 文化庁：令和2年度戦略的芸術文化創造推進事業「文化芸術収益力強化事業」≪博物館等における「新しい関係性の構築」による収益確保・強化事業≫「「博物館資料を活用した回想法支援デジタルコンテンツの開発と効果検証―多様な博物館コレクションを軸とした高齢者ケア・学習支援による新たな関係性の構築―」報告書」2021年3月
◆ 江口賀子・長野恵子・副島順子・柴田和子編『神埼の想い出レシピ』「伝えていきたい神埼の昔」の会作成、2011年
◆ 江口賀子・長野恵子・副島順子「回想法による世代間継承のための「神埼の想い出レシピ」作成――神埼地域における高齢者の生活史作成の試み（1）」『西九州大学健康福祉学部紀要』第43号、pp. 79-87、2012年
◆ 長野恵子・江口賀子・副島順子「回想法による「神埼の想い出ブック」作成のプロセス――神埼地域における高齢者の生活史作成の試み（2）」『西九州大学健康福祉学部紀要』第43巻、pp.89-98、2012年
◆ Tom Kitwood, DEMENTIA RECONSIDERD, the person comes first, Open university press, 1997.
◆ 野村豊子ほか「三陸思い出パートナープロジェクトの実際と多面的効果」（研究成果報告書）、2021年
◆ 中嶋惠美子ほか「回想法トレーナー養成連続講座の実践」第6回日本認知症ケア学会ポスター発表、2005年
◆ 中嶋惠美子ほか「『回想法トレーナー養成講座の実践』その後――実践者を育てるための9年間の取り組み」第15回日本認知症ケア学会ポスター発表、2014年
◆ 長谷川和夫・猪熊律子著『ボクはやっと認知症のことがわかった――自らも認知症になった専門医が、日本人に伝えたい遺言』KADOKAWA、2019年
◆ 日本認知症本人ワーキンググループ制作協力「本人にとってのよりよい暮らしガイド――一足先に認知症になった私たちからあなたへ」東京都健康長寿医療センター、2018年（http://www.jdwg.org/wp-content/uploads/2018/05/guide.pdf）
◆ 野村信威「高齢者における回想法のエビデンスとその限界」『心理学評論』第64巻第1号、pp. 136-145、2021年
◆ 丹野智文著、奥野修司文・構成『丹野智文 笑顔で生きる――認知症とともに』文藝春秋、2017年
◆ トム キットウッド著、高橋誠一訳『認知症のパーソンセンタードケア――新しいケアの文化へ』クリエイツかもがわ、2017年
◆ Woods, B., O'Philbin, L., Farrell, E. M., Spector, A. E., & Orrell, M., Reminiscence therapy for dementia (Review), Cochrane Database of Systematic Reviews, Issue 3, 2018.（doi：10.1002/14651858. CD001120.pub3）
◆ 矢吹知之・丹野智文・石原哲郎編著、藤田和子・大塚智丈・鬼頭史樹・猿渡進平・前田隆行・六車由実著『認知症とともにあたりまえに生きていく――支援する、されるという立場を超えた9人の実践』中央法規出版、2021年

PART
2
回想法の実践事例

1
回想の力をケアに活かす

2
地域でケアやQOLの向上を目的として行う

3
地域で「人」や「時」をつなぐことを目的として行う

4
回想法を学ぶ、伝える

用語解説 （50音順）

アートセラピー
心理学理論とクライアント自身の経験と知識に則って、自発的な創造的活動とそのプロセスを用いて行う、欧米を起源とした心理療法。描画・絵画・造形作品などにあらわれた象徴的・隠喩的表現をアートセラピストと振り返るなかで、言葉で表現しきれない体験に新たな気づきを与え、クライアントのもっている力を引き出し、認識や行動の変化を促すことを重視している。

座なおり
回想法のセッション終了後、場を移して、話し足りない内容も含め余韻を楽しむことをいう。参加者だけでなくスタッフや観察者等も含めた分かち合いの場となり、回想を楽しみ、語り合い、共有した体験から、それぞれの日常に戻るために心身を整える、いわゆるクールダウンの時間ともなる。場や時間の認識にサポートが必要とされる認知症高齢者等にとっては、特に必要なものといえる。2004（平成16）年に岩手県水沢市（現在は奥州市）の土地の言葉にちなんで野村らのグループが用いた。

心的外傷後ストレス障害（Post-Traumatic Stress Disorder：PTSD）
生死にかかわるような体験をしたことで、自分の意思とは関係なく何度もその体験を思い出してしまったり、強い不安や緊張を感じたり、つらさのあまり人との交流を避けるようになるなど、日常生活に支障が出るほどの精神的な苦痛が長く続く状態のことをいう。さらに日常的に繰り返される虐待などによって生じた、より複雑な症状を示す状態は「複雑性PTSD」と定義されている。

手続き記憶
長期記憶のなかでも、身体を用いて学習された記憶。自転車の乗り方、シャツの着方、料理の仕方といった日常的な動作のほか、熟練の技巧や芸事の所作なども含まれる。運動上の技能だけではなく、問題の解き方のような認知技能にもかかわり、言葉では、説明や他者への伝達がむずかしいという特徴がある。また、十分な水準で獲得された技能は、長期間にわたって忘却されにくい。

認知症サポーター養成講座
認知症の正しい理解とともに偏見をもたず認知症の人や家族を身近な立場から見守るサポーターを養成する講座のこと。地域住民、スーパーや銀行の従業員、小中学生など、幅広い人を対象に実施される。2022（令和4）年6月末で約1391万人が養成されている。2019（令和元）年度より認知症サポーターがチームとなり認知症の人や家族への生活面への支援等を行う「チームオレンジ」の取り組みも開始している。

認知症の行動・心理症状（Behavioral and Psychological Symptoms of Dementia：BPSD）
認知症による認知機能の低下などの中核症状や環境などが原因となって引き起こされる周辺症状のこと。大きな声をあげてしまうなどの行動面、不安や抑うつなどの心理面に分けられる。さまざまな要因（心理社会的要因・身体的要因）が複雑に関係しているため、認知症の人自身の心身の状態、生活歴などをていねいに理解し、なぜそのことが起こったか、当事者の立場になってていねいにとらえ直していくことが必要となる。

パーソン・センタード・ケア

老年学者のT.キットウッドによって提唱された「その人を中心とした」認知症ケアの考え方。認知症の人と接する際に、その人の話をじっくりと聴き、語られる世界を理解しようと寄り添いながら、その人の立場で生活やケアを考えていこうとするもの。そのようなケアを通して認知症の人自身が、周囲に受け入れられ、尊重されていると感じながら生きていけるようになることをめざしている。

フレイル

英語の「Frailty（フレイルティ）」を語源とする用語で、健康な状態と生活にサポートが必要な要介護状態の中間の状態をさす。早期に介入して対策をとることにより、健康な状態に近づいたり、要介護状態に至る可能性が減ったりすることがあり、予防が重要であるとされる。フレイルの基準としては、体重減少や疲れやすさ、歩行速度の低下、握力の低下、身体活動量の低下がある。

リアリティ・オリエンテーション
（Reality Orientation：RO）

見当識障害を抱える人に働きかける方法で、医師であるJ.フォルサムらによって提唱された。生活において重要な、人物、場所、時間などの基本的な情報を何回も適宜、繰り返して伝えることにより、見当識の改善、現実認識の回復、活動性や自立性の向上等の効果が期待できる。実施に際しては訓練ということを強調せず、対象者にも意識させることなく、その残存能力に働きかけ、支持的で温かな雰囲気で行うことが重要である。

リフレーミング

ある認識の枠組みに対して、別の考え方の枠組みを示すこと。家族療法では、問題とされる行動そのものを変えることに焦点をあてるのではなく、意味づけを変えることで家族等の人間関係性の再調整を図る。起きている事柄・事実は変わらないが、その受け止め方や態度が変化すると関係者の心のもちよう（価値観）も変わり、さらに、その事実に対する行動や向き合い方、人間関係性も変化し得る。

あとがき

　目の前に、新しい本書を手に取るときがもうすぐ訪れます。全国からの47におよぶ回想法とライフレヴューに関する貴重な実践の成果が、この一冊にまとめられたことに、編者一同、本書ができるまでを振り返り、また、これからを思い、感謝と同時に、大きな責任を覚えています。

　編集代表としてかかわらせていただき、完成した本書は、回想法・ライフレヴューの手づくりの万華鏡のような思いがしています。万華鏡といいましても、本来のつくり方を知らない素人である当方としては、光の具合を試しながら、自由に素朴な円筒や、意匠を凝らしたカレイドスコープ（万華鏡）を楽しく眺めているだけなのですが、一度として同じ図柄はあり得ないその醍醐味と、本書が似ているように思えてなりません。読み手の方に、あまり形式にとらわれず、自由に発想し、色を組み合わせ、お一人おひとりの意図や目的、それに気分でその面白さや楽しさを編み出していただければとも思います。

　野村が担当したPART1については、『回想法とライフレヴュー──その理論と技法』（1998年）と、「語りと回想研究会」および「回想法ライフレヴュー研究会」の共編で発行した『Q&Aでわかる回想法ハンドブック──「よい聴き手」であり続けるために』（2011年）（いずれも中央法規出版）を元に、基本的な理解を進めるために、6W1Hのエッセンスを盛り込み、まとめ直しました。また、この事例集と歩みを共にするように回想法とライフレヴューについて、その歴史、理論、臨床実践の現状に即して、『新・回想法とライフレヴュー──時・人・地域をつなぐ（仮題）』を新しく執筆しているところですが、そのなかからの知見も若干加えてあります。これまでの理解を再確認していただくことや、新しく興味・関心を寄せていただくことにお役に立てば幸いです。

　また、PART 2では、47の実践事例の、豊かで貴重な実践の成果に対して、コメントを書かせていただきましたが、この経験は得がたいものでした。限られた文字数という枠に四苦八苦したのは言うまでもありませんが、それ以上に、事例執筆者の方の意図、背景にある深い見識や蓄積に圧倒され、思わず頭が下がるときもありました。ま

た、この経験を通じて、改めて、日本における回想法・ライフレヴューの実践、研究、教育領域への広がりについて、思いを新たにしました。さらに、執筆者の方々の姿を思い浮かべながら、もし機会があるならば、十分な時間を使っていただき、思う存分この47事例の一つひとつを、さらに読み解く集いがあることへの期待が湧いてきました。そのときには、万華鏡の見え方が、きっと大きく異なり、新しい図柄や色彩がいっそう溢れてくるかもしれません。

　さまざまな期待とともに、本書の編集を終えるにあたって、改めて、ご自分の実践、研究、教育の蓄積を惜しまず与えてくださっている執筆者の方々に心から感謝申し上げます。また、信頼の輪と卓越した判断力により、編集の共同作業を担ってくださった「語りと回想研究会」の大切な同僚の方々、そして、歩みを常に共にし、根気強く支えてくださっている中央法規出版の須貝牧子氏に、感謝いたします。

編集代表　野村豊子

執筆者一覧

● 編集代表

野村豊子 (のむら・とよこ) 日本福祉大学スーパービジョン研究センター研究フェロー

● 編集委員 (五十音順)

伊波和恵 (いなみ・かずえ) 東京富士大学経営学部教授

内野聖子 (うちの・せいこ) 岐阜医療科学大学看護学部教授

菅　寛子 (すが・ひろこ) 医療法人三星会かわさき記念病院公認心理師・臨床心理士

萩原裕子 (はぎわら・ゆうこ) 埼玉医科大学病院公認心理師・臨床心理士

本間　萌 (ほんま・めぐみ) 岩手県立大学社会福祉学部講師

● 執筆者 (五十音順)・執筆分担

編者紹介

● 編集代表

野村豊子 (のむら・とよこ)
日本福祉大学スーパービジョン研究センター研究フェロー

トロント大学社会福祉大学院（Master of Social Work）修了。岩手県立大学社会福祉学部教授、東洋大学ライフデザイン学部教授、日本福祉大学社会福祉学部教授等を経て、現職。全国各地で、回想法やスーパービジョンの実践・研修を重ねている。2011年「The Robert Butler and Myrna Lewis Exemplar Research Award」（国際回想法ライフレヴュー学会）、2022年「認知症ケア学会・読売認知症ケア賞：功労賞」受賞。主な著作に『回想法とライフレヴュー──その理論と技法』『高齢者とのコミュニケーション──利用者とのかかわりを自らの力に変えていく』（いずれも中央法規出版）、『Q&Aでわかる回想法ハンドブック──「よい聴き手」であり続けるために』（編著、中央法規出版）、『ライフレヴュー入門』（監訳、ミネルヴァ書房）、『ソーシャルワーク・入門』（共著、有斐閣アルマ）、『ソーシャルワーク・スーパービジョン論』（共著、中央法規出版）など多数。

● 編集委員

「語りと回想研究会」事務局メンバー

「語りと回想研究会」は、「語り」と「回想」に関するさまざまな取り組みの報告やディスカッションを行う研究会であり、本書の編集代表である野村豊子氏が代表を務める。会のメンバーは、福祉・心理・医療・看護・教育関連領域の研究者、現場実践者、学生などさまざまであり、回想法にとどまらず、「語り」と「回想」に関心のある人々が自由に参加できる会をめざして活動している。回想法の基本を学ぶ場として、回想法研修を開催している。
「語りと回想研究会」事務局：katari.kaisou@gmail.com

ケアの現場・地域で活用できる回想法実践事例集
つながりの場をつくる47の取り組み

2022年8月25日　発行

編集代表　野村豊子
編　　集　伊波和恵・内野聖子・菅寛子・萩原裕子・本間萌
発 行 者　荘村明彦
発 行 所　中央法規出版株式会社
　　　　　〒110-0016　東京都台東区台東3-29-1　中央法規ビル
　　　　　TEL 03-6387-3196
　　　　　https://www.chuohoki.co.jp/

本文・装丁デザイン　澤田かおり（トシキ・ファーブル）
印刷・製本　　　　　株式会社アルキャスト